LES TRAGIQUES

Sur la couverture :

La procession de la Ligue (détail).
Ecole française, XVIᵉ siècle.
Paris, musée Carnavalet.
Cliché Flammarion.

AGRIPPA D'AUBIGNÉ

LES
TRAGIQUES

Chronologie, introduction et glossaire
par
Jacques Bailbé
chargé d'enseignement à la Faculté des Lettres
et Sciences humaines de Caen

GARNIER-FLAMMARION

© 1968, GARNIER - FLAMMARION, Paris.

CHRONOLOGIE

1552 : Naissance de Théodore-Agrippa d'Aubigné (8 février).
1559 : Traité du Cateau-Cambrésis (3 avril).
Mort de Henri II (10 juillet).
1560 : La Conjuration d'Amboise (17 mars).
Mort de François II.
1561 : Colloque de Poissy.
1562 : Agrippa est mis en pension à Paris chez Mathieu Béroald.
Massacres de Vassy (1er mars).
Traité de Hampton-Court (20 septembre).
Bataille de Dreux (19 décembre).
1563 : Assassinat du duc de Guise (18 février).
Paix d'Amboise (12 mars).
Mort de Jean d'Aubigné, père du poète.
1565 : Agrippa est envoyé à Genève.
1567 : Début de la deuxième guerre de religion.
1568 : D'Aubigné s'engage dans l'armée protestante.
Paix de Longjumeau (23 mars).
1569 : Bataille de Jarnac (14 mars).
Bataille de Moncontour (3 octobre).
1570 : Paix de Saint-Germain (8 août).
1571 : Victoire de Lépante (7 octobre).
1572 : Mariage de Henri de Navarre et de Marguerite de Valois (18 août).
Attentat contre Coligny (22 août).
Massacre de la Saint-Barthélemy (24 août).
Publication de *La Franciade* de Ronsard.

- **1573** : D'Aubigné est nommé écuyer du roi de Navarre (août).
  Siège de La Rochelle.
- **1574** : Mort de Charles IX (30 mai).
- **1576** : D'Aubigné s'évade de la cour avec Henri de Navarre (4 février).
- **1577** : Blessé à Casteljaloux, d'Aubigné dicte les « premières clauses » des *Tragiques*.
  Traité de Bergerac (17 septembre). D'Aubigné se retire aux Landes-Guinemer.
- **1579** : Acte de pacification de Nérac (28 février).
  Du Bartas publie *La Première Semaine*.
- **1583** : D'Aubigné épouse Suzanne de Lezay (juin).
  Robert Garnier, *Les Juives*.
- **1584** : Mort de François d'Alençon, duc d'Anjou (10 juin).
- **1586** : D'Aubigné est nommé maréchal de camp.
- **1587** : Bataille de Coutras (20 octobre).
  Malherbe, *Les Larmes de saint Pierre*.
- **1588** : Assassinat du duc de Guise à Blois (23 décembre).
- **1589** : D'Aubigné s'empare de Maillezais dont il devient gouverneur.
  Mort de Catherine de Médicis.
  Réconciliation de Henri III et de Henri de Navarre (30 avril).
  Siège de Paris (juillet).
  Assassinat de Henri III (1er août).
  Bataille d'Arques (septembre).
- **1590** : Bataille d'Ivry (14 mars).
  Second siège de Paris (mai-août).
- **1593** : Abjuration de Henri IV (25 juillet).
- **1594** : Attentat de Châtel (27 décembre).
  La Satire Ménippée.
- **1595** : Les jésuites sont expulsés de Paris (8 janvier).
- **1596** : Mort de Suzanne de Lezay.
- **1598** : Signature de l'Edit de Nantes (13 avril).
  Mort de Philippe II (13 septembre).
- **1600** : Mariage de Henri IV et de Marie de Médicis (5 octobre).
  D'Aubigné écrit *La Confession du sieur de Sancy*.
- **1603** : Mort d'Elisabeth d'Angleterre.

1610 : Assassinat de Henri IV (14 mai).
1611 : D'Aubigné est élu député pour le Poitou à l'assemblée des églises protestantes de Saumur. Il ridiculise les « Prudents » dans *Le Caducée ou l'Ange de la paix*.
1612-1614 : Il bâtit le fort du Dognon, près de Maillezais.
1616 : Traité de Loudun.
Première édition des *Tragiques*.
1617 : Publication des deux premières parties des *Aventures du baron de Faeneste*.
1618 : D'Aubigné se retire au Dognon et donne à son fils Constant la lieutenance de Maillezais.
1619-1620 : Publication à Paris des deux premiers volumes de l'*Histoire universelle*.
1620 : D'Aubigné arrive à Genève (1er septembre).
1621-1622 : Berne et Bâle lui confient la charge des fortifications.
1623 : D'Aubigné épouse Renée Burlamachi (24 avril) et publie une nouvelle édition des *Tragiques*.
1626 : Publication du troisième livre de l'*Histoire universelle*.
1627 : Siège de La Rochelle (octobre).
1628 : Mort de Malherbe.
1629 : Corneille, *Mélite*.
Saint-Amant, *Premier Recueil de poésies*.
1630 : Publication à Genève des *Petites Œuvres mêlées* et du quatrième livre des *Aventures du baron de Faeneste*.
Mort d'Agrippa d'Aubigné, à Genève (9 mai).

INTRODUCTION

> O toy historien, qui d'ancre non menteuse
> Escrits de nostre temps l'histoire monstrueuse,
> Raconte à nos enfans tout ce malheur fatal,
> Afin qu'en te lisant ils pleurent nostre mal,
> Et qu'ils prennent exemple aux pechés de leurs peres,
> De peur de ne tomber en pareilles miseres.
>
> RONSARD, *Discours des miseres de ce temps.*

La douloureuse histoire des guerres de religion, Agrippa d'Aubigné l'a vécue, jour après jour, dans le camp protestant, dès sa plus tendre enfance. C'est dire qu'il est indispensable de connaître les principaux faits de sa vie (longuement racontée dans *Sa vie à ses enfants*) pour comprendre le poème des *Tragiques*, dont la préface proclame sans vanité :

> Tu es né legitimement,
> Dieu mesme a donné l'argument,
> Je ne te donne qu'à l'Eglise;
> Tu as pour support l'equité,
> La verité pour entreprise,
> Pour loyer l'immortalité.

Théodore-Agrippa d'Aubigné naquit en 1552, « en l'hostel Saint-Maury », près de Pons en Saintonge, et coûta la vie à sa mère, Catherine de l'Estang, d'où son second prénom d'Agrippa *(aegre partus)*. Son père, Jean d'Aubigné, ne négligea rien pour former l'enfant aux études sérieuses, lui donnant des maîtres renommés comme Jean Cottin et Jean Morel, si bien qu'à sept ans et demi, si on l'en croit, il traduisait, avec l'aide de son précepteur, le *Criton* de Platon. Vrai prodige d'intelligence, Agrippa fait de solides humanités à Paris, sous la direction de Mathieu Béroald, et, quand les protestants, expulsés de Paris, se réfugient à Montargis, il étonne la duchesse de Ferrare par ses jeunes discours sur le mépris de la mort. Son curateur, Aubin d'Abeville, l'envoie à Genève, après la mort de son père, pour y terminer ses études, et son amour pour la fille d'un bourgeois de la ville, Loyse Sarrasin, lui fait prendre goût à la langue grecque. Las de la contrainte de ses précepteurs, il va à Lyon, où il se remet aux mathématiques et s'amuse aux « théoriques » de la magie. Il ressemble bientôt, en somme, au jeune homme qui fait son entrée à la Cour, dans *Les Tragiques* :

> Un pere, deux fois pere, employa sa substance
> Pour enrichir son fils des thresors de science...
> Il void son fils sçavant, adroict, industrieux,
> Meslé dans les secrets de Nature et des cieux,
> Raisonnant sur les loix, les mœurs et la police ;
> L'esprit sçavoit tout art, le corps tout exercice *(Princes)*.

Cette solide culture, il l'utilisa plus tard dans les controverses religieuses avec le cardinal du Perron, et elle lui valut des triomphes oratoires dans les assemblées protestantes.

C'est que d'Aubigné fut élevé aussi en bon et sincère huguenot, et préparé, de bonne heure, à défendre la Cause. En 1560, en effet, passant par Amboise, au lendemain des massacres, son père lui montra les têtes de ses compagnons attachées à une potence et lui fit prêter serment de venger ces « chefs pleins d'honneur ». Un tel spectacle marqua sans nul doute sa sensibilité d'enfant, d'autant qu'avant de mourir son père lui rappela encore « ses paroles d'Amboise, le zèle de la Religion, l'amour des sciences, et d'estre véritable ami ».

Il est bien difficile, nous dit-il, *Pacis artes colere inter Martis incendia.* Aussi, quand éclate la troisième guerre de religion, on le voit, à l'âge de seize ans, se « dévalant par la fenestre par le moyen de ses linceulx, en chemise, à pieds nus » pour rejoindre ses compagnons d'armes et participer aux opérations militaires de Saintonge. Car il dit aimer les « gentils exercices de guerre », les coups de main, les coups d'épée et les blessures. Il est à Jarnac en 1569, aux combats de La Roche-l'Abeille et de Pons, et il n'échappe que par miracle à la Saint-Barthélemy. C'est alors qu'il s'éprend de Diane Salviati, la nièce de la Cassandre de Ronsard, et qu'il compose l'*Hécatombe à Diane*, les *Stances* et les *Odes* qui formeront son *Printemps*. La différence de religion l'empêcha de contracter mariage, sans doute aussi son humeur volontiers ombrageuse.

En 1573, il s'attache comme écuyer à la personne de Henri de Navarre, auquel on le présente comme un homme « qui ne trouvait rien de trop chaud ». Il reprend ainsi sa vie d'aventures, prépare l'évasion du prince, et partage avec lui tous les hasards des luttes religieuses. Amitié qui n'alla pas sans brouilles et sans rancunes, mais que l'abjuration elle-même ne parvint pas à effacer. Amer symbole de l'ingratitude envers les serviteurs fidèles que le beau sonnet où d'Aubigné décrit l'épagneul Citron, qui faisait les délices du roi, et qui erre maintenant abandonné par les rues :

> C'est luy qui les briguans effrayoit de sa voix,
> Et des dents les meurtriers ; d'où vient donc qu'il endure
> La faim, le froid, les coups, les desdains et l'injure,
> Payement coustumier du service des Roys ?

Immobilisé par une blessure reçue aux combats de Casteljaloux (1577), il compose *Les Tragiques* sous le coup de la colère et de l'indignation. Il se marie en 1583 avec Suzanne de Lezay, ce qui ne l'empêche pas de suivre les armées protestantes en Anjou et en Poitou. Nommé gouverneur d'Oléron, il est à Coutras en 1587, à Ivry en 1590. Quand Châtel fend la lèvre du roi, il lui déclare : « Sire, vous n'avez encore renoncé Dieu que des lèvres, il s'est contenté de les percer ; mais quand vous le renoncerez de cœur, il vous percera le cœur ». Le coup de poignard de Ravaillac devait confirmer plus tard ses prédictions !

En 1596 mourait Suzanne de Lezay. D'Aubigné éprouve une vive douleur. Désormais éloigné de la Cour, il assiste impuissant à la division du parti protestant, et il est toujours du côté des « Fermes » pour stigmatiser les accommodements des « Prudents ». Il profite de cette retraite pour commencer l'*Histoire universelle,* qu'il dédie à la postérité, et pour apporter des additions multiples aux *Tragiques,* à la faveur de ses recherches historiques. En 1616, indigné par la paix de Loudun, il publie, coup sur coup, *Les Tragiques* et le premier livre de l'*Histoire universelle ;* puis son esprit, « lassé de discours graves et tragiques », trouve quelque agrément à conter les savoureux dialogues du « bonhomme » Enay et de Faeneste, dans *Les Aventures du baron de Faeneste,* selon la tradition de « maistre François, auteur excellent ».

La fin de sa vie lui apprit la résignation, comme il le dit dans *L'Hiver :*

> Mon chef blanchit dessous les neiges entassees.

Il eut la douleur de voir son fils Constant se convertir puis mener une vie de débauche. En 1620, il participe à la révolte du duc de Rohan et gagne Genève pour y trouver, avec l'exil, « le chevet de la vieillesse et de la mort ». On le reçoit avec éclat et on le charge de veiller aux fortifications de la ville. En 1623, il épouse une riche veuve, Renée Burlamachi ; il continue à publier son *Histoire universelle* et *Les Aventures du baron de Faeneste,* dont le quatrième livre fait scandale par sa verve licencieuse. D'Aubigné passe les dernières années de sa vie dans son château de Crest, à quelques kilomètres de Genève. Sentant sa fin approcher, il murmurait un verset du psaume CXVIII, que les huguenots chantaient au matin de Coutras : « La voici l'heureuse journée, que Dieu a faite à plein desir... ». Il meurt le 9 mai 1630, après cinquante-quatre ans de services militaires, au terme d'une existence de fierté et de droiture.

« Chez d'Aubigné, ce n'est pas l'art qui est exquis, c'est le tempérament qui est énorme », remarque Barbey d'Aurevilly. On aurait tort de l'imaginer renfrogné et sombre, « hargneux, cassant et moqueur », comme le voit Mérimée. « Franc gaulois », il était connu à la Cour pour ses bons mots, et il composa même, pour divertir les princes, un ballet de *Circé.* Ce « héros de l'épopée huguenote » (Rocheblave) eut ses faiblesses, même s'il fut un serviteur loyal, un homme de guerre intrépide, un bon époux et un bon père. Il était animé, avant tout, d'une piété sincère. Nourri de la Bible, où il puise sa force d'âme, il croit que la Providence veille non seulement sur les événements historiques, mais qu'elle intervient aussi dans les moindres incidents de la vie des individus. Tout jeune, il eut la vision d'une « femme fort blanche qui, lui ayant donné un baiser froid comme glace, se disparut »; il relate avec complaisance les prodiges qui ont marqué sa vie, aussi bien que les interventions divines en faveur des protestants. Prière et action sont inséparables chez lui, et il se recommande à l'estime par une ardente conviction, une inflexible droiture, une foi qui ne connut jamais la moindre hésitation. Ainsi, c'est trop dire, avec Sainte-Beuve, que d'Aubigné est l'image fidèle de son siècle, d'un siècle éclatant d'oppositions et de contrastes. Il a droit à une place à part dans son siècle, au moins par la vigueur et par la générosité de sa nature de flamme.

C'est l'amour qui le fit d'abord poète : « Ayant peu de biens entre les mains, il devint amoureux de Diane Salviati, fille aînée de Talcy. Cet amour lui mit en teste la poésie française, et lors il composa ce que nous appelons son *Printemps*, où il y a plusieurs choses moins polies, mais quelque fureur qui sera au gré de plusieurs ». S'adressant à la nièce de Cassandre, d'Aubigné aurait pu donner à son recueil le style des vers d'amour de Ronsard, auquel, dès l'âge de seize ans, il vouait sa ferveur :

> Je n'entends que Ronsard, Ronsard et sa louange.

Pourtant, la langue de Ronsard ne lui suffit pas pour peindre ses angoisses et pour blâmer la cruauté d'une maîtresse au cœur réticent. Aux métaphores surannées du pétrarquisme il ajoute des images neuves et fortes, et dans le thème de la conquête amoureuse il découvre le sentiment tragique de l'existence; le guerrier subsiste au plus fort de la passion :

> Pardonne moy, chere maîtresse,
> Si mes vers sentent la destresse,
> Le soldat, la peine et l'esmoy!
> Car depuis qu'en aimant je souffre,
> Il faut qu'ils sentent comme moy
> La poudre, la mesche et le souffre.

L'obsession du sang et de la mort, le heurt constant des images violentes et des images fraîches, le climat de guerre civile caractérisent cette poésie. Dans *Extase*, il connaît les transports de l'âme délivrée des servitudes terrestres :

> Celeste amour qui as mon esprit emporté,
> Je me voy dans le sein de la divinité,
> Il ne faut que mourir pour estre tout celeste.

Cet univers est déjà celui des *Tragiques*. On s'en convaincra davantage encore en constatant qu'il sait manier le fouet de la satire et qu'il pousse au paroxysme l'injure et le désir de vengeance :

> Plus cruelle que tout ce que je puis nommer,
> Tigres, ours et lions, serpens, monstres estranges :
> Tu ris en me tuant et je meurs pour aimer.

Il lui arrive même de menacer l'infidèle des peines infernales. Il n'est pas indifférent que d'Aubigné ait songé à « mettre à la fin du *Printemps* » ces quelques vers :

> Ainsi les jeux mignards essaient nos esprits,
> Reservent pour un jour nos courageux escrits
> A descocher du fond d'une petite fonde
> Le coup qui saura bien dessirer les lions,
> Les ydres, les pitons conceuz d'infections,
> Et des fiers Goliatz desengeancer le monde.

Mais il va bientôt renier cet « enfant bouffon », et, pour écrire *Les Tragiques*, puiser son inspiration à des sources nouvelles. En effet, dans le déchaînement des guerres civiles, naît une poésie plus grave qui, s'écartant des mièvreries de la poésie de cour, recherche, avant l'agrément de l'esprit, le profit de l'âme. L'*Encyclie* (1570) de Guy Lefèvre de la Boderie, les *Quatrains* (1574) de Pibrac, et l'*Uranie* (1579) de Du Bartas réagissent contre les tendances profanes de la poésie contemporaine. La poésie des *Tragiques* atteste, elle aussi, une « conversion » de l'auteur, la pression d'une nécessité intime qui lui fait évoquer « Melpomene en sa vive fureur », tandis que, dans une soudaine illumination, il devient le chantre de Dieu :

> Que si d'entre les morts, Pere, tu as envie
> De m'esveiller, il faut mettre à bas l'autre vie...
> D'un sainct enthousiasme appelle aux cieux mon ame,
> Mets au lieu de ma langue une langue de flamme,
> Que je ne sois qu'organe à la celeste voix.

Le poème est né d'une « vision » qui remonte à 1572. D'Aubigné fut alors blessé au cours d'un attentat dans une hôtellerie de la Beauce ; il resta quelques heures sans connaissance, et il eut la vision des tribulations de l'Eglise réformée :

> Sept heures me parut le celeste pourpris
> Pour voir les beaux secrets et tableaux que j'escris,
> Soit qu'un songe au matin m'ait donné ces images,
> Soit qu'en la pamoison l'esprit fit ces voyages.
> Ne t'enquiers, mon lecteur, comment il vid et fit,
> Mais donne gloire à Dieu en faisant ton profit *(Fers)*.

Plus tard, en juin 1577, après le furieux combat de Casteljaloux, où il avait été grièvement blessé, il fit écrire par le juge du lieu les « premières clauses » des *Tragiques*. Il ne s'agit pas, sans doute, des premiers vers du poème, mais plutôt de tel passage émouvant ou de telle prière à Dieu qui en interrompent de lieu en lieu le développement. Dans sa maison du Blaisois, aux Landes-Guinemer, durant la brouille avec le roi de Navarre qui suivit la paix de Bergerac (octobre 1577 à octobre 1579), il eut ensuite tout loisir pour « polir et emplir » son œuvre, et pour y laisser éclater les griefs qui lui gonflaient le cœur. *Les Tragiques*, achevés sous leur forme première en 1589, furent divulgués au moment des Etats généraux de la Ligue (1593), peut-être sous forme de copies manuscrites. Ce n'est qu'en 1616, au lendemain de la paix de Loudun, que d'Aubigné publia ses vers vengeurs comme un défi au visage des pâles défenseurs du protestantisme, par le rappel des temps héroïques. Le poète les présente comme un « larcin de Prométhée », avec les initiales L.B.D.D. (Le Bouc du Désert), surnom que lui avait valu son intransigeance lors des assemblées protestantes. A cette date, ils ne pouvaient guère faire de coup d'éclat, et devaient apparaître comme une œuvre de circonstance désormais désuète.

Ce poème de neuf mille vers, écrit « par humeur », est le testament de toute une vie, puisque l'auteur n'a cessé de l'enrichir à l'occasion des événements nouveaux qui confirmaient ses thèses. On en condamne volontiers la monotonie, la lenteur, les surcharges et le désordre. A dire vrai, les sept livres qui le composent et qui offrent, à la manière du livre à sept sceaux de l'*Apocalypse*, autant d'énigmes ou de menaces, ne sont pas dépourvus d'une belle ordonnance, allant tantôt des causes aux conséquences, tantôt des malheurs terrestres aux vengeances ou aux récompenses éternelles.

« Tableau piteux du royaume en général », le premier livre, *Miseres*, nous dépeint un monde « à l'envers ». C'est le livre de la pitié pour la France déchirée, où nous entendons les plaintes des victimes de la guerre et où nous sommes spectateurs de la douleur des paysans devant leurs campagnes ravagées, autant de récits qui ont la saveur des « choses vues »,

Car mes yeux sont tesmoins du subjet de mes vers.

D'Aubigné éprouve une visible sympathie pour les humbles, pour les beautés de la nature, et il montre la Terre reprochant à l'homme son ingratitude. Livre de la colère aussi, dans les furieuses invectives contre les rois incapables de gouverner leur royaume, dans les malédictions lancées aux deux monstres d'Enfer, Catherine de Médicis, nouvelle Jézabel, et le cardinal de Lorraine, Achitophel. Cela nous entraîne irrésistiblement vers la satire juvénalienne du second livre.

Princes est une virulente diatribe contre les Valois, Charles IX, Henri III et le duc d'Anjou, où il égale « la liberté de ses écrits à celle des vices de son temps ». « Flatteurs, je vous en veux » : son attaque initiale vise les mauvais conseillers des princes, les « prescheurs mercenaires », les « charlatans de cour ». Puis se présentent à nous Charles IX maladif et féroce, Henri III fardé de rouge et de blanc dans son costume de bal, la chevelure ornée de cordons de perles,

> Si qu'au premier abord chacun estoit en peine
> S'il voyoit un Roy femme ou bien un homme Reyne.

Par un contraste familier au poète, aux insultes grandioses mêlées aux basses calomnies des pamphlets succède, à la fin du chant, un débat allégorique entre Fortune et Vertu qui conseillent tour à tour un gentilhomme provincial nouveau venu à la Cour, et lui proposent l'une les moyens de parvenir, l'autre l'idéal de l'honnêteté et de la mesure.

Après les princes, les magistrats. Le troisième livre, *La Chambre dorée*, étale leur corruption et leur dureté. Dieu quitte le ciel pour voir le spectacle qu'offre la grand'Chambre du Parlement de Paris, un palais maçonné d'os humains et de cendres. Les vices des juges sont ensuite représentés sous les traits de personnages allégoriques, grotesques dignes de Breughel, et dont chaque attitude, chaque geste, chaque regard est révélateur de leur noirceur morale : l'Avarice, « vieille harpie », l'Ire « empourprée », la Vanité « fade et sotte », la Trahison « taciturne, froide et lasche », la Crainte à « l'œil morne et transi ». Au palais de justice fait pendant le « funeste chasteau » de l'Inquisition : c'est le « logis de la mort » et « l'abrégé d'enfer ». Et nous assistons à un autodafé espagnol dont les condamnés,

> ... heritiers insignes
> Du manteau, du roseau et couronne d'espines
> Portent les diables peints.

Après avoir, avec des accents dignes de Bossuet, marqué les devoirs des juges :

> Tremblez, juges, sachez que le juge des cieux
> Tient de chacun des siens le sang tres-precieux ;

d'Aubigné contemple le « triomphe » de la sage Thémis, « vierge au teint net », et termine par l'éloge d'Elisabeth d'Angleterre, « Debora d'Israel » triomphant de l'empire de Philippe II.

Les trois premiers livres sont dominés par l'inspiration satirique et par un réalisme étonnant. Plus narratifs sont *Les Feux* et *Les Fers*, où Dieu continue à assister aux souffrances et aux luttes des protestants. *Les Feux* relatent l'époque des bûchers :

> Dieu vid donc de ses yeux, d'un moment, dix mil ames
> Rire à sa verité, en despitant les flammes.

Après avoir déroulé le cortège des martyrs entrant dans la Jérusalem céleste, le poète fait un choix parmi tant de victimes (laissant à son *Histoire universelle* le catalogue complet) : les pauvres de Lyon, les Albigeois, Jane Grey, Anne du Bourg, Montalchine, Gastine et Croquet, autant de « braves tesmoins », Bernard Palissy enfin, et tant de fleurs tardives qui parfument le « celeste pourpris ». *Les Fers*, qui montrent les prouesses et les scènes de carnage peintes par les anges sur les voûtes célestes, commencent par une altercation entre Dieu et Satan, et par la métamorphose de « l'Ange de lumière » en serpent. Puis sont évoquées les principales scènes des guerres de religion : Amboise, Moncontour, Vassy, Tours, avant le long récit de la Saint-Barthélemy, « la tragédie qui efface le reste », le jour « marqué de noir », à la suite duquel Charles IX, envahi par le remords, découvre avec horreur

> Les corbeaux noircissans le pavillon du Louvre.

Nul n'a mieux rendu l'atmosphère d'une guerre civile, « guerre sans ennemi », dans le décor de l'aube sanglante :

> Tout pendart parle haut, tout equitable craint,
> Exalte ce qu'il hait ; qui n'a crime le feint.
> Il n'est garçon, enfant, qui quelque sang n'espanche
> Pour n'estre veu honteux s'en aller la main blanche.

Le livre se termine par une évocation du vieillard Océan, « tranquille et sommeillant », qui s'émeut en découvrant le sang dans les eaux que lui apportent les fleuves, et qui accepte de donner la sépulture à la « chere dépouille » des martyrs. *Feux* et *Fers*, groupe poétique, nous préparent à la « rude catastrophe », au dénouement du poème, qui est le sujet des deux derniers livres :

> Les fers sont mis au vent : venez sçavoir comment
> L'Eternel fait à poinct vengeance et jugement;

Vengeances expose comment Dieu punit dès ce monde les persécuteurs de l'Eglise. C'est une énumération assez monotone de tous les châtiments exercés par Dieu contre les criminels depuis Caïn, qui connaissent une fin épouvantable, proportionnée à leurs forfaits. D'Aubigné utilise, pour cette liste, un ouvrage de propagande intitulé *Dan* (en hébreu, Jugement), qui contenait le récit des morts étranges des ennemis de la Réforme. La volonté de prouver la continuité de la vengeance divine à travers les siècles entraîne le poète à ouvrir ce dossier accablant, parfois inutile pour l'art, si l'on excepte le bel épisode du meurtre d'Abel par Caïn.

Jugement est l'aboutissement logique de la lutte de Dieu et de Satan, déjà évoquée au début des *Fers*. D'Aubigné y lance ses dernières attaques contre les apostats de son parti, contre les cités sanglantes qui subiront le sort de Jérusalem, enfin contre l'Antéchrist. Il entre aussi, à propos de la résurrection des corps, dans d'interminables discussions théologiques, où l'influence de la philosophie antique circule au fond de la pensée chrétienne, et où l'on s'aperçoit que d'Aubigné a lu le traité néo-platonicien du *Divin Pymandre*, traduit par son ami François de Candalle. Mais bientôt il nous transporte, avec la certitude de la foi, au jour du Jugement dernier :

> Mais quoy ! c'est trop chanté, il faut tourner les yeux
> Esblouis de rayons dans le chemin des cieux.

Rien n'égale la majestueuse scène de la résurrection des corps, qui conduit chaque créature à son état parfait :

> Ici un arbre sent des bras de sa racine
> Grouïller un chef vivant, sortir une poictrine;

> Là l'eau trouble bouillonne, et puis s'esparpillant
> Sent en soy des cheveux et un chef s'esveillant.
> Comme un nageur venant du profond de son plonge,
> Tous sortent de la mort comme l'on sort d'un songe.

Là se déploie une imagination visionnaire nourrie des prophètes et de l'*Apocalypse*. Le Jugement dernier est le tableau vers lequel convergent toutes les parties du livre. On voit les éléments, la nature entière accuser les coupables et les persécuteurs (tableau qui reprend, avec beaucoup plus d'ampleur, la plainte de la Terre dans *Miseres*, et la révolte du vieillard Océan dans *Les Fers*). Le poème se clôt sur un diptyque : les tortures des réprouvés appelant en vain la mort à leur secours, d'autre part les élus jouissant d'une béatitude que nos sens ne peuvent concevoir,

> Car les fruits et les fleurs n'y font qu'une naissance.

Les Tragiques s'achèvent par une extase. D'Aubigné, incapable de percer les secrets de l'Eternité, est réduit au silence du mystique dont l'âme

> Extatique se pasme au giron de son Dieu.

Même si, dans le détail, longueurs et imperfections en ralentissent le cours, tout le poème s'oriente, dès le début, et progresse vers ce dénouement sublime.

Unité d'inspiration, variété des moyens employés, telle est l'œuvre, que l'on hésite à placer dans tel ou tel genre littéraire. Le titre du poème inviterait d'abord à mettre en évidence un élément dramatique dans l'inspiration d'Agrippa d'Aubigné. Le mot de « tragédie » revient sans cesse sous la plume du poète, et il rend compte à la fois du destin malheureux d'un peuple, de la lutte des bons et des méchants, et, au-dessus d'elle, de la lutte de Dieu et de Satan, enfin de la nécessité d'un dénouement qui rétablira au moment des assises de la fin des temps l'ordre du bien, en apparence ruiné sur cette terre. Comment « émouvoir » davantage sinon en montrant que la tragédie du présent se rattache indubitablement à la tragédie du salut, et que tout chrétien doit « choisir », au carrefour du vice et de la vertu, et préférer la « porte étroite, seul passage du ciel » ? Et *Jugement* présente précisément la confrontation dramatique des bons, « vêtus de blanc et lavés de pardon », et des méchants qui, ne pouvant fuir le regard de Dieu, sont condamnés au désespoir éternel :

> ... de l'enfer il ne sort
> Que l'eternelle soif de l'impossible mort.

On constate en second lieu l'importance de l'élément historique. D'Aubigné, en effet, part du présent qu'il juge en témoin, et il apporte une chronique assez exacte, bien qu'elle soit souvent déformée par la passion du partisan à qui toutes les armes sont bonnes pour écraser l'adversaire. Historien des malheurs de son temps (avec moins de sérénité que dans l'*Histoire universelle*), le poète se double d'un théologien attentif qui, de l'histoire de son siècle, dégage « le jugement et la force de Dieu ». Aussi l'histoire fait-elle place à l'épopée dans les scènes les plus émouvantes. D'Aubigné excelle dans les fragments épiques qui, avant les petites épopées de *La Légende des siècles*, constituent une ébauche particulièrement juste de l'épopée moderne. Comme Victor Hugo, il a le génie mythologique, et il crée des mythes hardis : la Chambre dorée, le vieillard Océan, la Justice. La Nature n'est pas chez lui peuplée de divinités païennes, mais elle prend une personnalité, reprochant aux hommes leurs crimes, compatissant aussi à leurs misères, comme le jour de la Saint-Barthélemy :

> Et le soleil voyant le spectacle nouveau
> A regret esleva son pasle front des ondes,
> Transi de se mirer en nos larmes profondes *(Fers)*.

Toute épopée demande un héros, porteur des promesses de la foule : ici la France meurtrie, guerriers et martyrs donnent tout son éclat à cette véritable épopée du Calvinisme. Enfin au merveilleux traditionnel se mêlent le fantastique et le surnaturel, par la présence constante d'un Dieu terrible dans sa justice.

La satire domine dans quelques livres : Juvénal

indigné dans les *Princes*, il sait aussi être un autre Rabelais pour condamner la race « babillarde » de la « formalité »; ailleurs il retrouve d'instinct le tour des sonnets satiriques des *Regrets :*

> Louër tout froidement si ce n'est pour du pain,
> Renier son salut quand il y va du gain;
> Barbets des favoris,... bons echos de leur maître :
> Voilà à quel sçavoir il te faut limiter
> Que ton esprit ne puisse un Jupin irriter *(Princes)*.

Parfois, ce sont des traits à la manière de Régnier, des inflexions qui annoncent La Fontaine, par exemple quand il évoque le cortège des pèlerins musulmans :

> Qui à pied, qui sur l'asne, ou lié comme un veau
> A ondes va pelant les bosses d'un chameau,
> Pour voir le Meque, ou bien Talnaby de Medine *(Jugement)*.

Excédé par les mœurs du siècle, d'Aubigné dit tout avec outrance :

> Mieux vaut à découvert montrer l'infection
> Avec sa puanteur et sa punition.

A cela s'ajoute la répulsion qu'éprouve le croyant contre les enfants du siècle, esclaves de Satan. Dieu l'a élu pour dénoncer ces crimes, et le satirique, dès lors, est plus proche d'Amos et d'Ezéchiel que d'Horace et de Juvénal. Avec l'ivresse du prophète, il se plaît à définir d'avance, lui qui connaît la pensée de Dieu, les châtiments et les récompenses mérités; il doit réconforter et maudire, condamner et damner. Chez lui, la satire est donc celle d'un prophète biblique, et elle donne à l'œuvre son « style saint ». Il lance l'anathème contre les cités maudites, imagine les criminels de son temps sous les traits des méchants de la Bible; il les marque même des stigmates des réprouvés : grincement de dents et effroi; et il les menace sans cesse de la venue de Dieu et de l'approche de son Jugement. Mais, avec autant de ferveur que les prophètes, il adresse aussi à Dieu des prières pleines d'humilité :

> Les moineaux ont leurs nids, leurs nids les hirondelles ;
> On dresse quelque fuye aux simples colombelles ;
> Tout est mis à l'abri par le soin des mortels ;
> Et Dieu seul, immortel, n'a logis ni autels... *(Miseres)*.

D'Aubigné est le véritable initiateur du lyrisme religieux. Non seulement les expressions bibliques lui sont familières, mais il a fait passer avec bonheur dans notre langue les beautés littéraires de l'Ancien Testament.

Contemporain de Ronsard et de Malherbe, d'Aubigné fait penser aussi bien à Dante et à Milton, sans parvenir à les égaler. Il néglige superbement l'art de faire un poème. Son inspiration tumultueuse abuse de la rhétorique, et, tout imprégné qu'il est de ses maîtres latins, Lucain et Sénèque, Tacite et Juvénal, il associe constamment le souvenir de la cour dégénérée des empereurs romains à la peinture qu'il fait de la cour des Valois. Il est vrai qu'il doit aussi aux Latins quelques expressions saisissantes qui ont une vigueur déjà cornélienne. On regrette qu'il multiplie les discours, les oppositions oratoires, les apostrophes et les énumérations dont il éprouve lui-même quelque lassitude :

> ... ces exemples m'ennuient,
> Ils poursuyvent mes vers et mes yeux qui les fuyent.

On ne saurait dissimuler les faiblesses de ce long poème, et on comprend que le goût classique naissant n'ait pas toléré son exubérance. Aujourd'hui, trop d'allusions à des faits ou à des personnages désormais inconnus déconcertent le lecteur moderne. Le fanatisme d'Agrippa d'Aubigné paraît trop aride, et sa voix trop forte, au moment où s'instaure l'unité des Eglises. Il avait fallu Sainte-Beuve et le Romantisme pour tirer de l'oubli et redécouvrir celui que Pierre de l'Estoile saluait comme l'un des plus beaux esprits de son siècle et dont il admirait les réponses de « vrai et franc huguenot ». Mais, sans lui, Victor Hugo n'aurait pas écrit *Les Châtiments*, puisqu'il songeait au titre de « Vengeresses » pour son poème, et à celui de « Misères » pour *Les Misérables*. « Fier d'Aubigné », écrit-il dans les *Quatre Vents de l'Esprit*, quand il se souvient de l'autorité et du prestige de son devancier.

La grandeur d'Agrippa d'Aubigné consiste à avoir fait des *Tragiques* les témoins de ses déceptions et de ses haines, à y avoir fait passer le souffle puissant de la foi, à avoir exprimé, avec plus de passion que Ronsard, sa pitié pour les misères du royaume et ses beaux élans de patriotisme :

> Ha! que nos cruautés fussent ensevelies
> Dans le centre du monde!...
> Parmi les estrangers nous irions sans danger :
> L'œil gay, la teste haut, d'une brave asseurance
> Nous porterions au front l'honneur ancien de France.

Homme révolté par l'hypocrisie, il nous fait entendre le cri de certitude des martyrs. Jamais l'esprit français en révolte n'a trouvé des accents plus poignants. « Sauve ta dignité! » : ce conseil que Vertu donne au jeune homme, dans les *Princes*, est peut-être la meilleure leçon du poète. A toutes les époques d'oppression, quand les hommes, refusant le réalisme sordide et la prudence intellectuelle, chercheront la voie de la sagesse, *Les Tragiques* offriront des raisons d'espérer. Dans la *Confession du sieur de Sancy*, d'Aubigné a donné, selon Faguet, la « première Provinciale », dans *Les Aventures du baron de Faeneste*, il est un authentique précurseur du roman réaliste, dans *Les Tragiques*, il a écrit le livre de la colère et de l'espérance.

Jacques BAILBÉ.

BIBLIOGRAPHIE

Ouvrages à consulter :

Armand GARNIER, *Agrippa d'Aubigné et le Parti protestant*, Paris, Fischbacher, 1928, 3 vol.

Jean PLATTARD, *Une figure de premier plan dans nos lettres de la Renaissance, Agrippa d'Aubigné*, Paris, Boivin, 1931.

Jean TRENEL, *L'Elément biblique dans l'œuvre poétique d'Agrippa d'Aubigné*, Paris, Léopold Cerf, 1904.

Samuel ROCHEBLAVE, *Un héros de l'épopée huguenote, Agrippa d'Aubigné*, Paris, « Je sers », 1930.

Raymond LEBÈGUE, *La Poésie française de 1560 à 1630*, S.E.E.S., 1951, 2 vol.

Henri WEBER, *La Création poétique au XVIe siècle en France de Maurice Scève à Agrippa d'Aubigné*, Paris, Nizet, 1956, t. II.

Albert-Marie SCHMIDT, *Aubigné, lyrique baroque* (Œuvres lyriques d'Agrippa d'Aubigné), Paris, Mazenod, 1963.

Marguerite YOURCENAR, *Les Tragiques d'Agrippa d'Aubigné*, dans *Sous bénéfice d'inventaire*, Paris, Gallimard, 1962.

Jeanne GALZY, *Agrippa d'Aubigné*, « Leurs Figures », Paris, Gallimard, 1965.

Jean ROUSSELOT, *Agrippa d'Aubigné*, dans « Ecrivains d'hier et d'aujourd'hui », Seghers, Paris, 1966.

Jacques BAILBÉ, *Agrippa d'Aubigné poète des Tragiques*, Publications de la Faculté des Lettres et Sciences humaines de Caen, t. XII, 1968.

LES
TRAGIQUES

CI-DEVANT

DONNEZ AU PUBLIC

par le larcin de Promethee.

Et depuis

AVOUEZ ET ENRICHIS

par le S^r d'Aubigné.

AUX LECTEURS

Voici le larron Promethee, qui, au lieu de grace, demande gré de son crime, et pense vous pouvoir justement faire present de ce qui n'est pas à luy, comme ayant desrobé pour vous ce que son maistre vous desroboit, à soy-mesme, et qui plus est, ce feu que j'ay volé mouroit sans air; c'estoit un flambeau sous le muy, mon charitable peché l'a mis en evidence : je di charitable à vous et à son autheur. Du milieu, des extremités de la France, et mesme de plus loin, notamment d'un vieil pasteur d'Angrongne, plusieurs escrits secondoyent les remonstrances de vive voix par lesquelles les serviteurs de Dieu lui reprochoyent le talent caché, et quelcun en ces termes : « Nous sommes ennuyés de livres qui enseignent, donnez-nous en pour esmouvoir, en un siecle où tout zele chrestien est peri, où la difference du vray et du mensonge est comme abolie, où les mains des ennemis de l'Eglise cachent le sang duquel elles sont tachees sous les presens, et leurs inhumanités sous la libéralité. Les Adiaphoristes, les prophanes mocqueurs, les trafiqueurs du droit de Dieu font monstre de leur douce vie, de leur recompense, et par leur esclat ont esblouï les yeux de nos jeunes gens que l'honneur ne pique plus, que le peril n'esveille point. » Mon Maistre respondoit : « Que voulez-vous que j'espere parmi ces cœurs abastardis, sinon que de voir mon livre jetté aux ordures avec celui de *L'Estat de l'Eglise*, l'*Alethye*, *Le Resveille-matin*, la *Legende Saincte Catherine*, et autres de cette sorte ? Je gagneray une place au roolle des fols, et de plus le nom de turbulent, de republicain : on confondra ce que je di des Tyrans pour estre dit des Rois, et l'amour loyal et la fidelité que j'ay monstree par mon espee à mon grand Roy jusques à la fin, les distinctions que j'apporte partout seront examinees par ceux que j'offense, surtout par l'inique Justice pour me faire declarer criminel de leze-Majesté. Attendez ma mort qui ne peut être loin, et puis examinés mes labeurs : chastiez-les de ce que l'ami et l'ennemi y peuvent reprendre, et en usez alors selon vos esquitables jugemens. » Telles excuses n'empeschoyent point plusieurs doctes vieillards d'appeler nostre autheur devant Dieu et protester contre lui. Outre leurs remonstrances je me mis à penser ainsi : Il y a trente-six ans et plus que cet œuvre est fait, assavoir aux guerres de septante et sept à Castel-Jaloux, où l'autheur commandoit quelques chevaux-legers, et se tenant pour mort pour les playes receuës en un grand combat, il traça comme pour testament cet ouvrage, lequel encores quelques annees après il a peu polir et emplir. Et où sont aujourd'huy ceux à qui les actions, les factions et les choses monstrueuses de ce temps-là sont conuës sinon à fort peu, et dans peu de jours à nul ? Qui prendra après nous la peine de lire les rares histoires de notre siecle, opprimees, esteintes et estouffees par celles des charlatans gagés ? Et qui sans l'histoire prendra goust aux violences de nostre autheur ? — Doncques, avant le reste de la memoire, du zele et des sainctes passions esteintes, mon bon, mon violent desir se changea en courage : je desrobay de derriere les coffres et dessous les armoires les paperasses crottees et deschirees desquelles j'ay arraché ce que vous verrez. Je failli encor à quitter mon dessein sur tant de litures et d'abreviations et mots que l'autheur mesme ne pouvoit lire pour la precipitation de son esprit en escrivant. Les lacunes que vous y verrez à regret me despleurent au commencement, et puis j'ay estimé qu'elles contraindront un jour un bon pere de ne laisser pas ses enfans ainsi estropiés. Je croy mesme que nous amenerons l'autheur à favoriser une édition seconde, où non seulement les deffauts seront remplis, mais quelques annotations esclairciront les lieux plus difficiles. Vous trouverez en ce livre un style souvent trop concis, moins poli que les œuvres du siecle, quelques rythmes à la regle de son siecle, ce qui ne paroist point aujourd'huy aux pieces qui sortent de mesmes mains, et notamment en quelques unes faites à l'envi de la mignardise qui court : c'est ce que j'espere vous presenter pour la seconde partie de mon larcin. Ce qui reschauffa mon desir et m'osta la crainte de l'offence, ce fut de voir les impudens larcins des chouëttes de ce temps qui glanoyent desjà sur le champ fertile avant la moisson. Je vi dans les quatrains de Matthieu jusques à trois vers de suitte desrobés dans le *Traicté des douceurs de l'affliction,* qui estoit une lettre escrite promptement à Madame, de laquelle je vous promets la response au recueil que j'espere faire. Ainsi l'amour de l'Eglise qui a besoin de fomentations, l'honneur de celui que j'offense auquel je veux oster la negligence de ses enfans, et à ces larrons leur proye, et puis l'obligation que je veux gagner sur les meilleurs de ce siecle sont les trois excuses que je mets en avant pour mon peché.

Il vient maintenant à propos que je die quelque chose sur le travail de mon Maistre et sur ce qu'il a de particulier. Je l'ay servi vingt et huict ans presque tousjours dans les armes, où il exerçoit l'office de mareschal de camp avec un soin et labeur indicible, comme estimant la principale partie du capitaine d'estre present à tout. Les plus gentilles de ses pieces sortoyent de sa main, ou à cheval ou dans les trenchees, se delectant non seulement de la diversion, mais encore de repaistre son esprit de viandes hors de temps et saison. Nous luy reprochions familierement cet Empereur qui ne vouloit le poisson de mer que porté de cent lieuës. Ce qui nous faschoit le plus, c'estoit la difficulté de lui faire relire. Quelqu'un dira : il y paroist en plusieurs endroits, mais il me semble que ce qui a esté moins parfaict par sa negligence vaut bien encor la diligence de plusieurs. J'en dirois d'avantage si l'excessive louange de mon Maistre n'estoit en quelque façon la mienne. J'ay pris quelques hardiesses envers luy, dont je pense en devoir toucher quelques unes : comme sur quelques mots qui sentent le vulgaire. Avant nous respondre il fournissoit tousjours le vers selon nostre desir, mais il disoit que le bonhomme Ronsard, lequel il estimoit par dessus son siecle en sa profession, disoit quelques fois à luy et à d'autres : « Mes enfans, deffendez vostre mere de ceux qui veulent faire servante une Damoiselle de bonne maison. Il y a des vocables qui sont françois naturels, qui sentent le vieux, mais le libre françois, comme *dougé, tenuë, empour, dorne, bauger, bouger,* et autres de telle sorte. Je vous recommande par testament que vous ne laissiez point perdre ces vieux termes, que vous les employiez et defendiez hardiment contre des maraux qui ne tiennent pas elegant ce qui n'est point escorché du latin et de l'italien, et qui aiment mieux dire *collauder, contemuer, blasonner* que *louër, mespriser, blasmer* : tout cela est pour l'escholier de Limosin. » Voila les propres termes de Ronsard. Après que nous luy remonstrions quelques rythmes qui nous sembloyent maigres, il nous disoit que Ronsard, Beze, du Bellai et Jodelle ne les avoyent pas voulu plus fecondes, qu'il n'estoit pas raisonnable que les rythmeurs imposassent des lois sur les poëmes. Sur quelques autres difficultés, comme sur les preterits feminins après les accusatifs et telles observations, il donnoit cela à la licence, et quant et quant à la richesse de la langue. Toutesfois toutes ses œuvres de ce temps ont pris les loix du temps. Et pour les rythmes des simples aux composez ou des composez aux autres, il n'y en a que trois ou quatre en tout l'œuvre. Il approuve cette rigueur et l'a suivie au temps qu'elle a esté establie, sans toutesfois vouloir souffrir que les premiers poëtes de la France en soyent mesestimez. Voila pour les estofes des parties. Voici pour la matiere generale, et puis je dirai un mot de la disposition.

La matiere de l'œuvre a pour sept livres sept tiltres separez, qui toutesfois ont quelque convenance, comme des effects aux causes. Le premier livre s'appelle *Miseres,* qui est un tableau piteux du Royaume en general, d'un style bas et tragique, n'excedant que fort peu les loix de la narration. Les *Princes* viennent après, d'un style moyen mais satyrique en quelque façon : en cettui-là il a esgallé la liberté de ses escrits à celles des vies de son temps, denotant le subject de ce second pour instrument du premier. Et puis il fait contribuer aux causes des miseres l'injustice, sous le titre de *La Chambre doree,* mais ce troisiesme de mesme style que le second. Le quart, qu'il appelle *Les Feux,* est tout entier au sentiment de la religion de l'autheur et d'un style tragicque moyen. Le cinquiesme, sous le nom des *Fers*, du style tragicque eslevé, plus poëtic et plus hardi que les autres : sur lequel je veux conter une notable dispute entre les doctes amis de l'autheur. Rapin, un des plus excellens esprits de son siecle, blasma l'invention des tableaux celestes, disant que nul n'avoit jamais entrepris de peindre les affaires de la terre au ciel, bien les celestes en terre. L'autheur se deffendoit par les inventions d'Homere, de Virgile, et de nouveau du Tasse, qui ont feint les conseils tenus au Ciel, les brigues et partialités des Celestes sur les affaires des Grecs, des Romains et, depuis, des Chrétiens. Ce debat les poussa à en croire de tres doctes personnages, lesquels ayant demandé de voir la tissure de l'œuvre pour en juger approuverent l'invention, si bien que je garde curieusement des lettres sur ce sujet desrobees à mon Maistre incurieux, surtout celles de Monsieur de Saincte-Marthe, qui, ayant esté un des arbitres, dit ainsi : « Vous vous esgayez dans le ciel pour les affaires du ciel mesme; j'y ay pris tel goust que je crains vostre modestie : au lieu donc de vous descourager, si vous aviez quelque chose plus haut que le ciel, vous y devriez loger ce qui est tout celeste. » Le livre qui suit [le] cinquiesme s'appelle *Vengeances*, théologien et historial. Lui et le dernier, qui est le *Jugement*, d'un style eslevé, tragicque, pourront estre blasmés pour la passion partizane; mais ce genre d'escrire a pour but d'esmouvoir, et l'autheur le tient quitte s'il peut cela sur les esprits desjà passionnez ou pour le moins æquanimes.

Il y a peu d'artifice en la disposition : il y paroist seulement quelques episodies, comme predictions de choses advenues avant l'œuvre clos, que l'autheur appeloit en riant ses *apopheties*. Bien veux-je constamment asseurer le lecteur qu'il y en a qui meritent un nom plus haut, comme escrites avant les choses advenues. Je maintien de ce rang ce qui est à la *Preface* :

> Je voi venir avec horreur
> Le jour qu'au grand temple d'erreur...

et ce qui s'ensuit de la stance;
aux *Princes*, où tout ce qui est dit du fauconnier qui tue

son oiseau par une corneille est sur la mort du Roy Henry troisiesme ; et puis aux endroits qui denotent la mort d'Henry quatriesme, que je monstrerois estre dit par prediction si les preuves ne designoyent par trop mon autheur. Vous remarquerez aussi en la disposition la liberté des entrees avec exorde, ou celles qu'on appelle abruptes. Quant aux titres des livres, je fus cause de faire oster des noms estrangers, comme au troisiesme *Ubris*, au dernier *Dan*, aiment mieux que tout parlast françois.

Or voila l'estat de mon larcin, que le pere plein de vie ne pourra souffrir deschiré et mal en point, et le pied usé comme sont les chevaux d'Espagne qu'on desrobe par les montagnes. Il sera contrainct de remplir les lacunes, et, si je fay ma paix avec lui, je vous promets les commentaires de tous les poincts difficiles qui vous renvoyroyent à une penible recerche de l'histoire ou de l'onomastic. J'ai encores par devers moi deux livres d'*Epigrammes françois*, deux de *latins*, que je vous promets à la premiere commodité ; et puis des *Polemicques* en diverses langues, œuvres de sa jeunesse, quelques *Romans*, cinq livres de *Lettres missives* : le premier de *Familieres*, pleines de railleries non communes, le second de *Poincts de doctrine* desmeslez entre ses amis, le troisiesme de *Poincts theologaux*, le quatriesme d'*Affaires de la guerre*, le cinquiesme d'*Affaires d'Estat*. Mais tout cela attendra l'édition de l'*Histoire*, en laquelle c'est chose merveilleuse qu'un esprit igné et violent de son naturel ne se soit monstré en aucun point partisan, ait escrit sous loüanges et blasmes, fidelle tesmoin et jamais juge, se contentant de satisfaire à la question du faict sans toucher à celle du droict.

La liberté de ses autres escrits a fait dire à ses ennemis qu'il affectoit plus le gouvernement aristocratique que monarchique, de quoy il fut accusé envers le Roy Henry quatriesme estant lors Roy de Navarre. Ce Prince, qui avoit desjà leu tous *Les Tragicques* plusieurs fois, les voulut faire lire encore pour justifier ces accusations : et n'y ayant rien trouvé que supportable, pourtant, pour en estre plus satisfait, appela un jour notre autheur en presence des Sieurs du Fay et du Pin, lesquels discourroient avec luy sur les diversités des Estats. Nostre autheur, interrogé promptement quelle estoit de toutes administrations la meilleure, respondit que c'estoit la monarchique selon son institution entre les François, et qu'apres celle des François il estimoit le mieux celle de Pologne. Pressé d'avantage sur celle des François, il repliqua : « Je me tiens du tout à ce qu'en dit du Haillan et tiens pour injuste ce qui en a esté changé, quand ce ne seroit que la sousmission aux Papes. Philippes le Bel estoit souverain et brave, mais il est difficile que qui subit le joug d'autruy puisse donner à ses subjects un joug supportable. » J'ai voulu alleguer ces choses pour justifier ses escrits, esquels vous verrez plusieurs choses contre la tyrannie, nulle contre la Royauté; et de faict ses labeurs, ses perils et ses playes ont justifié son amour envers son Roy. Pour vous en montrer son opinion plus au net, j'ay adjousté ici trois stances qui luy serviront de confession en ce qui est de la Royauté; elles sont en une piece qui paroistra Dieu aidant parmi ses *Meslanges* à la premiere occasion. Vers la fin, après la stance qui commence :

> Roy, qui te sieds enfant, sur la peau de ton pere,

suivent :

> Le Regne est beau mirouër du regime du monde,
> Puis l'Aristocratie en honneur la seconde,
> Suit l'Estat populaire inferieur des trois.
> Tout peut se maintenir en regnant par soy mesme;
> Mais j'appelle les Rois ployez sous un Supresme
> Tyrans tyrannisez, et non pas de vrais Rois.

> Le Monarque du Ciel en soi prend sa justice,
> Le prince de l'Enfer exerce le supplice,
> Et ne peut ses rigueurs esteindre ou eschauffer :
> Le Roi regnant par soi, aussi humble que brave,
> Est l'image de Dieu; mais du tyran esclave
> Le dur gouvernement image de l'Enfer.

> Celui n'est souverain qui reconnoist un maistre,
> Plus infame valet qui est valet d'un prestre;
> Servir Dieu, c'est regner : ce regne est pur et doux.
> Rois de Septentrion, heureux Princes et sages,
> Vous estes souverains qui ne devez hommages
> Et qui ne voyez rien entre le ciel et vous.

Voila le plus au vif que j'ay peu le crayon de mon Maistre.

Quant à son nom, on n'exprime point les noms dans les tableaux; il est temps que vous l'oyez par sa bouche, de laquelle vous n'aurez point de louanges serviles, mais bien des libres et franches verités.

PRÉFACE

L'AUTHEUR A SON LIVRE

Va Livre, tu n'es que trop beau
Pour estre né dans le tombeau
Duquel mon exil te delivre;
Seul pour nous deux je veux perir :
Commence, mon enfant, à vivre
Quand ton pere s'en va mourir.

 Encores vivrai-je par toi,
Mon fils, comme tu vis par moi;
Puis il faut, comme la nourrice
Et fille du Romain grison,
Que tu allaicte et tu cherisse
Ton pere, en exil, en prison.

 Sois hardi, ne te cache point,
Entre chez les Rois mal en point;
Que la pauvreté de ta robbe
Ne te face honte ni peur,
Ne te diminuë ou desrobe
La suffisance ni le cœur.

 Porte, comme au senat romain,
L'advis et l'habit du vilain
Qui vint du Danube sauvage,
Et monstra hideux, effronté,
De la façon non du langage,
La mal-plaisante verité.

 Si on te demande pourquoi
Ton front ne se vante de moi,

Dis leur que tu es un posthume
Desguisé, craintif et discret,
Que la verité a coustume
D'accoucher en un lieu secret.

   Ta trenche n'a or ne couleur,
Ta couverture sans valeur
Permet, s'il y a quelque joye,
Aux bons la trouver au dedans;
Aux autres fascheux je t'envoye
Pour leur faire grincer les dents.

   Aux uns tu donneras de quoi
Gemir et chanter avec toi,
Et les autres en ta lecture
Fronçans le sourcil de travers
Trouveront bien ta couverture
Plus agreable que tes vers

   Pauvre enfant, comment parois-tu
Paré de la seule vertu ?
Car, pour une ame favorable,
Cent te condamneront au feu;
Mais c'est ton but invariable
De plaire aux bons, et plaire à peu.

   Ceux que la peur a revoltez
Diffameront tes veritez,
Comme faict l'ignorante lie :
Heureux livre qui en deux rangs
Distingue la trouppe ennemie
En lasches et en ignorans.

   Bien que de moi des-ja soit né
Un pire et plus heureux aisné,
Plus beau et moins plein de sagesse,
Il chasse les cerfs et les ours,
Tu desniaises son aisnesse,
Et son partage est en amours.

   Mais le second pour plaire mieux
Aux vicieux fut vicieux.
Mon esprit par lui fit espreuve
Qu'il estoit de feu transporté :
Mais ce feu plus propre se treuve
A brusler qu'à donner clarté.

   J'eux cent fois envie et remord

De mettre mon ouvrage à mort :
Je voulois tuer ma folie,
Cet enfant bouffon m'appaisoit;
En fin, pour la fin de sa vie,
Il me despleut, car il plaisoit.

    Suis-je fascheux de me jouër
A mes enfans, de les louër ?
Amis, pardonnez-moi ce vice :
S'ils sont camus et contrefaicts,
Ni la mere ni la nourrice
Ne trouvent point leurs enfans laids.

    Je pense avoir esté sur eux
Et pere et juge rigoureux :
L'un à regret a eu la vie,
A mon gré chaste et assez beau;
L'autre ensevelit ma folie
Dedans un oublieux tombeau.

    Si en mon volontaire exil
Un iuste et severe sourcil
Me reprend de laisser en France
Les traces de mon perdu temps :
Ce sont les fleurs et l'esperance,
Et ceci les fruicts de mes ans.

    Aujourd'hui abordé au port
D'une douce et civile mort,
Comme en une terre seconde,
D'autre humeur je fai d'autres vers,
Marri d'avoir laissé au monde
Ce qui plaist au monde pervers.

    Alors je n'adorois sinon
L'image vaine du renom,
Renom de douteuse esperance :
Ici sans espoir, sans esmoi,
Je ne veux autre recompense
Que dormir satisfaict de moi.

    Car la gloire nous n'estalons
Sur l'eschaffaut en ces vallons,
En ma libre-franche retraitte :
Les triomphes des orgueilleux
N'entrent pas dedans ma logette,
Ni les desespoirs sourcilleux.

Mais là où les triomphes vains
Peuvent dresser leurs chefs hautains,
Là où se tient debout le vice,
Là est le logis de la peur;
Ce lieu est lieu de precipice,
Fait dangereux par sa hauteur.

Vallons d'Angrongne bien-heureux,
Vous bien-heurez les mal-heureux!
Separans des fanges du monde
Vostre chrestienne liberté,
Vous defendez à coups de fonde
Les logis de la verité.

Dedans la grotte d'un rocher
La pauvrette a voulu cercher
Sa maison, moins belle et plus seure;
Ses pertuis sont arcs triomphans,
Où la fille du ciel asseure
Un azile pour ses enfans.

Car je la trouve dans le creux
Du logis de soi tenebreux,
Logis esleu pour ma demeure,
Où la verité sert de jour,
Où mon ame veut que je meure,
Furieuse de sainct amour.

Je cerchois de mes tristes yeux
La verité aux aspres lieux,
Quand de cett' obscure tasniere
Je vis resplendir la clarté,
Sans qu'il y eust autre lumiere :
Sa lumiere estoit sa beauté.

J'attache le cours de mes ans
Pour vivre à jamais au dedans;
Mes yeulx de la premiere veuë,
Bien que transis et esplorez,
L'eurent à l'instant recognuë
A ses habits tous dechirez.

C'est toi, di-je, qui sçeus ravir
Mon ferme cœur à te servir;
A jamais tu seras servie
De lui tant qu'il sera vivant :
Peut-on mieux conserver sa vie

Que de la perdre en te servant ?
De celui qui aura porté
La rigoureuse verité
Le salair' est la mort certaine.
C'est un loyer bien à propos :
Le repos est fin de la peine,
Et la mort est le vrai repos.

Je commençois à arracher
Des cailloux polis d'un rocher,
Et elle tordoit une fonde;
Puis nous jettions par l'univers,
En forme d'une pierre ronde,
Ses belles plaintes et mes vers.

Quelquesfois en me pourmenant
La verité m'alloit menant
Aux lieux où celle qui enfante,
De peur de se perdre, se perd,
Et où l'Eglise qu'on tourmente
S'enferma d'eau dans le desert.

O Desert, promesse des cieux,
Infertile mais bien heureux !
Tu as une seule abondance,
Tu produis les celestes dons,
Et la fertilité de France
Ne gist qu'en espineux chardons.

Tu es circui, non surpris,
Et menacé sans estre pris.
Le dragon ne peut et s'essaye :
Il ne peut nuire que des yeux.
Assez de cris et null playe
Ne force le destin des cieux.

Quel chasteau peut si bien loger ?
Quel Roi si heureux qu'un berger ?
Quel sceptre vaut une houlette ?
Tyrans, vous craindrez mes propos :
J'aurai la paix en ma logette,
Vos palais seront sans repos.

Je sens ravir dedans les cieux.
Mon ame aussi bien que mes yeux,
Quand en ces montagnes j'advise
Ces grands coups de la verité,

Et les beaux combats de l'Eglise
Signalez à la pauvreté.
  Je voi les places et les champs
Là où l'effroi des braves camps,
Qui de tant de rudes batailles
R'apportoyent les fers triomphans,
Purent les chiens de leurs entrailles,
Deffaicts de la main des enfans.
  Ceux qui par tant et tant de fois
Avoyent veu le dos des François,
Eurent bras et cœur inutile;
Comme cerfs paoureux et legers,
Ils se virent chassez trois mille
Des fondes de trente bergers.
  Là l'enfant attend le soldat,
Le pere contre un chef combat;
Encontre le tambour qui gronde
Le psalme esleve son doux ton,
Contre l'arquebouze la fonde,
Contre la picque le baston.
  Là l'enseigne voloit en vain,
En vain la trompette et l'airain;
Le phifre espouvante au contraire
Ceux-là qu'il devoit eschauffer :
Ils sentoyent que Dieu sçavoit faire
La toile aussi dure que fer.
  L'ordre tesmoin de leur honneur
Aux chefs ne rechauffa le cœur;
Rien ne servit l'experience
Des braves lieutenans de Roi :
Ils eurent peur, sans connoissance
Comment ils fuyoyent et pourquoi
  Aux cœurs de soy victorieux
La victoire, fille des cieux,
Et la gloire aux ailes dorees
Presentent chacune un chappeau;
Les insolences esgarees
S'esgarent loin de ce troupeau.
  Dieu fit là merveille, ce lieu
Est le sanctuaire de Dieu;
Là Satan n'a l'yvroye mise

>   Ni la semence de sa main;
>   Là les agnelets de l'Eglise
> 234   Sautent au nez du loup romain.
>   N'est-ce pour ouvrir nos esprits ?
>   N'avons-nous pas encor'appris
>   Par David que les grands du monde
>   Sont impuissants encontre nous,
>   Et que Dieu ne veut qu'une fonde
> 240   Pour instrument de son courroux ?
>   Il se veut rendre assubjettis,
>   Par les moyens les plus petits,
>   Les fronts plus hautains de la terre;
>   Et pour terrasser à l'envers
>   Les Pharaons, il leur fait guerre
> 246   Avec les mousches et les vers.
>   Les Cireniens enragez,
>   Un jour en bataille rengez,
>   Despitoyent le ciel et le foudre,
>   Voulans arracher le soleil :
>   Et Dieu prit à leurs pieds la poudre,
> 252   Pour ses armes et leur cercueil.
>   Quand Dieu veut nous rendre vainqueurs,
>   Il ne choisit rien que les cœurs,
>   Car toutes mains lui sont pareilles;
>   Et mesmes entre les Payens,
>   Pour y desployer ses merveilles,
> 258   Il s'est joué de ses moyens.
>   L'exemple de Scevole est beau,
>   Qui, ayant failli du couteau,
>   Chassa d'une brave parole
>   L'ennemi du peuple romain;
>   Et le feu qu'endura Scevole
> 264   Fit plus que le coup de sa main.
>   Contre les tyrans violens
>   Dieu choisit les cœurs plus bruslans;
>   Et quand l'Eglise se renforce
>   D'autres que ses citoyens,
>   Alors Dieu affoiblit sa force,
> 270   La maudit et tous ses moyens.
>   Car quand l'Eternel fit le chois
>   Des deux les premiers de ses Rois,

Rien pour les morgues tromperesses
Ne se fit, ni pour les habits :
L'un fut pris entre les asnesses,
Et l'autre parmi les brebis.

O mauvais secours aux dangers
Qu'un chef tiré des estrangers !
Heureuse françoise Province
Quand Dieu propice t'accorda
Un prince, et te choisit un prince
Des pavillons de son Juda !

Mal-heur advint sur nous François
Quand nous bastismes sur François,
Et ses mal-contentes armees,
Les forces d'un prince plus fort :
Helas ! elles sont consumees,
Et nous sur le sueil de la mort.

Autant de tisons du courroux
De Dieu courroucé contre nous
Furent ces troupes blasphemantes :
Nous avons apris ceste fois
Que ce sont choses differantes
Que l'Estat de Dieu et des Rois.

Satan, ennemi caut et fin,
Tu voyois trop proche ta fin ;
Mais tu vis d'un œil pasle et blesme.
Nos cœurs ambitieux jaloux,
Et deslors tu nous fis nous-mesmes
Combattre pour et contre nous.

Les Samsons, Gedeons, et ceux
Qui n'espargnerent paresseux
Le corps, le hazard et la peine,
Pour, dans les feux d'un chaud esté,
Boire la glace à la fontaine,
Ramenerent la verité.

Ren-toi d'un soin continuel,
Prince, Gedeon d'Israel :
Foi le premier dedans l'eau vive,
En cett'eau trempe aussi ton cœur ;
Il y a de la peine oisive,
Et du loisir qui est labeur.

Bien que tu as autour de toi

Des cœurs et des yeux pleins de foi,
J'ai peur qu'une Dalide fine
Couppe ta force et tes cheveux,
Te livre à la gent philistine,
Qui te prive de tes bons yeux.

Je voi venir avec horreur
Le jour qu'au grand temple d'erreur
Te feras rire l'assistance;
Puis, donnant le dernier effort
Aux deux colomnes de la France,
Tu te baigneras en ta mort.

Quand ta bouche renoncera
Ton Dieu, ton Dieu la percera,
Punissant le membre coulpable;
Quand ton cœur, desloyal mocqueur,
Comme elle sera punissable,
Alors Dieu percera ton cœur.

L'amour premier t'aveuglera,
Et puis le meurtrier frapera.
Desja ta veuë envelopee
N'attend que le coup du couteau
Ainsi que la mortelle espee
Suit de pres le triste bandeau

Dans ces cabinets lambrissez,
D'idoles de cour tapissez,
N'est pas la verité conuë :
La voix du Seigneur des Seigneurs
S'escrie sur la roche cornue,
Qui est plus tendre que nos cœurs.

Ces monts ferrez, ces aspres lieux,
Ne sont pas si doux à nos yeux,
Mais l'ame y trouve ses delices;
Et là où l'œil est contenté
De braves et somptueux vices,
L'œil de l'ame y est tourmenté.

Echos, faites doubler ma voix,
Et m'entendez à ceste fois,
Mi-celestes roches cornuës,
Poussez mes plaintes dedans l'air,
Les faisant du recoup des nuës
En France une autre fois parler.

    Amis, en voyant quelquesfois
Mon ame sortir de ses loix,
Si pour bravement entreprendre
Vous reprenez ma saincte erreur,
Pensez que l'on ne peut reprendre
Toutes ces fureurs sans fureur.

    Si mon esprit audacieux
Veut peindre le secret des cieux,
J'attaque les Dieux de la terre :
Il faut bien qu'il me soit permis
De fouiller, pour leur faire guerre,
L'arcenal de leurs ennemis.

    Je n'excuse pas mes escrits
Pour ceux-la qui y sont repris :
Mon plaisir est de leur desplaire.
Amis, je trouve en la raison
Pour vous et pour eux fruict contraire,
La medecine et le poison.

    Vous louerez Dieu, ils trembleront;
Vous chanterez, ils pleureront :
Argument de rire et de craindre
Se trouve en mes vers, en mes pleurs,
Pour redoubler et pour estreindre
Et vos plaisirs et leurs fureurs.

    Je plains ce qui m'est ennemi,
Les monstrant j'ai pour eux gemi :
Car qui veut garder la iustice,
Il faut hayr distinctement
Non la personne, mais le vice,
Servir, non cercher l'argument,

    Je sçai que les enfans bien nez
Ne chantent, mais sont estonnez,
Et ferment les yeux, debonnaires,
(Comme deux des fils de Noé),
Voyans la honte de leurs peres
Que le vin fumeux a noyé.

    Ainsi, un temps, de ces felons
(Les yeux bouchez, à reculons,)
Nous cachions l'orde vilenie :
Mais nous les trouvons ennemis,
Et non peres de la patrie,

Qui ne pechent plus endormis.
　　Ren donc, ô Dieu, si tu cognois
Mon cœur meschant, ma voix sans voix :
O Dieu, tu l'esleve au contraire,
C'est trop retenu mon devoir;
Ce qu'ils n'ont pas horreur de faire
J'ai horreur de leur faire voir.

　　Sors, mon œuvre, d'entre mes bras;
Mon cœur se plaind, l'esprit est las
De cercher au droit une excuse :
Je vai le jour me refusant,
Lors que le jour ie te refuse,
Et ie m'accuse en t'excusant.

　　Tu es né legitimement,
Dieu mesme a donné l'argument,
Je ne te donne qu'à l'Eglise;
Tu as pour support l'equité,
La verité pour entreprise,
Pour loyer l'immortalité.

LES TRAGIQUES

MISERES

LIVRE PREMIER

   Puis qu'il faut s'attaquer aux legions de Rome,
   Aux monstres d'Italie, il faudra faire comme
   Hannibal, qui par feux d'aigre humeur arrosez
   Se fendit un passage aux Alpes embrasez.
 5 Mon courage de feu, mon humeur aigre et forte
   Au travers de sept monts faict breche au lieu de porte.
   Je brise les rochers et le respect d'erreur
   Qui fit douter Cesar d'une vaine terreur.
   Il vid Rome tremblante, affreuze, eschevelee,
10 Qui en pleurs, en sanglots, mi-morte, desolee,
   Tordant ses doigts, fermoit, defendoit de ses mains
   A Cezar le chemin au sang de ses germains.
      Mais dessous les autels des idoles j'advise
   Le visage meurtri de la captive Eglise,
15 Qui à sa delivrance (aux despens des hazards)
   M'appelle, m'animant de ses trenchans regards.
   Mes desirs sont des-ja volez outre la rive
   Du Rubicon troublé : que mon reste les suive
   Par un chemin tout neuf, car je ne trouve pas
20 Qu'autre homme l'ait jamais escorché de ses pas.
   Pour Mercures croisez, au lieu de Pyramides,
   J'ai de jour le pilier, de nuict les feux pour guides.
   Astres, secourez-moi : ces chemins enlacez
   Sont par l'antiquité des siecles effacez,
25 Si bien que l'herbe verde en ses sentiers acreuë
   En fait une prairie espaisse, haute et druë.
   Lâ où estoyent les feux des prophetes plus vieux,
   Je tends comme je puis le cordeau de mes yeux,
   Puis je cours au matin; de ma jambe arrosee,

30 J'esparpille à costé la premiere rosee,
Ne laissant apres moi trace à mes successeurs
Que les reins tous ployez des inutiles fleurs,
Fleurs qui tombent si tost qu'un vrai soleil les touche,
Ou que Dieu fenera par le vent de sa bouche.
35 Tout-Puissant, tout-voyant, qui du haut des hauts cieux
Fends les cœurs plus serrez par l'esclair de tes yeux,
Qui fis tout, et conneus tout ce que tu fis estre ;
Tout parfaict en ouvrant, tout parfaict en connoistre,
De qui l'œil tout courant, et tout voyant aussi,
40 De qui le soin sans soin prend de tout le souci,
De qui la main forma exemplaires et causes,
Qui prévus les effects dès le naistre des choses ;
Dieu, qui d'un style vif, comme il te plaist, escris
Le secret plus obscur en l'obscur des esprits :
45 Puisque de ton amour mon ame est eschauffee,
Jalouze de ton nom, ma poictrine embrazee
De ton feu pur, repurge aussi de mesmes feux
Le vice naturel de mon cœur vicieuz ;
De ce zele tres sainct rebrusle-moi encore,
50 Si que (tout consommé au feu qui me devore,
N'estant, serf de ton ire, en ire transporté,
Sans passion) je sois propre à ta verité ;
Ailleurs qu'à te louër ne soit abandonnee
La plume que je tiens, puis que tu l'as donnee.
55 Je n'escris plus les feux d'un amour inconu,
Mais, par l'affliction plus sage devenu,
J'entreprens bien plus haut, car j'apprens à ma plume
Un autre feu, auquel la France se consume.
Ces ruisselets d'argent, que les Grecs nous feignoyent,
60 Où leurs poëtes vains beuvoyent et se baignoyent,
Ne courent plus ici : mais les ondes si claires
Qui eurent les sapphirs et les perles contraires
Sont rouges de nos morts ; le doux bruit de leurs flots,
Leur murmure plaisant heurte contre des os.
65 Telle est en escrivant ma non-commune image :
Autre fureur qu'amour reluit en mon visage ;
Sous un inique Mars, parmi les durs labeurs
Qui gastent le papier et l'ancre de sueurs,
Au lieu de Thessalie aux mignardes vallees
70 Nous avortons ces chants au milieu des armees,

MISERES 61

    En delassant nos bras de crasse tous rouillez
    Qui n'osent s'esloigner des brassards despouillez.
    Le luth que j'accordois avec mes chansonnettes
    Est ores estouffé de l'esclat des trompettes;
75 Ici le sang n'est feint, le meurtre n'y defaut,
    La mort jouë elle mesme en ce triste eschaffaut,
    Le Juge criminel tourne et emplit son urne.
    D'ici la botte en jambe, et non pas le cothurne,
    J'appelle Melpomene en sa vive fureur,
80 Au lieu de l'Hippocrene esveillant cette sœur
    Des tombeaux rafraischis, dont il faut qu'elle sorte
    Eschevelée, affreuse, et bramant en la sorte
    Que faict la biche apres le fan qu'elle a perdu.
    Que la bouche luy saigne, et son front esperdu
85 Face noircir du ciel les voutes esloignees,
    Qu'elle esparpille en l'air de son sang deux poignees
    Quand espuisant ses flancs de redoublez sanglots
    De sa voix enroüee elle bruira ces mots :
    « O France desolee ! ô terre sanguinaire,
90 Non pas terre, mais cendre ! ô mere, si c'est mere
    Que trahir ses enfans aux douceurs de son sein
    Et quand on les meurtrit les serrer de sa main !
    Tu leur donnes la vie, et dessous ta mammelle
    S'esmeut des obstinez la sanglante querelle;
95 Sur ton pis blanchissant ta race se debat,
    Là le fruict de ton flanc faict le champ du combat. »
    Je veux peindre la France une mere affligee,
    Qui est entre ses bras de deux enfans chargee.
    Le plus fort, orgueilleux, empoigne les deux bouts
100 Des tetins nourriciers; puis, à force de coups
    D'ongles, de poings, de pieds, il brise le partage
    Dont nature donnoit à son besson l'usage;
    Ce volleur acharné, cet Esau malheureux
    Faict degast du doux laict qui doit nourrir les deux,
105 Si que, pour arracher à son frere la vie,
    Il mesprise la sienne et n'en a plus d'envie.
    Mais son Jacob, presé d'avoir jeusné meshui,
    Ayant dompté longtemps en son cœur son ennui,
    A la fin se defend, et sa juste colere
110 Rend à l'autre un combat dont le champ est la mere.
    Ni les souspirs ardents, les pitoyables cris,

Ni les pleurs rechauffez ne calment leurs esprits ;
Mais leur rage les guide et leur poison les trouble,
Si bien que leur courroux par leurs coups se redouble.
115 Leur conflict se r'allume et fait si furieux
Que d'un gauche malheur ils se crevent les yeux.
Cette femme esploree, en sa douleur plus forte,
Succombe à la douleur, mi-vivante, mi-morte ;
Elle void les mutins tous deschirez, sanglans,
120 Qui, ainsi que du cœur, des mains se vont cerchans.
Quand, pressant à son sein d'un' amour maternelle
Celui qui a le droit et la juste querelle,
Elle veut le sauver, l'autre qui n'est pas las
Viole en poursuivant l'asyle de ses bras.
125 Adonc se perd le laict, le suc de sa poictrine ;
Puis, aux derniers abois de sa proche ruine,
Elle dit : « Vous avez, felons, ensanglanté,
Le sein qui vous nourrit et qui vous a porté ;
Or vivez de venin, sanglante geniture,
130 Je n'ai plus que du sang pour vostre nourriture. »
  Quand esperdu je voi les honteuses pitiez
Et d'un corps divisé les funebres moitiez,
Quand je voi s'appresster la tragedie horrible
Du meurtrier de soi-mesme, aux autres invincible,
135 Je pense encores voir un monstrueux geant,
Qui va de braves mots les hauts cieux outrageant,
Superbe, florissant, si brave qu'il ne treuve
Nul qui de sa valeur entreprenne la preuve ;
Mais lors qu'il ne peut rien rencontrer au dehors
140 Qui de ses bras nerveux endure les efforts,
Son corps est combatu, à soi-mesme contraire :
Le sang pur ha le moins, le flegme et la colere
Rendent le sang non sang ; le peuple abat ses loix,
Tous nobles et tous Rois, sans nobles et sans Rois ;
145 La masse degenere en la melancholie ;
Ce vieil corps tout infect, plein de sa discrasie,
Hydropique, fait l'eau, si bien que ce geant,
Qui alloit de ses nerfs ses voisins outrageant,
Aussi foible que grand n'enfle plus que son ventre.
150 Ce ventre dans lequel tout se tire, tout entre,
Ce faux dispensateur des communs excremens
N'envoye plus aux bords les justes alimens :

MISERES

Des jambes et des bras les os sont sans moelle,
Il ne va plus en haut pour nourrir la cervelle
155 Qu'un chime venimeux dont le cerveau nourri
Prend matiere et liqueur d'un champignon pourri.
Ce grand geant changé en une horrible beste
A sur ce vaste corps une petite teste,
Deux bras foibles pendans, des-ja secs, des-ja morts,
160 Impuissans de nourrir et defendre le corps;
Les jambes sans pouvoir porter leur masse lourde
Et à gauche et à droit font porter une bourde.
 Financiers, justiciers, qui opprimez de faim
Celui qui vous fait naistre ou qui defend le pain,
165 Sous qui le laboureur s'abreuve de ses larmes,
Qui souffrez mandier la main qui tient les armes,
Vous, ventre de la France, enflez de ses langueurs,
Faisant orgueil de vent vous montrez vos vigueurs;
Voyez la tragedie, abbaissez vos courages,
170 Vous n'estes spectateurs, vous estes personnages :
Car encor vous pourriez contempler de bien loin
Une nef sans pouvoir lui aider au besoin
Quand la mer l'engloutit, et pourriez de la rive,
Et tournant vers le ciel la face demi-vive,
175 Plaindre sans secourir ce mal oisivement;
Mais quand, dedans la mer, la mer pareillement
Vous menace de mort, courez à la tempeste,
Car avec le vaisseau vostre ruine est preste.
 La France donc encor est pareille au vaisseau
180 Qui outragé des vents, des rochers et de l'eau,
Loge deux ennemis : l'un tient avec sa troupe
La prouë, et l'autre a pris sa retraite à la pouppe.
De canons et de feux chacun met en esclats
La moitié qui s'oppose, et font verser en bas,
185 L'un et l'autre enyvré des eaux et de l'envie,
Ensemble le navire et la charge, et la vie :
En cela le vainqueur ne demeurant plus fort,
Que de voir son haineux le premier à la mort,
Qu'il seconde, autochire, aussi tost de la sienne,
190 Vainqueur, comme l'on peut vaincre à la Cadmeenne.
 Barbares en effect, François de nom, François,
Vos fausses loix ont fait des faux et jeunes Rois,
Impuissans sur leurs cœurs, cruels en leur puissance;

Rebelles ils ont veu la desobeissance :
195 Dieu sur eux et par eux desploya son courroux,
N'ayant autres bourreaux de nous mesmes que nous.

  Les Rois, qui sont du peuple et les Rois et les peres,
Du troupeau domesticq sont les loups sanguinaires;
Ils sont l'ire allumee et les verges de Dieu,
200 La crainte des vivans : ils succedent au lieu
Des heritiers des morts; ravisseurs de pucelles,
Adulteres, souillans les couches des plus belles
Des maris assommez ou bannis pour leur bien,
Ils courent sans repos, et quand ils n'ont plus rien
205 Pour fouler l'avarice, ils cerchent autre sorte
Qui contente l'esprit d'une ordure plus forte.
Les vieillards enrichis tremblent le long du jour;
Les femmes, les maris, privez de leur amour,
Par l'espais de la nuict se mettent à la fuite,
210 Les meurtriers souldoyez s'eschauffent a la suite;
L'homme est en proye à l'homme, un loup à son pareil;
Le pere estrangle au lict le fils, et le cercueil
Preparé par le fils sollicite le pere;
Le frere avant le temps herite de son frere.
215 On trouve des moyens, des crimes tous nouveaux,
Des poisons inconnus; ou les sanglants cousteaux
Travaillent au midi, et le furieux vice
Et le meurtre public ont le nom de justice.
Les belistres armez ont le gouvernement,
220 Le sac de nos citez : comme anciennement
Une croix bourguignonne espouvantoit nos peres,
Le blanc les fait trembler, et les tremblantes meres
Croullent à l'estomac leurs pouppons esperdus
Quand les grondans tambours sont battans entendus.
225 Les places de repos sont places estrangeres,
Les villes du milieu sont les villes frontieres;
Le village se garde, et nos propres maisons
Nous sont le plus souvent garnisons et prisons.
L'honorable bourgeois, l'exemple de sa ville,
230 Souffre devant ses yeux violer femme et fille
Et tomber sans merci dans l'insolente main
Qui s'estendoit n'a-guere à mendier du pain.
Le sage justicier est trainé au supplice,
Le mal-faicteur luy faict son proces; l'injustice

MISERES

235 Est principe de droict; comme au monde à l'envers
Le vieil pere est fouëtté de son enfant pervers;
Celuy qui en la paix cachoit son brigandage
De peur d'estre puni, estalle son pillage
Au son de la trompette, au plus fort des marchez
240 Son meurtre et son butin sont à l'ancan preschez :
Si qu'au lieu de la rouë, au lieu de la sentence,
La peine du forfaict se change en recompense.
Ceux qui n'ont discerné les quereles des grands
Au lict de leur repos tressaillent, entendans
245 En paisible minuict que la ville surprise
Ne leur permet sauver rien plus que la chemise :
Le soldat trouve encor quelque espece de droict,
Et mesme, s'il pouvoit, sa peine il lui vendroit.
L'Espagnol mesuroit les rançons et les tailles
250 De ceux qu'il retiroit du meurtre des batailles
Selon leur revenu; mais les François n'ont rien
Pour loi de la rançon des François que le bien.
Encor' vous bien-heureux qui, aux villes fermees,
D'un mestier inconnu avez les mains armees,
255 Qui goustez en la peur l'alternatif sommeil,
De qui le repos est à la fievre pareil;
Mais je te plains, rustic, qui, ayant la journee
Ta pantelante vie en rechignant gaignee
Reçois au soir les coups, l'injure et le tourment,
260 Et la fuite et la faim, injuste payement.
Le païsan de cent ans, dont la teste chenuë
Est couverte de neige, en suivant sa charrue
Voit galopper de loin l'argolet outrageux,
Qui d'une rude main arrache les cheveux,
265 L'honneur du vieillard blanc, piqué de son ouvrage
Par qui la seule faim se trouvoit au village.
Ne voit-on pas des-ja, dès trois lustres passez,
Que les peuples fuyards, des villages chassez,
Vivent dans les forests ? là chacun d'eux s'asserre
270 Au ventre de leur mere, aux cavernes de terre;
Ils cerchent, quand l'humain leur refuse secours,
Les bauges des sangliers et les roches des ours,
Sans conter les perdus à qui la mort propice
Donne poison, cordeau, le fer, le precipice.
275   Ce ne sont pas les grands, mais les simples paisans,

Que la terre conoit pour enfans complaisans.
La terre n'aime pas le sang ni les ordures :
Il ne sort des tyrans et de leurs mains impures
Qu'ordures ni que sang; les aimez laboureurs
280 Ouvragent son beau sein de si belles couleurs,
Font courir les ruisseaux dedans les verdes prees
Par les sauvages fleurs en esmail diaprees;
Ou par ordre et compas les jardins azurez
Monstrent au ciel riant leurs carreaux mesurez;
285 Les parterres tondus et les droites allees
Des droicturieres mains au cordeau sont reglees;
Ils sont peintres, brodeurs, et puis leurs grands tappis
Noircissent de raisins et jaunissent d'espics.
Les ombreuses forests leur demeurent plus franches,
290 Esventent leurs sueurs et les couvrent de branches.
La terre semble donc, pleurante de souci,
Consoler les petits en leur disant ainsi :
    « Enfans de ma douleur, du haut ciel l'ire esmuë
Pour me vouloir tuer premierement vous tue;
295 Vous languissez, et lors le plus doux de mon bien
Va saoulant de plaisirs ceux qui ne vallent rien.
Or attendant le temps que le ciel se retire,
Ou que le Dieu du ciel destourne ailleurs son ire
Pour vous faire gouster de ses douceurs apres,
300 Cachez-vous sous ma robbe en mes noires forests,
Et, au fond du malheur, que chacun de vous entre,
Par deux fois mes enfans, dans l'obscur de mon ventre.
Les faineants ingrats font brusler vos labeurs,
Vos seins sentent la faim et vos fronts les sueurs :
305 Je mets de la douceur aux ameres racines,
Car elles vous seront viande et medecines;
Et je retirerai mes benedictions
De ceux qui vont sucçans le sang des nations :
Tout pour eux soit amer, qu'il sortent execrables
310 Du lict sans reposer, allouvis de leurs tables ! »
    Car pour monstrer comment en la destruction
L'homme n'est plus un homme, il prend refection
Des herbes, de charongne et viandes non-prestes,
Ravissant les repas apprestez pour les bestes;
315 La racine douteuse est prise sans danger,
Bonne, si on la peut amollir et manger;

Le conseil de la faim apprend aux dents par force
A piller des forests et la robbe et l'escorce.
La terre sans façon a honte de se voir,
320 Cerche encore des mains et n'en peut plus avoir.
Tout logis est exil : les villages champestres,
Sans portes et planchers, sans meubles et fenestres,
Font une mine affreuse, ainsi que le corps mort
Monstre, en monstrant les os, que quelqu'un lui fait tort.
325 Les loups et les renards et les bestes sauvages
Tienent place d'humains, possedent les villages,
Si bien qu'en mesme lieu, où en paix on eut soin
De reserrer le pain, on y cueille le foin.
Si le rusticque peut desrobber à soi-mesme
330 Quelque grain recelé par une peine extreme,
Esperant sans espoir la fin de ses mal-heurs,
Lors on peut voir couppler troupe de laboureurs,
Et d'un soc attaché faire place en la terre
Pour y semer le bled, le soustien de la guerre ;
335 Et puis l'an ensuivant les miserables yeux
Qui des sueurs du front trempoyent, laborieux,
Quand, subissans le joug des plus serviles bestes,
Liez comme des bœufs, ils se couployent par testes,
Voyent d'un estranger la ravissante main
340 Qui leur tire la vie et l'espoir et le grain.
Alors baignez en pleurs dans les bois ils retournent,
Aux aveugles rochers les affligez sejournent ;
Ils vont souffrans la faim qu'ils portent doucement
Au pris du desplaisir et infernal tourment
345 Qu'ils sentirent jadis, quand leurs maisons remplies
De dæmons encharnez, sepulchres de leurs vies,
Leur servoyent de crottons, ou pendus par les doigts
A des cordons trenchans, ou attachez au bois
Et couchez dans le feu, ou de graisses flambantes
350 Les corps nuds tenaillez, ou les plaintes pressantes
De leurs enfans pendus par les pieds, arrachez
Du sein qu'ils empoignoyent, des tetins assechez.
Ou bien, quand du soldat la diette alouvie
Tiroit au lieu de pain de son hoste la vie,
355 Vengé mais non saoulé, pere et mere meurtris
Laissoyent dans les berceaux des enfans si petis
Qu'enserrez de cimois, prisonniers dans leur couche,

Ils mouroyent par la faim; de l'innocente bouche
　　　L'ame plaintive alloit en un plus heureux lieu
360　Esclatter sa clameur au grand throne de Dieu;
　　　Cependant que les Rois parez de leur substance
　　　En pompes et festins trompoyent leur conscience,
　　　Estoffoyent leur grandeur des ruines d'autrui,
　　　Gras du suc innocent, s'egayants de l'ennuy.
365　Stupides, sans gouster ni pitiez ni merveilles,
　　　Pour les pleurs et les cris n'ayants yeux ni oreilles.
　　　　　Ici je veux sortir du general discours
　　　De mon tableau public; je flechirai le cours
　　　De mon fil entrepris, vaincu de la memoire
370　Qui effraye mes sens d'une tragique histoire :
　　　Car mes yeux sont tesmoins du subjet de mes vers.
　　　　　J'ai veu le reistre noir foudroyer au travers
　　　Les masures de France, et comme une tempeste,
　　　Emporter ce qu'il peut, ravager tout le reste;
375　Cet amas affamé nous fit à Mont-moreau
　　　Voir la nouvelle horreur d'un spectacle nouveau.
　　　Nous vinsmes sur leurs pas, une trouppe lassee
　　　Que la terre portoit, de nos pas harassee.
　　　Là de mille maisons on ne trouva que feux,
380　Que charongnes, que morts ou visages affreux.
　　　La faim va devant moi, force est que je la suive.
　　　J'oy d'un gosier mourant une voix demi-vive :
　　　Le cri me sert de guide, et fait voir à l'instant
　　　D'un homme demi-mort le chef se debattant,
385　Qui sur le sueil d'un huis dissipoit sa cervelle.
　　　Ce demi-vif la mort à son secours appelle
　　　De sa mourante voix, cet esprit demi-mort
　　　Disoit en son patois (langue de Perigort) :
　　　« Si vous estes François, François, je vous adjure,
390　Donnez secours de mort, c'est l'aide la plus seure
　　　Que j'espere de vous, le moyen de guerir;
　　　Faictes-moi d'un bon coup et promptement mourir.
　　　Les reistres m'ont tué par faute de viande,
　　　Ne pouvant ni fournir ni ouïr leur demande;
395　D'un coup de coutelats d'un l'eux m'a emporté
　　　Ce bras que vous voyez pres du lict à costé;
　　　J'ai au travers du corps deux balles de pistolle. »
　　　Il suivit, en couppant d'un grand vent sa parolle :

« C'est peu de cas encor et de pitié de nous ;
400 Ma femme en quelque lieu, grosse est morte de coups.
Il y a quatre jours qu'ayans esté en fuitte
Chassez à la minuict, sans qu'il nous fust licite
De sauver nos enfans liez en leurs berceaux,
Leurs cris nous appelloyent, et entre ces bourreaux
405 Pensans les secourir nous perdismes la vie.
Helas ! si vous avez encore quelque envie
De voir plus de mal-heur, vous verrez là dedans
Le massacre piteux de nos petits enfans. »
J'entre, et n'en trouve qu'un, qui lié dans sa couche
410 Avoit les yeux flestris, qui de sa pasle bouche
Poussoit et retiroit cet esprit languissant
Qui, à regret son corps par la faim delaissant,
Avoit lassé sa voix bramant apres sa vie.
Voici apres entrer l'horrible anatomie
415 De la mere assechee : elle avoit de dehors
Sur ses reins dissipez trainé, roulé son corps,
Jambes et bras rompus, une amour maternelle
L'esmouvant pour autrui beaucoup plus que pour elle.
A tant ell' approcha sa teste du berceau,
420 La releva dessus ; il ne sortoit plus d'eau
De ses yeux consumez ; de ses playes mortelles
Le sang mouilloit l'enfant ; point de laict aux mammelles,
Mais des peaux sans humeur : ce corps seché, retraict,
De la France qui meurt fut un autre portraict.
425 Elle cerchoit des yeux deux de ses fils encor,
Nos fronts l'espouventoyent ; en fin la mort devore
En mesme temps ces trois. J'eu peur que ces esprits
Protestassent mourans contre nous de leurs cris ;
Mes cheveux estonnez herissent en ma teste ;
430 J'appelle Dieu pour juge, et tout haut je deteste
Les violeurs de paix, les perfides parfaicts,
Qui d'une salle cause amenent tels effects.
Là je vis estonnez les cœurs impitoyables,
Je vis tomber l'effroi dessus les effroyables.
435 Quel œil sec eust peu voir les membres mi-mangez
De ceux qui par la faim estoient morts enragez ?
   Et encore auiourd'hui, sous la loi de la guerre,
Les tygres vont bruslans les thresors de la terre,
Nostre commune mere ; et le degast du pain

440 Au secours des lions ligue la pasle faim.
   En ce point, lors que Dieu nous espanche une pluye,
   Une manne de bleds pour soustenir la vie,
   L'homme, crevant de rage et de noire fureur,
   Devant les yeux esmeus de ce gran bien-faicteur
445 Foule aux pieds ses bien-faicts en villenant sa grace,
   Crache contre le ciel, ce qui tourne en sa face.
   La terre ouvre aux humains et son laict et son sein,
   Mille et mille douceurs que de sa blanche main
   Elle appreste aux ingrats, qui les donnent aux flammes.
450 Les degats font languir les innocentes ames.
   En vain le pauvre en l'air esclatte pour du pain :
   On embraze la paille, on fait pourrir le grain
   Au temps que l'affamé à nos portes sejourne.
   Le malade se plaint : cette voix nous adjourne
455 Au throsne du grand Dieu ; ce que l'affligé dit
   En l'amer de son cœur, quand son cœur nous maudit,
   Dieu l'entend, Dieu l'exauce, et ce cri d'amertume
   Dans l'air ni dans le feu volant ne se consume ;
   Dieu seelle de son seau ce piteux testament,
460 Nostre mort en la mort qui le va consumant.
      La mort en payement n'a receu l'innocence
   Du pauvre qui mettoit sa chetive esperance
   Aux aumosnes du peuple. Ah ! que dirai-je plus ?
   De ces evenemens n'ont pas esté esclus
465 Les animaux privez, et hors de leurs villages
   Les mastins allouvis sont devenus sauvages,
   Faicts loups de naturel et non pas de la peau :
   Imitans les plus grands, les pasteurs du troupeau
   Eux-mesme ont esgorgé ce qu'ils avoyent en garde.
470 Encor les verrez-vous se vanger, quoy qu'il tarde,
   De ceux qui ont osté aux pauvres animaux
   La pasture ordonnee : ils seront les bourreaux
   De l'ire du grand Dieu, et leurs dents affamees
   Se creveront des os de nos belles armees.
475 Ils en ont eu curee en nos sanglants combats,
   Si bien que des corps morts rassasiez et las,
   Aux plaines de nos camps de nos os blanchissantes,
   Ils courent forcenés les personnes vivantes.
   Vous en voyez l'espreuve au champ de Montcontour :
480 Hereditairement ils ont depuis ce jour

La rage naturelle, et leur race enyvree
Du sang des vrais François se sent de la curee.
 Pourquoy, chiens, auriez-vous en cett' aspre saison
(Nez sans raison) gardé aux hommes la raison,
485 Quand Nature sans loy, folle, se desnature,
Quand Nature mourant despouille sa figure,
Quand les humains privez de tous autres moyens,
Assiegez, ont mangé leurs plus fidelles chiens,
Quand sur les chevaux morts on donne des batailles
490 A partir le butin des puantes entrailles ?
Mesme aux chevaux peris de farcin et de faim
On a veu labourer les ongles de l'humain
Pour cercher dans les os et la peau consumee
Ce qu'oublioit la faim et la mort affamee.
495 Cet' horreur que tout œil en lisant a douté,
Dont nos sens dementoyent la vraye antiquité,
Cette rage s'est veuë, et les meres non-meres
Nous ont de leurs forfaicts pour tesmoins oculaires.
C'est en ces sieges lents, ces sieges sans pitié,
500 Que des seins plus aimants s'envole l'amitié.
La mere du berceau son cher enfant deslie;
L'enfant qu'on desbandoit autres-fois pour sa vie
Se desveloppe ici par les barbares doigts
Qui s'en vont destacher de nature les loix.
505 La mere deffaisant, pitoyable et farouche,
Les liens de pitié avec ceux de sa couche,
Les entrailles d'amour, les filets de son flanc,
Les intestins bruslans par les tressauts du sang,
Le sens, l'humanité, le cœur esmeu qui tremble,
510 Tout cela se destord et se desmesle ensemble.
L'enfant, qui pense encor' aller tirer en vain
Les peaux de la mammelle, a les yeux sur la main
Qui deffaict les cimois : cette bouche affamee,
Triste, soubs-rit aux tours de la main bien-aimee.
515 Cette main s'employoit pour la vie autres-fois;
Maintenant à la mort elle employe ses doits,
La mort qui d'un costé se presente, effroyable,
La faim de l'autre bout bourrelle impitoyable.
La mere ayant long-temps combatu dans son cœur
520 Le feu de la pitié, de la faim la fureur,
Convoite dans son sein la creature aimee

Et dict à son enfant (moins mere qu'affamee) :
« Rends miserable, rends le corps que je t'ay faict ;
Ton sang retournera où tu as pris le laict,
525 Au sein qui t'allaictoit r'entre contre nature ;
Ce sein qui t'a nourri sera ta sepulture. »
La main tremble en tirant le funeste couteau,
Quand, pour sacrifier de son ventre l'agneau,
Des poulces ell' estreind la gorge, qui gazouille
530 Quelques mots sans accents, croyant qu'on la chatouille :
Sur l'effroyable coup le cœur se refroidit.
Deux fois le fer eschappe à la main qui roidit.
Tout est troublé, confus, en l'ame qui se trouve
N'avoir plus rien de mere, et avoir tout de louve.
535 De sa levre ternie il sort des feux ardens,
Elle n'appreste plus les levres, mais les dents,
Et des baizers changés en avides morsures.
La faim acheve tout de trois rudes blessures,
Elle ouvre le passage au sang et aux esprits ;
540 L'enfant change visage et ses ris en ses cris ;
Il pousse trois fumeaux, et n'ayant plus de mere,
Mourant, cerche des yeux les yeux de sa meurtriere.
   On dit que le manger de Thyeste pareil
Fit noirci et fuir et cacher le soleil.
545 Suivrons-nous plus avant ? voulons-nous voir le reste
De ce banquet d'horreur, pire que de Thyeste ?
Les membres de ce fils sont conus aux repas,
Et l'autre estant deceu ne les connoissoit pas.
Qui pourra voir le plat où la beste farouche
550 Prend les petits doigts cuits, les jouëts de sa bouche ?
Les yeux esteints, ausquels il y a peu de jours
Que de regards mignons embrazoyent ses amours !
Le sein douillet, les bras qui son col plus n'accollent,
Morceaux qui saoulent peu et qui beaucoup desolent ?
555 Le visage pareil encore se fait voir,
Un portraict reprochant, miroir de son miroir,
Dont la reflexion de coulpable semblance
Perce à travers les yeux l'ardente conscience.
Les ongles brisent tout, la faim et la raison
560 Donnent pasture au corps et à l'ame poison.
Le soleil ne peut voir l'autre table fumante :
Tirons sur cette-ci le rideau de Thimante.

    Jadis nos Rois anciens, vrais peres et vrais Rois,
Nourrissons de la France, en faisant quelquesfois
565 Le tour de leur païs en diverses contrees,
Faisoyent par les citez de superbes entrees.
Chacun s'esjouissoit, on sçavoit bien pourquoy ;
Les enfans de quatre ans crioyent : vive le Roy !
Les villes employoyent mille et mille artifices
570 Pour faire comme font les meilleures nourrices,
De qui le sein fecond se prodigue à l'ouvrir,
Veut monstrer qu'il en a pour perdre et pour nourrir.
Il semble que le pis, quant il est esmeu, voye ;
Il se jette en la main, dont ces meres, de joye,
575 Font rejaillir aux yeux de leurs mignons enfans
Du laict qui leur regorge : à leurs Rois triomphans,
Triomphans par la paix, ces villes nourricieres
Prodiguoyent leur substance, et en toutes manieres
Monstroyent au ciel serein leurs thresors enfermez,
580 Et leur laict et leur joye à leurs Rois bien-aimez.

    Nos tyrans aujourd'hui entrent d'une autre sorte,
La ville qui les void a visage de morte.
Quand son prince la foulle, il la void de tels yeux
Que Neron voyoit Romm' en l'esclat de ses feux ;
585 Quand le tyran s'esgaye en la ville où il entre,
La ville est un corps mort, il passe sur son ventre,
Et ce n'est plus du laict qu'elle prodigue en l'air,
C'est du sang, pour parler comme peuvent parler
Les corps qu'on trouve morts : portez à la justice,
590 On les met en la place, afin que ce corps puisse
Rencontrer son meurtrier ; le meurtrier inconu
Contre qui le corps saigne est coulpable tenu.

    Henri, qui tous les jours vas prodiguant ta vie,
Pour remettre le regne, oster la tyrannie,
595 Ennemi des tyrans, ressource des vrais Rois,
Quand le sceptre des lis joindra le Navarrois,
Souvien-toi de quel œil, de quelle vigilance,
Tu vois et remedie aux mal-heurs de la France ;
Souvien-toy quelque jour combien sont ignorans
600 Ceux qui pour estre Rois veulent estre tyrans.

    Ces tyrans sont des loups, car le loup, quand il entre
Dans le parc des brebis, ne succe de leur ventre
Que le sang par un trou et quitte tout le corps,

Laissant bien le troupeau, mais un troupeau de morts :
605 Nos villes sont charongne, et nos plus cheres vies,
Et le suc et la force en ont esté ravies;
Les païs ruinez sont membres retranchez
Dont le corps sechera, puis qu'ils sont assechez.

France, puis que tu perds tes membres en la sorte,
610 Appreste le suaire et te conte pour morte :
Ton poulx foible, inegal, le trouble de ton œil
Ne demande plus rien qu'un funeste cercueil.

Que si tu vis encor, c'est la mourante vie
Que le malade vit en extreme agonie,
615 Lors que les sens sont morts, quand il est au rumeau,
Et que d'un bout de plume on l'abeche avec l'eau.

Si en louve tu peu devorer la viande,
Ton chef mange tes bras; c'est une faim trop grande :
Quand le desesperé vient à manger si fort
620 Apres le goust perdu, c'est indice de mort.

Mais quoy ? tu ne fus oncq si fiere en ta puissance,
Si roide en tes efforts, ô furieuse France !
C'est ainsi que les nerfs des jambes et des bras
Roidissent au mourant à l'heure du trespas.

625 On resserre d'impost le trafic des rivieres,
Le sang des gros vaisseaux et celui des arteres :
C'est faict du corps auquel on trenche tous les jours
Des veines et rameaux les ordinaires cours.

Tu donnes aux forains ton avoir qui s'esgare,
630 A celui du dedans rude, seche et avare :
Cette main a promis d'aller trouver les morts
Qui, sans humeur dedans, est suante au dehors.

France, tu es si docte et parles tant de langues !
O monstrueux discours, ô funestes harangues !
635 Ainsi, mourans les corps, on a veu les esprits
Prononcer les jargons qu'ils n'avoyent point apris.

Tu as plus que jamais de merveilleuses testes,
Des cerveaux transcendans, de vrais et faux prophetes :
Toi, prophete, en mourant du mal de ta grandeur,
640 Mieux que le medecin tu chantes ton mal-heur.

France, tu as commerce aux nations estranges,
Par tout intelligence et par tout des eschanges :
L'oreille du malade est ainsi claire, alors
Que l'esprit dit à Dieu aux oreilles du corps.

645 France, bien qu'au milieu tu sens des guerres fieres,
Tu as paix et repos à tes villes frontieres :
Le corps tout feu dedans, tout glace par dehors,
Demande la biere et bien tost est faict corps.
    Mais France, on void doubler dedans toi l'avarice;
650 Sur le seuil du tombeau les vieillards ont ce vice :
Quand le malade amasse et couverte et linceux
Et tire tout à soi, c'est un signe piteux.
    On void perir en toi la chaleur naturelle,
Le feu de charité, tout' amour mutuelle;
655 Les deluges espais achevent de noyer
Tous chauds desirs au cœur qui estoit leur fouïer;
Mais ce fouïer du cœur a perdu l'avantage
Du feu et des esprits qui faisoyent le courage.
    Ici marquez honteux, degenerez François,
660 Que vos armes estoyent legeres autresfois,
Et que, quand l'estranger esjamboit vos barrieres,
Vos ayeux desdaignoyent forts et villes frontieres :
L'ennemi, aussi tost comm' entré combattu,
Faisoit à la campagne essai de leur vertu.
665 Ores, pour tesmoigner la caducque vieillesse
Qui nous oste l'ardeur et nous croist la finesse,
Nos cœurs froids ont besoin de se voir emmurez,
Et, comme les vieillards, revestus et fourrez
De rempars, bastions, fossez et contre-mines,
670 Fosses-brais, parapets, chemises et courtines;
Nos excellens desseins ne sont que garnisons,
Que nos peres fuyoyent comm' on fuit les prisons :
Quand le corps gelé veut mettre robbe sur robbe,
Dites que la chaleur s'enfuit et se desrobe.
675 L'Ange de Dieu vengeur, une fois commandé,
Ne se destourne pas pour estre apprehendé :
Car ces symptomes vrais, qui ne sont que presages,
Se sentent en nos cœurs aussi tost qu'aux visages.
    Voila le front hideux de nos calamitez,
680 La vengeance des cieux justement despitez.
Comme par force l'œil se destourne à ces choses,
Retournons les esprits pour en toucher les causes.
    France, tu t'eslevois orgueilleuse au milieu
Des autres nations; et ton pere et ton Dieu
685 Qui tant et tant de fois par guerres estrangeres

T'esprouva, t'advertit des verges, des miseres,
Ce grand Dieu void au ciel du feu de son clair œil
Que des maux estrangers tu doublois ton orgueil.
Tes superstitions et tes coustumes folles
690 De Dieu qui te frappoit te poussoyent aux idoles.
Tu te crevois de graisse en patience, mais
Ta paix estoit la sœur bastarde de la paix.
Rien n'estoit honoré parmi toi que le vice;
Au ciel estoit bannie en pleurant la justice,
695 L'Eglise au sec desert, la verité apres.
L'enfer fut espuisé et visité de pres,
Pour cercher en son fond une verge nouvelle
A punir jusqu'aux os la nation rebelle.
　　Cet enfer nourrissoit en ses obscuritez
700 Deux esprits, que les cieux formerent, despitez,
Des pires excremens, des vapeurs inconues
Que l'haleine du bas exhale dans les nues.
L'essence et le subtil de ces infections
S'affina par sept fois en exhalations,
705 Comme l'on void dans l'air une masse visqueuse
Lever premierement l'humeur contagieuse
De l'haleine terrestre; et quand aupres des cieux
Le choix de ce venin est haussé, vicieux,
Comm' un astre il prend vie, et sa force secrete
710 Espouvante chacun du regard d'un comette.
Le peuple, à gros amas aux places ameuté,
Bee douteusement sur la calamité,
Et dit : « Ce feu menace et promet à la terre,
Louche, pasle ou flambant, peste, famine ou guerre. »
715 　　A ces trois s'aprestoyent ces deux astres nouveaux.
Le peuple voyoit bien ces cramoisis flambeaux,
Mais ne les peut juger d'une pareille sorte.
Ces deux esprits meurtriers de la France mi-morte
Nasquirent en nos temps : les astres mutinez
720 Les tirerent d'enfer, puis ils furent donnez
A deux corps vicieux, et l'amas de ces vices
Trouva l'organe prompt à leurs mauvais offices.
　　Voici les deux flambeaux et les deux instruments
Des playes de la France, et de tous ses tourments :
725 Une fatale femme, un cardinal qui d'elle,
Parangon de mal-heur, suivoit l'ame cruelle,

Mal-heur, ce dit le Sage, au peuple dont les loix
Tournent dans les esprits des fols et jeunes Rois
Et qui mangent matin : que ce mal-heur se treuve
730 Divinement predict par la certaine espreuve !
Mais cela qui faict plus le regne mal-heureux
Que celuy des enfans, c'est quand on void pour eux
Le diademe sainct sur la teste insolente,
Le sacré sceptre au poing d'une femme impuissante,
735 Aux despens de la loy que prirent les Gaulois
Des Saliens François pour loy des autres lois.
Cet esprit impuissant a bien peu, car sa force
S'est convertie en poudre, en feux et en amorce,
Impuissante à bien-faire et puissante à forger
740 Les cousteaux si trenchans qu'on a veu esgorger
Depuis les Rois hautains eschauffez à la guerre
Jusqu'au ver innocent qui se traine sur terre.
Mais pleust à Dieu aussi qu'ell' eust peu surmonter
Sa rage de regner, qu'ell' eust peu s'exempter
745 Du venin florentin, dont la playe eternelle,
Pestifere, a frapé et sur elle et par elle !

    Pleust à Dieu, Jesabel, que, comm' au temps passé
Tes ducs predecesseurs ont tous-jours abaissé
Les grands en eslevant les petits à l'encontre,
750 Puis encor rabatus par une autre rencontre
Ceux qu'ils avoyent haussez, si tost que leur grandeur
Pouvoit donner soupçon ou meffiance au cœur
— Ainsi comm' eux tu sçais te rendre redoutable,
Faisant le grand coquin, haussant le miserable,
755 Ainsi comm' eux tu sçais par tes subtilitez,
En maintenant les deux, perdre les deux costez,
Pour abbreuver de sang la soif de ta puissance —
Pleust à Dieu, Jesabel, que tu euss' à Florence
Laissé tes trahisons, en laissant ton païs,
760 Que tu n'eusse les grands des deux costez trahis
Pour regner au milieu, et que ton entreprise
N'eust ruiné le noble et le peuple et l'Eglise !
Cinq cens mille soldats n'eussent crevé, poudreux,
Sur le champ maternel, et ne fust avec eux
765 La noblesse faillie et la force faillie
De France, que tu as faict gibier d'Italie.
Ton fils eust eschappé ta secrette poison

Si ton sang t'eust esté plus que ta trahison.
En fin, pour assouvir ton esprit et ta veuë,
770 Tu vois le feu qui brusle et le cousteau qui tuë.
Tu as veu à ton gré deux camps de deux costez,
Tous deux pour toy, tous deux à ton gré tourmentez,
Tous deux François, tous deux ennemis de la France,
Tous deux executeurs de ton impatience,
775 Tous deux la pasle horreur du peuple ruiné,
Et un peuple par toi contre soi mutiné.
Par eux tu vois des-ja la terre yvre, inhumaine,
Du sang noble françois et de l'estranger pleine,
Accablez par le fer que tu as esmoulu;
780 Mais c'est beaucoup plus tard que tu n'eusses voulu :
Tu n'as ta soif de sang qu'à demi arrosee,
Ainsi que d'un peu d'eau la flamme est embrasee.
    C'estoit un beau miroir de ton esprit mouvant
Quand, parmi les nonnains, au florentin convent,
785 N'ayant pouvoir encor de tourmenter la terre,
Tu dressois tous les jours quelque petite guerre :
Tes compagnes pour toi se tiroyent aux cheveux.
Ton esprit dés-lors plein de sanguinaires vœux
Par ceux qui prevoyoyent les effects de ton ame
790 Ne peut estre enfermé, subtil comme la flamme.
Un mal-heur necessaire et le vouloir de Dieu
Ne doit perdre son temps ni l'assiette du lieu :
Comme celle qui vid en songe que de Troye
Elle enfantoit les feux, vid aussi mettre en proye
795 Son païs par son fils, et, pour sçavoir son mal,
Ne peût brider le cours de son mal-heur fatal.
Or ne vueille le ciel avoir jugé la France
A servir septante ans de gibier à Florence !
Ne vueille Dieu tenir pour plus long temps assis
800 Sur nos lis tant foulez le joug de Medicis !
Quoi que l'arrest du ciel dessus nos chefs destine,
Toi, verge de courroux, impure Florentine,
Nos cicatrices sont ton plaisir et ton jeu;
Mais tu iras en fin comme la verge au feu,
805 Quand au lict de la mort ton fils et tes plus proches
Consoleront tes plaints de ris et de reproches,
Quand l'edifice haut des superbes Lorreins
Maugré tes estançons t'accablera les reins,

Et par toy eslevé t'accrasera la teste.
Encor ris tu, sauvage et carnaciere beste,
Aux œuvres de tes mains, et n'as qu'un desplaisir,
Que le grand feu n'est pas si grand que ton desir !
Ne plaignant que le peu, tu t'esgaye ainsi comme
Neron l'impitoyable en voyant brusler Romme.

Neron laissoit en paix quelque petite part,
Quelque coin d'Italie esgaré à l'escart
Eschappoit ses fureurs ; quelqu'un fuyoit de Sylle
Le glaive et le courroux en la guerre civile ;
Quelqu'un de Phalaris evitoit le taureau,
La rage de Cinna, de Cesar le couteau ;
Et (ce qu'on feint encor' estrange entre les fables)
Quelqu'un de Diomede eschappoit les estables ;
Le lion, le sanglier qu'Hercules mit à mort
Plus loin que leur buisson ne faisoyent point de tort,
L'hydre assiegeoit Lerna, du taureau la furie
Couroit Candie, Anthee affligeoit la Lybie.

Mais toy qui au matin de tes cheveux espars
Fais voile à ton faux chef branslant de toutes parts,
Et, desployant en l'air ta perruque grisonne,
Les païs tous esmeus de pestes empoisonne,
Tes crins esparpillez, par charmes herissez,
Envoyent leurs esprits où ils sont adressez :
Par neuf fois tu secouë, et hors de chasque poincte
Neuf daemons conjurez descochent par contraincte.

Quel antre caverneux, quel sablon, quel desert,
Quel bois, au fond duquel le voyageur se perd,
Est exempt de mal-heurs ? Quel allié de France
De ton breuvage amer n'a humé l'abondance ?
Car diligente à nuire, ardente à recercher,
La loingtaine province et l'esloigné clocher
Par toy sont peints de rouge, et chacune personne
A son meurtrier derriere avant qu'elle s'estonne.
O qu'en Lybie Anthee, en Crette le taureau,
Que les testes d'Hydra, du noir sanglier la peau,
Le lion Nemean et ce que cette fable
Nous contre d'outrageux fut au pris supportable !
Pharaon fut paisible, Antiochus piteux,
Les Herodes plus doux, Cinna religieux ;
On pouvoit supporter l'espreuve de Perille,

Le cousteau de Cesar, et la prison de Sylle;
Et les feux de Neron ne furent point des feux
Pres de ceux que vomit ce serpent monstrueux.
  Ainsi, en embrazant la France miserable,
Cett' Hydra renaissant ne s'abbat, ne s'accable
Par veilles, par labeurs, par chemins, par ennuis;
La chaleur des grands jours ni les plus froides nuicts
N'arrestent sa fureur, ne bridant le courage
De ce monstre porté des aisles de sa rage;
La peste ne l'arreste, ains la peste la craint,
Pource qu'un moindre mal un pire mal n'esteint.
  L'infidelle, croyant les fausses impostures
Des dæmons predisans par songes, par augures
Et par voix de sorciers que son chef perira
Foudroyé d'un plancher qui l'ensevelira,
Perd bien le jugement, n'ayant pas conoissance,
Que cette maison n'est que la maison de France,
La maison qu'elle sappe; et c'est aussi pourquoi
Elle fait tresbucher son ouvrage sur soi.
  Celui qui d'un canon foudroyant extermine
Le rempar ennemi sans brasser sa ruine
Ruine ce qu'il hait, mais un mesme danger
Acravante le chef de l'aveugle estranger
Grattant par le dedans le vengeur edifice,
Qui fait de son meurtrier en mourant sacrifice.
  Elle ne l'entend pas, quand de mille posteaux
Elle fait appuyer ses logis, ses chasteaux :
Tu ne peux empescher par arc-boutant ni fulcre
Que Dieu de ta maison ne fasse ton sepulchre;
L'architecte mondain n'a rien qui tienne lieu
Contre les coups du ciel et le doigt du grand Dieu.
Il falloit contre toi et contre ta machine
Appuyer et munir, ingratte Catherine,
Cette haute maison, la maison de Valois,
Qui s'en va dire à Dieu au monde et aux François.
  Mais, quand l'embrasement de la mi-morte France
A souffler tous les coins requiert sa diligence,
La diligente au mal, paresseuse à tout bien,
Pour bien faire craint tout, pour nuire ne craint rien.
  C'est la peste de l'air, l'Erynne envenimee,
Elle infecte le ciel par la noire fumee

Qui sort de ses nareaux; ell'haleine les fleurs :
Les fleurs perdent d'un coup la vie et les couleurs;
Son toucher est mortel, la pestifere tuë
Les païs tous entiers de basilique veuë;
895 Elle change en discord l'accord des elements.
En paisible minuict on oit ses hurlements,
Ses sifflements, ses cris, alors que l'enragee
Tourne la terre en cendre, et en sang l'eau changee.
Elle s'ameute avec les sorciers enchanteurs,
900 Compagne des demons compagnons imposteurs,
Murmurant l'exorcisme et les noires prieres.
La nuict elle se veautre aux hideux cimetieres,
Elle trouble le ciel, elle arreste les eaux,
Ayant sacrifié tourtres et pigonneaux
905 Et desrobé le temps que la lune obscurcie
Souffre de son murmur'; elle attir' et convie
Les serpens en un rond sur les fosses des morts,
Desterre sans effroi les effroyables corps,
Puis, remplissant les os de la force des diables,
910 Les fait saillir en pieds, terreux, espouvantables,
Oit leur voix enroüee, et des obscurs propos
Des demons imagine un travail sans repos;
Idolatrant Sathan et sa theologie,
Interrogue en tremblant sur le fil de sa vie
915 Ces organes hideux; lors mesle de leurs tais
La poudre avec du laict, pour les conduire en paix.
Les enfans innocens ont presté leurs moëlles,
Leurs graisses et leur suc à fournir des chandelles,
Et, pour faire trotter les esprits aux tombeaux,
920 On offre à Belzebub leurs innocentes peaux.
    En vain, Roine, tu as rempli une boutique
De drogues du mestier et mesnage magique;
En vain fais tu amas dans les tais des deffuns
De poix noire, de canfre à faire tes parfuns;
925 Tu y brusles en vain cyprés et mandragore,
La ciguë, la ruë et le blanc hellebore,
La teste d'un chat roux, d'un ceraste la peau,
D'un chat-huant le fiel, la langue d'un corbeau,
De la chauve souris le sang, et de la louve
930 Le laict chaudement pris sur le poinct qu'elle trouve
Sa tasniere vollee et son fruict emporté,

Le nombril frais-couppé à l'enfant avorté,
Le cœur d'un vieil crapaut, le foye d'un dipsade,
Les yeux d'un basilic, la dent d'un chien malade
935 Et la bave qu'il rend en contemplant les flots,
La queuë du poisson, ancre des matelots,
Contre lequel en vain vent et voile s'essaye,
Le vierge parchemin, le palais de fresaye :
Tant d'estranges moyens tu recerches en vain,
940 Tu en as de plus prompts en ta fatale main.
Car quand dans un corps mort un demon tu ingeres,
Tu le vas menaçant d'un fouët de viperes ;
Il fait semblant de craindre, et pour jouër son jeu
Il s'approche, il refuse, il entre peu à peu,
945 Il touche le corps froid et puis il s'en esloigne,
Il feint avoir horreur de l'horrible charongne :
Ces feintes sont appas ; leur maistre, leur Seigneur
Leur permet d'affronter, d'efficace d'erreur,
Tels esprits que le tien par telles singeries.
950   Mais toi qui par sur eux triomphes, seigneuries,
Use de ton pouvoir : tu peux bien triompher
Sur eux, puis que tu es vivandiere d'enfer ;
Tu as plus de credit, et ta voix est plus forte
Que tout ce qu'en secret de cent lieux on te porte.
955 Va, commande aux demons d'imperieuse voix,
Reproche leur tes coups, conte ce que tu vois,
Monstre leur le succes des ruses florentines,
Tes meurtres, tes poisons, de France les ruines,
Tant d'ames, tant de corps que tu leur fais avoir,
960 Tant d'esprits abrutis, poussez au desespoir,
Qui renoncent leur Dieu ; di que par tes menees
Tu as peuplé l'enfer de legions damnees.
De telles voix sans plus tu pourras esmouvoir,
Employer, arrester tout l'infernal pouvoir.
965 Il ne faut plus de soin, de labeur, de despence
A cercher les sçavans en la noire science ;
Vous garderez les biens, les estats, les honneurs
Pour d'Italie avoir les fins empoisonneurs,
Pour nourrir, employer cette subtile bande,
970 Bien mieux entretenuë, et plus riche et plus grande
Que celle du conseil ; car nous ne voulons point
Que conseillers subtils, qui renversent à point

MISERES

>   En discords les accords, que les traistres qui vendent
>   A peu de prix leur foy, ceux-la qui mieux entendent
> 975 A donner aux meschans les purs commandements,
>   En se servant des bons tromper leurs instruments.
>   La foi par tant de fois et la paix violee
>   Couvroit les faux desseins de la France affolee
>   Sous les traittez d'accord; avant le pourparler
> 980 De la paix, on sçavoit le moyen de troubler.
>   Cela nous fut depeint par les feux et la cendre
>   Que le mal-heur venu seul nous a pû apprendre.
>   Les feux, di-je, celez dessous le pesant corps
>   D'une souche amortie et qui, n'ayant dehors
> 985 Poussé par millions tousjours ses estincelles,
>   Sous la cendre trompeuse a ses flammes nouvelles.
>   La traistresse Pandore apporta nos mal-heurs,
>   Peignant sur son champ noir l'enigme de nos pleurs,
>   Marquant pour se mocquer sur ses tapisseries
> 990 Les moyens de ravir et nos bien et nos vies,
>   Mesme escrivant autour du tison de son cœur
>   Qu'apres la flamme esteinte encore vit l'ardeur.
>   Tel fut l'autre moyen de nos rudes miseres,
>   L'Achitophel bandant les fils contre les peres,
> 995 Tel fut cett' autre peste et l'autre mal-heureux,
>   Perpetuel horreur à nos tristes neveux,
>   Ce cardinal sanglant, couleur à point suivie
>   Des desirs, des effects, et pareill' à sa vie :
>   Il fut rouge de sang de ceux qui au cercueil
> 1000 Furent hors d'aage mis, tuez par son conseil;
>   Et puis le cramoisi encores nous avise
>   Qu'il a dedans son sang trempé sa paillardise,
>   Quand en mesme suject se fit le monstrueux
>   Adultere, paillard, bougre et incestueux.
> 1005 Il est exterminé; sa mort espouvantable
>   Fut des esprits noircis une guerre admirable.
>   Le haut ciel s'obscurcit, cent mille tremblements
>   Confondirent la terre et les trois elements;
>   De celuy qui troubloit, quand il estoit en vie,
> 1010 La France et l'univers l'ame rouge ravie
>   En mille tourbillons, mille vents, mille nœuds,
>   Mille foudres ferrez, mill' esclairs, mille feux,
>   Le pompeux appareil de cett'ame si saincte

Fit des mocqueurs de Dieu trembler l'ame contrainte.
1015 Or n'estant despouillé de toutes passions,
De ses conseils secrets et de ses actions
Ne pouvant oublier la compagne fidelle,
Vomissant son demon, il eut memoire d'elle,
Et finit d'un à Dieu entre les deux amants
1020 La moitié du conseil et non de nos tourments.

Prince choisi de Dieu, qui sous ta belle-mere
Savourois l'aconit et la ciguë amere,
Ta voix a tesmoigné qu'au poinct que cet esprit
S'enfuyoit en son lieu, tu vis saillir du lict
1025 Cette Royne en frayeur qui te monstroit la place
Où le cardinal mort l'acostoit face à face
Pour prendre son congé : elle bouschoit ses yeux,
Et sa frayeur te fit herisser les cheveux.

Tels mal-heureux cerveaux ont esté les amorces,
1030 Les flambeaux, boute-feux et les fatales torches
Par qui les hauts chasteaux jusqu'en terre rasez,
Les temples, hospitaux pillez et embrazez,
Les colleges destruits par la main ennemie
Des citoyens esmeus monstrent l'anatomie
1035 De nostre honneur ancien (comme l'on juge aux os
La grandeur des geants aux sepulcres enclos).
Par eux on vid les loix sous les pieds trepignees,
Par eux la populace à bandes mutinees
Trempa dedans le sang des vieillards les couteaux,
1040 Estrangla les enfans liez en leurs berceaux,
Et la mort ne conut ni le sexe ni l'aage ;
Par eux est perpetré le monstrueux carnage
Qui, de quinze ans entiers, ayant fait les moissons
Des François, glene encor le reste en cent façons.

1045 Car quand la frenaisie et fievre generalle
A senti quelque paix, dilucide intervalle,
Nos sçavans apprentifs du faux Machiavel
Ont parmi nous semé la peste du duël.
Les grands, ensorcelez par subtiles querelles,
1050 Ont remplis leurs esprits de haines mutuelles ;
Leur courage employé à leur dissention
Les fait serfs de mestier, grands de profession.
Les nobles ont chocqué à testes contre testes ;
Par eux les princes ont vers eux payé leurs debtes ;

MISERES

1055 Un chacun estourdi a porté au fourreau
De quoy estre de soi et d'autrui le bourreau;
Et de peur qu'en la paix la feconde noblesse
De son nombre s'enflant ne refrene et ne blesse
La tyrannie un jour, qu'ignorante elle suit,
1060 Miserable support du joug qui la destruit,
Le Prince en son repas par loüanges et blasmes
Met la gloire aux duels, en allume les ames,
Peint sur le front d'autrui et n'establit pour soy
Du rude poinct d'honneur la pestifere loy,
1065 Reduisant d'un bon cœur la valeur prisonniere
A voir devant l'espee, et l'enfer au derriere.
 J'escris ayant senti avant l'autre combat
De l'ame avec son cœur l'inutile debat,
Prié Dieu, mais sans foy comme sans repentance,
1070 Porté à exploiter dessus moy la sentence;
Et ne faut pas ici que je vante en mocqueur
Le despit pour courage et le fiel pour le cœur.
Ne pense pas aussi, mon lecteur, que je conte
A ma gloire ce poinct, je l'escris à ma honte.
1075 Ouy j'ai senti le ver resveillant et piqueur
Qui contre tout mon reste avoit armé le cœur,
Cœur qui à ses despens prononçoit la sentence
En faveur de l'enfer contre la conscience.
 Ces Anciens, vrais soldats, guerriers, grands conquereurs
1080 Qui de simples bourgeois faisoyent des Empereurs,
Des princes leurs vassaux, d'un advocat un prince,
Du monde un regne seul, de France une province,
Ces patrons de l'honneur honoroyent le senat,
Le chevalier apres, et par le tribunat
1085 Haussoyent le tiers estat aux degrez de leur ville,
Desquels ils repoussoyent toute engeance servile.
Les serfs demi-humains, des hommes excrements,
Se vendoyent, se contoyent au roolle des juments;
Ces mal-heureux avoyent encores entr'eux-mesme
1090 Quelque condition des extremes l'extreme :
C'estoyent ceux qu'on tiroit des pires du troupeau
Pour esbatre le peupl' aux despens de leur peau.
Aux obseques des grands, aux festins, sur l'arene,
Ces glorieux maraux bravoyent la mort certaine,
1095 Avec grace et sang froid mettoyent pourpoint à part,

       Sans s'esbranler logeoyent en leur sein le poignart.
       Que ceux qui aujourd'hui se vantent d'estocades
       Contrefacent l'horreur de ces viles bravades :
       Car ceux-la recevoyent et le fer et la mort
1100   Sans cri, sans que le corps se tordist par effort,
       Sans posture contrainte, ou que la voix ouïe
       Mendiast laschement des spectateurs la vie.
       Ainsi le plus infect du peuple diffamé
       Perissoit tous les jours, par milliers consumé.
1105   Or tel venin cuida sortir de cette lie
       Pour eschauffer le sang de la troupe anoblie;
       Puis quelques Empereurs, gladiateurs nouveaux,
       De ces corps condamnez se firent les bourreaux;
       Joint (comme l'on trouva) que les meres volages
1110   Avoyent admis au lict des pollus mariages
       Ces visages felons, ces membres outrageux,
       Et convoité le sang des vilains courageux.
       On y dressa les nains. Quelques femmes perduës
       Furent à ce mestier finalement venduës.
1115   Mais les doctes escrits des sages animez
       Rendirent ces bouchers (quoi que grands) diffamez;
       Et puis le magistrat couronna d'infamie
       Et atterra le reste en la plus basse lie,
       Si bien que ce venin en leur siecle abbatu
1120   Pour lors ne pût voler la palme de vertu.
          On appelle aujourd'hui n'avoir rien fait qui vaille
       D'avoir percé premier l'espais d'une bataille,
       D'avoir premier porté une enseigne au plus haut,
       Et franchi devant tous la breche par assaut.
1125   Se jetter contre espoir dans la ville assiegee,
       La sauver demi-prise et rendre encouragee,
       Fortifier, camper ou se loger parmi
       Les gardes, les efforts d'un puissant ennemi,
       Employer, sans manquer de cœur ni de cervelle,
1130   L'espee d'une main, de l'autre la truelle,
       Bien faire une retraitte, ou d'un scadron battu
       R'allier les deffaicts, cela n'est plus vertu.
          La voici pour ce temps : bien prendre une querelle
       Pour un oiseau ou chien, pour garce ou maquerelle,
1135   Au plaisir d'un vallet, d'un bouffon gazoüillant
       Qui veut, dit-il, sçavoir si son maistre est vaillant.

MISERES

Si un prince vous hait, s'il lui prend quelque envie
D'employer vostre vie à perdre une autre vie
Pour payer tous les deux, à cela nos mignons
1140 Vont rians et transis, devienent compagnons
Des valets, des lacquais. Quiconque porte espee
L'espere voir au sang d'un grand prince trempee.
De cette loi sacree ores ne sont exclus
Le malade, l'enfant, le vieillard, le perclus :
1145 On les monte, on les arme. On invente, on devine
Quelques nouveaux outils à remplir Libitine ;
On y fend sa chemise, on y monstre sa peau :
Despouillé en coquin, on y meurt en bourreau.
Car les perfections du duel sont de faire
1150 Un appel sans raison, un meurtre sans colere,
Au jugement d'autrui, au rapport d'un menteur ;
Somme, sans estre juge, on est l'executeur.
Ainsi faisant vertu d'un execrable vice,
Ainsi faisant mestier de ce qui fut supplice
1155 Aux ennemis vaincus, sont par les enragés
De leurs exploits sur eux les diables soulagés.
Folle race de ceux qui pour quelque vaisselle
Veautrez l'eschine en bas, fermes sur leur rondelle,
Sans regret, sans crier, sans tressauts apparents,
1160 Se faisoyent esgorger au profit des parents !
Tout peril veut avoir la gloire pour salaire,
Tels perils amenoyent l'infamie au contraire ;
Entre les valeureux ces cœurs n'ont point de lieu ;
Les anciens leur donnoyent pour tutelaire Dieu
1165 Non Mars chef des vaillants : le chef de cette peste
Fut Saturne le triste, infernal, et funeste.

    Le François aveuglé en ce siecle dernier
Est tout gladiateur et n'a rien du guerrier.
On debat dans le pré les contracts, les cedules ;
1170 Nos jeunes conseillers y descendent des mules ;
J'ai veu les thresoriers du duel se coëffer,
Quitter l'argent et l'or pour manier le fer ;
L'avocat desbauché du barreau se desrobe,
Souille à bas le bourlet, la cornette et la robe :
1175 Quel heur d'un grand mal-heur, si ce brutal exces
Parvenoit à juger un jour tous nos proces !
Enfin rien n'est exempt : les femmes en colere

Ostent au faux honneur l'honneur de se deffaire;
Ces hommaces, plustost ces demons desguisez,
1180 Ont mis l'espee au poing, les cotillons posez,
Trepigné dans le pré avec bouche embavee,
Bras courbé, les yeux clos, et la jambe levee;
L'une dessus la peur de l'autre s'avançant
Menace de frayeur et crie en offençant.
1185 Ne contez pas ces traicts pour feinte ni pour songe,
L'histoire est du Poictou et de nostre Xaintonge :
La Boutonne a lavé le sang noble perdu
Que ce sexe ignorant au fer a respandu.
 Des triomphans martyrs la façon n'est pas telle :
1190 Le premier champion de la haute querelle
Prioit pour ses meurtriers et voyoit en priant
Sa place au ciel ouvert, son Christ l'y conviant.
Celuy qui meurt pour soi, et en mourant machine
De tuer son tueur, void sa double ruine :
1195 Il voit sa place preste aux abysmes ouverts,
Satan grinçant les dents le convie aux enfers.
 Depuis que telles loix sur nous sont establies,
A ce jeu ont vollé plus de cent mille vies;
La milice est perdue, et l'escrime en son lieu
1200 Assaut le vrai honneur, escrimant contre Dieu,
 Les quatre nations proches de nostre porte
N'ont humé ce venin, au moins de telle sorte,
Voisins qui par leur ruse, au defaut des vertus,
Nous ont pippez, pillez, effrayez et battus :
1205 Nous n'osons nous armer, les guerres nous fletrissent,
Chacun combat à part et tous en gros perissent.
 Voila l'estat piteux de nos calamitez,
La vengeance des cieux justement irritez.
En ce fascheux estat, France et François, vous estes
1210 Nourris, entretenus par estrangeres bestes,
Bestes de qui le but et le principal soin
Est de mettre à jamais au tyrannique poin
De la beste de Rome un sceptre qui commande
L'Europe, et encor plus que l'Europe n'est grande.
1215 Aussi l'orgueil de Rome est à ce point levé
Que d'un prestre tout Roi, tout Empereur bravé
Est marchepied fangeux; on void, sans qu'on s'estonne,
La pantoufle crotter les lys de la couronne :

MISERES

Dont, ainsi que Neron, ce Neron insensé
1220 Rencherit sur l'orgueil que l'autre avoit pensé :
  « Entre tous les mortels, de Dieu la prevoyance
M'a du haut ciel choisi, donné sa lieutenance.
Je suis des nations juge à vivre et mourir;
Ma main fait qui lui plaist et sauver et perir,
1225 Ma langue declarant les edicts de Fortune
Donne aux citez la joye ou la plainte commune;
Rien ne fleurit sans moi; les milliers enfermez
De mes gladiateurs sont d'un mot consumez;
Par mes arrests j'espars, je destruicts, je conserve
1230 Tout païs; toute gent, je la rend libre ou serve;
J'esclave les plus grands : mon plaisir pour tous droicts
Donne aux gueux la couronne et le bissac aux Rois. »
  Cet ancien loup romain n'en sçeut pas davantage;
Mais le loup de ce siecle a bien autre langage :
1235 « Je dispense, dit-il, du droict contre le droict;
Celui que j'ai damné, quand le ciel le voudroit,
Ne peut estre sauvé; j'authorise le vice;
Je fai le faict non faict, de justice injustice;
Je sauve les damnez en un petit moment;
1240 J'en loge dans le ciel à coup un regiment;
Je fai de bouë un Roy, je mets les Rois aux fanges;
Je fai les Saincts, sous moy obeïssent les Anges;
Je puis (cause premiere à tout cet univers)
Mettre l'enfer au ciel et le ciel aux enfers. »
1245   Voila vostre evangile, ô vermine espagnolle,
Je dis vostre evangile, engeance de Loyole,
Qui ne portez la paix sous le double manteau,
Mais qui empoisonnez l'homicide cousteau :
C'est vostre instruction d'establir la puissance
1250 De Rome, sous couleur de points de conscience,
Et, sous le nom menti de Jesus, esgorger
Les Rois et les Estats où vous pouvez loger.
Allez, preschez, courez, vollez, meurtriere trope,
Semez le feu d'enfer aux quatre coins d'Europe !
1255 Vos succez paroistront quelque jour, en cuidant
Mettre en Septentrion le sceptre d'Occident :
Je voi comme le fer piteusement besongne
En Mosco, en Suede, en Dace et en Polongne;
Insensez, en cuidant vous avancer beaucoup,

1260 Vous eslevez l'Agneau, atterrant vostre loup.
O Prince mal-heureux qui donne au Jesuite
L'accez et le credit que ton peché merite!
   Or laissons-la courir la pierre et le cousteau
Qui nous frappe d'enhaut, voyons d'un œil nouveau
1265 Et la cause et le bras qui justement les pousse;
Foudroyez, regardons qui c'est qui se courrouce,
Faisons paix avec Dieu pour la faire avec nous;
Soyons doux à nous-mesm' et le ciel sera doux;
Ne tyrannisons point d'envie nostre vie,
1270 Lors nul n'excercera dessus nous tyrannie;
Ostons les vains soucis, nostre dernier souci
Soit de parler à Dieu en nous pleignant ainsi :
   « Tu vois, juste vengeur, les fleaux de ton Eglise,
Qui par eux mise en cendre et en masure mise
1275 A contre tout espoir son esperance en toy,
Pour son retranchement le rempart de la foy.
   « Tes ennemis et nous sommes esgaux en vice
Si, juge, tu te sieds en ton lict de justice;
Tu fais pourtant un choix d'enfans ou d'ennemis,
1280 Et ce choix est celui que ta grace y a mis.
   « Si tu leur fais des biens, ils s'enflent en blasphemes;
Si tu nous fais du mal, il nous vient de nous-mesmes.
Ils maudissent ton nom quand tu leur es plus doux;
Quand tu nous meurtrirois, si te benirons-nous.
1285   « Cette bande meurtriere à boire nous convie
Le vin de ton courroux : boiront-ils point la lie ?
Ces verges, qui sur nous s'esgayent comm' au jeu,
Sales de nostre sang, vont-elles pas au feu ?
   « Chastie en ta douceur, punis en ta furie
1290 L'escapade aux aigneaux, des loups la boucherie;
Distingue pour les deux, comme tu l'as promis,
La verge à tes enfans, la barre aux ennemis.
   « Veux-tu long-temps laisser en cette terre ronde
Regner ton ennemi ? N'es-tu Seigneur du monde,
1295 Toy, Seigneur, qui abbas, qui blesses, qui gueris,
Qui donnes vie et mort, qui tue et qui nourris ?
   « Les princes n'ont point d'yeux pour voir tes grand's
                                          [merveilles;
Quand tu voudras tonner, n'auront-ils point d'oreilles ?
Leurs mains ne servent plus qu'à nous persecuter;

1300 Ils ont tout pour Satan et rien pour te porter.
    « Sion ne reçoit d'eux que refus et rudesses,
    Mais Babel les rançonne et pille leurs richesses :
    Tels sont les monts cornus qui, avaricieux,
    Monstrent l'or aux enfers et les neiges aux cieux.
1305 « Les temples du payen, du Turc, de l'idolatre
    Haussent au ciel l'orgueil du marbre et de l'albastre ;
    Et Dieu seul, au desert pauvrement hebergé,
    A basti tout le monde et n'y est pas logé !
    « Les moineaux ont leurs nids, leurs nids les hirondelles ;
1310 On dresse quelque fuye aux simples colombelles ;
    Tout est mis à l'abri par le soin des mortels ;
    Et Dieu seul, immortel, n'a logis ni autels.
    « Tu as tout l'univers où ta gloire on contemple,
    Pour marchepied la terre et le ciel pour un temple :
1315 Où te chassera l'homme, ô Dieu victorieux ?
    Tu possedes le ciel et les cieux des hauts cieux !
    « Nous faisons des rochers les lieux où on te presche,
    Un temple de l'estable, un autel de la cresche ;
    Eux du temple un' estable aux asnes arrogants,
1320 De la saincte maison la caverne aux brigands.
    « Les premiers des chrestiens prioyent aux cimetieres :
    Nous avons fait ouïr aux tombeaux nos prieres,
    Fait sonner aux tombeaux le nom de Dieu le fort
    Et annoncé la vie aux logis de la mort.
1325 « Tu peux faire conter ta loüange à la pierre ;
    Mais n'as-tu pas tousjours ton marchepied en terre ?
    Ne veux-tu plus avoir d'autres temples sacrez
    Qu'un blanchissant amas d'os de morts massacrez ?
    « Les morts te loueront-ils ? Tes faicts grands et terribles
1330 Sortiront-ils du creux de ces bouches horribles ?
    N'aurons-nous entre nous que visages terreux
    Murmurans ta loüange aux secrets de nos creux ?
    « En ces lieux caverneux tes cheres assemblees,
    Des ombres de la mort incessamment troublees,
1335 Ne feront-elles plus resonner tes saincts lieux
    Et ton renom voller des terres dans les cieux ?
    « Quoi ! serons-nous muets, serons-nous sans oreilles ?
    Sans mouvoir, sans chanter, sans ouïr tes merveilles ?
    As-tu esteint en nous ton sanctuaire ? Non,
1340 De nos temples vivans sortira ton renom.

« Tel est en cest estat le tableau de l'Eglise :
Elle a les fers aux pieds, sur les geennes assise,
A sa gorge la corde et le fer inhumain,
Un pseaume dans la bouche, et un luth en la main.
1345 « Tu aimes de ses mains la parfaicte harmonie :
Nostre luth chantera le principe de vie;
Nos doigts ne sont plus doigts que pour trouver tes sons,
Nos voix ne sont plus voix qu'à tes sainctes chansons.
« Mets à couvert ces voix que les pluyes enrouënt;
1350 Deschaine donc ces doigts, que sur ton luth ils jouënt;
Tire nos yeux ternis des cachots ennuyeux,
Et nous monstre le ciel pour y tourner les yeux.
« Soyent tes yeux adoucis à guerir nos miseres,
Ton oreille propice ouverte à nos prieres,
1355 Ton sein desboutonné à loger nos souspirs,
Et ta main liberale à nos justes desirs.
« Que ceux qui ont fermé les yeux à nos miseres,
Que ceux qui n'ont point eu d'oreille à nos prieres,
De cœur pour secourir, mais bien pour tourmenter,
1360 Point de main pour donner, mais bien pour nous oster,
« Trouvent tes yeux fermez à juger leurs miseres;
Ton oreille soit sourde en oyant leurs prieres;
Ton sein ferré soit clos aux pitiez, aux pardons;
Ta main seche, sterile aux bienfaicts et aux dons.
1365 « Soyent tes yeux clair-voyans à leurs pechez extremes;
Soit ton oreille ouverte à leurs cris de blasphemes,
Ton sein deboutonné pour s'enfler de courroux,
Et ta main diligente à redoubler tes coups.
« Ils ont pour un spectacle et pour jeu le martyre;
1370 Le meschant rit plus haut que le bon n'y souspire :
Nos cris mortels n'y font qu'incommoder leurs ris,
Les ris de qui l'esclat oste l'air à nos cris.
« Ils crachent vers la lune et les voûtes celestes :
N'ont-elles plus de foudre et de feux et de pestes ?
1375 Ne partiront jamais du throsne où tu te sieds
Et la mort et l'enfer qui dorment à tes pieds ?
Leve ton bras de fer, haste tes pieds de laine,
Venge ta patience en l'aigreur de la peine,
Frappe du ciel Babel : les cornes de son front
1380 Desfigurent la terre et lui ostent son rond ! »

PRINCES

LIVRE SECOND

Je veux, à coups de traits de la vive lumiere,
Crever l'enflé Pithon au creux de sa tasniere,
Je veux ouvrir au vent l'Averne vicieux,
Qui d'air empoisonné face noircir les cieux,
5 Percer de ces infects les pestes et les roignes,
Ouvrir les fonds hideux, les horribles charongnes
Des sepulchres blanchis : ceux qui verront ceci,
En bouchant les nazeaux, fronceront le sourci.
    Vous qui avez donné ce subject à ma plume,
10 Vous-mesmes qui avez porté sur mon enclume
Ce foudre rougissant aceré de fureur,
Lisez-le : vous aurez horreur de vostre horreur !
Non pas que j'aye espoir qu'une pudique honte
Vos pasles fronts de chien par vergogne surmonte ;
15 La honte se perdit, vostre cœur fut taché,
De la pasle impudence, en aimant le peché ;
Car vous donnez tel lustre à vos noires ordures
Qu'en fascinant vos yeux elles vous semblent pures.
J'en ai rougi pour vous, quand l'acier de mes vers
20 Burinoit vostre histoire aux yeux de l'univers.
Subject, stylle inconnu : combien de fois fermee
Ai-je à la verité la lumiere allumee ?
Verité de laquelle et l'honneur et le droit,
Conu, loué de tous, meurt de faim et de froid ;
25 Verité qui ayant son throne sur les nues
N'a couvert que le ciel, et traine par les rues.
    Lasche jusques ici, je n'avois entrepris
D'attaquer les grandeurs, craignant d'estre surpris
Sur l'ambiguité d'une glose estrangere,

30 Ou de peur d'encourir d'une cause legere
   Le courroux tres-pesant des princes irritez.
   Celuy-là se repent qui dit leurs veritez,
   Celui qui en dit bien trahit sa conscience :
   Ainsi en mesurant leur ame à leur puissance,
35 Aimant mieux leur Estat que ma vie à l'envers,
   Je n'avois jamais fait babiller à mes vers
   Que les folles ardeurs d'une prompte jeunesse.
   Hardi, d'un nouveau cœur, maintenant je m'adresse
   A ce geant morgueur, par qui chacun trompé
40 Souffre à ses pieds languir tout le monde usurpé.
   Le fardeau, l'entreprise est rude pour m'abbattre,
   Mais le doigt du grand Dieu me pousse à le combattre.
      Je voi ce que je veux, et non ce que je puis,
      Je voi mon entreprise, et non ce que je suis :
45 Preste-moi, verité, ta pastorale fonde,
   Que j'enfonce dedans la pierre la plus ronde
   Que je pourrai choisir, et que ce caillou rond
   Du vice-Goliath s'enchasse dans le front.
      L'ennemi mourra donc, puis que la peur est morte.
50 Le temps a creü le mal; je viens en cette sorte,
   Croissant avec le temps de style, de fureur,
   D'aage, de volonté, d'entreprise et de cœur;
   Car d'autant que le monde est roide en sa malice,
   Je deviens roide aussi pour guerroyer le vice.
55   Cà, mes vers bien-aimez, ne soyez plus de ceux
   Qui les mains dans le sein tracassent, paresseux,
   Les steriles discours, dont la vaine memoire
   Se noye dans l'oubli en ne pensant qu'y boire.
      Si quelqu'un me reprend que mes vers eschauffez
60 Ne sont rien que de meurtre et de sang estoffez,
   Qu'on n'y lit que fureur, que massacre, que rage,
   Qu'horreur, mal-heur, poison, trahison et carnage,
   Je luy respons : ami, ces mots que tu reprens
   Sont les vocables d'art de ce que j'entreprens.
65 Les flateurs de l'amour ne chantent que leurs vices,
   Que vocables choisis à peindre les delices,
   Que miel, que ris, que jeux, amours et passe-temps,
   Une heureuse follie à consommer son temps.
      Quand j'estois fol heureux, si cet heur est folie
70 De rire ayant sur soi sa maison demolie,

    Si c'est heur d'appliquer son fol entendement
    Au doux laissant l'utile, estre sans sentiment
    Lepreux de la cervelle, et rire des miseres
    Qui accablent le col du païs et des freres,
75 Je fleurissois comm' eux de ces mesmes propos,
    Quand par l'oisiveté je perdois le repos,
    Ce siecle, autre en ses mœurs, demande un autre style.
    Cueillons des fruicts amers, desquels il est fertile.
    Non, il n'est plus permis sa veine desguiser,
80 La main peut s'endormir, non l'ame reposer,
    Et voir en mesme temps nostre mere hardie
    Sur ses costez jouër si dure tragedie,
    Proche à sa catastrophe, où tant d'actes passez
    Me font frapper des mains et dire : c'est assez !
85 Mais où se trouvera qui à langue declose,
    Qui à fer esmoulu, à front descouvert ose
    Venir aux mains, toucher, faire sentir aux grands
    Combien ils sont petits et foibles et sanglans !
    Des ordures des grands le poëte se rend sale
90 Quand il peint en Cesar un ord Sardanapale,
    Quand un traistre Sinon pour sage est estimé,
    Desguisant un Neron en Trajan bien-aimé,
    Quand d'eux une Thaïs une Lucrece est dite,
    Quand ils nomment Achill' un infame Thersite,
95 Quand, par un fat sçavoir, ils ont tant combatu
    Que, souldoyez du vice, ils chassent la vertu.
    Ceux de qui les esprits sont enrichis des graces
    De l'Esprit eternel, qui ont à pleines tasses
    Beu du nectar des cieux, ainsi que le vaisseau
100 D'un bois qui en poison change la plus douce eau,
    Ces vaisseaux venimeux de ces liqueurs si belles
    Font l'aconite noir et les poisons mortelles.
        Flatteurs, je vous en veux, je commence par vous
    A desployer les traicts de mon juste courroux,
105 Serpents qui retirez de mortelles froidures,
    Tirez de pauvreté, eslevez des ordures
    Dans le sein des plus grands, ne sentez leur chaleur
    Plustost que vous piquez de venin sans douleur
    Celui qui vous nourrit, celui qui vous appuye :
110 Vipereaux, vous tuez qui vous donne la vie !
    Princes, ne prestez pas le costé aux flateurs :

Ils entrent finement, ils sont subtils questeurs,
Ils ne prennent aucun que celuy qui se donne ;
A peine de leurs lacqs voi-je sauver personne ;
115 Mesmes en les fuyant nous en sommes deceus,
Et, bien que repoussez, souvent ils sont receus.
Mais en ce temps infect tant vaut la menterie,
Et tant a pris de pied l'enorme flatterie,
Que le flatteur honteux, et qui flatte à demi,
120 Fait son Roy non demi, mais entier ennemi.
Et qui sont les flatteurs ? Ceux qui portent les titres
De conseillers d'Estat ; ce ne sont plus belistres,
Gnathons du temps passé ; en chaire les flatteurs
Portent le front, la grace, et le nom de prescheurs :
125 Le peuple, ensorcelé, dans la chaire esmerveille
Ceux qui au temps passé chuchetoyent à l'oreille,
Si que par fard nouveau, vrais prevaricateurs,
Ils blasment les pechez desquels ils sont autheurs,
Coulent le moucheron et ont appris à rendre
130 La loüange cachee à l'ombre du reprendre,
D'une feinte rigueur, d'un courroux simulé
Donnent pointe d'aigreur au los emmiellé.
De tels coups son enfant la folle mere touche,
La cuisse de la main et les yeux de la bouche.
135 Un prescheur mercenaire, hypocrite effronté,
De qui Satan avoit le savoir acheté,
A-il pas tant cerché fleurs et couleurs nouvelles
Qu'il habille en martyr le bourreau des fideles !
Il nomme bel exemple une tragique horreur,
140 Le massacre justice, un zele la fureur ;
Il plaint un Roy sanglant, sur tout il le veut plaindre
Qu'il ne pût en vivant assez d'ames esteindre ;
Il fait vaillant celui qui n'a veu les hazards,
Studieux l'ennemi des lettres et des arts,
145 Chaste le mal-heureux au nom duquel je tremble
S'il lui faut reprocher les deux amours ensemble ;
Et fidele et clement il a chanté le Roy
Qui, pour tuer les siens, tua sa propre foy.
   Voila comment le Diable est fait par eux un ange,
150 Au chantre et au chanté vergongneuse louange !
Nos princes sont louëz, louëz et vicieux ;
L'escume de leur pus leur monte jusqu'aux yeux

Plustost qu'ils n'ont du mal quelque voix veritable :
Moins vaut l'utile vrai que le faux agreable,
155 Sur la langue d'aucun à present n'est porté
Cet espineux fardeau qu'on nomme verité.
Pourtant suis-je esbahi comment il se peut faire
Que de vices si grands on puisse encor extraire
Quelque goust pour louër, si ce n'est à l'instant
160 Qu'un Roy devient infect, un flatteur quant et quant
Croist, à l'envi du mal, une orde menterie.
Voila comment de nous la verité bannie,
Meurtrie et deschiree, est aux prisons, aux fers,
Ou esgare ses pas parmi les lieux deserts.
165 Si quelquefois un fol, ou tel au gré du monde,
La veut porter en cour, la vanité abonde
De moyens familiers pour la chasser dehors ;
La pauvrette soustient mille playes au corps,
L'injure, le desdain, dont elle n'est faschee,
170 Souffrant tout à plaisir hormis d'estre cachee.
Je l'ai prise aux deserts, et la trouvant au bord
Des Isles des bannis, j'y ai trouvé la mort.
La voici : par la main elle est marquee en sorte
Qu'elle porte un cousteau pour celui qui la porte.
175 Que je sois ta victime, ô celeste beauté,
Blanche fille du ciel, flambeau d'Eternité !
Nul bon œil ne la void qui transi ne se pasme,
Dans cette pasmoison s'esleve au ciel tout ame ;
L'enthusiasme apprend à mieux cognoistre et voir :
180 De bien voir le desir, du desir vient l'espoir,
De l'espoir le dessein, et du dessein les peines,
Et la fin met à bien les peines incertaines.
Mais n'est-il question de perdre que le vent
D'un vivre mal-heureux qui nous meurtrit souvent,
185 Pour contenter l'esprit rendre l'ame delivre
Des bourreaux, des menteurs qui se perdent pour vivre ?
Doi-je pour mes bastards tuer les miens, à fin
De fuir de ma vie une honorable fin ?
Parricides enfans, poursuivez ma misere,
190 L'honorable mal-heur ou l'heur de vostre pere ;
Mourons, et en mourant laissons languir tous ceux
Qui en flatant nos Rois achetent, mal-heureux,
Les plaisirs de vingt ans d'une eternelle peine.

Qu'ils assiegent ardents une oreille incertaine,
195 Qu'ils chassent halletans ; leur curee et leur part
Seront : dire, promettre, et un double regard.
Ces lasches serfs seront, au milieu des carnages
Et des meurtres sanglants, troublez en leurs courages ;
Les œuvres de leurs mains, quoi qu'ils soyent impiteux,
200 Feront dresser d'horreur et tomber leurs cheveux,
Transis en leurs plaisirs ! O que la playe est forte
Qui mesm' empuantit le pourri qui la porte !
Cependant, au milieu des massacres sanglants,
Exercices et jeux aux desloyaux tyrans,
205 Quand le peuple gemit sous le faix tyrannique,
Quand ce siecle n'est rien qu'une histoire tragique,
Ce sont farces et jeux toutes leurs actions ;
Un ris sardonien peint leurs affections ;
Bizarr' habits et cœurs, les plaisants se desguisent,
210 Enfarinez, noircis, et ces basteleurs disent :
« Deschaussons le cothurne et rions, car il faut
Jetter ce sang tout frais hors de nostre eschaffaut,
En prodiguant dessus mille fleurs espanchees,
Pour cacher nostre meurtre à l'ombre des jonchees. »
215 Mais ces fleurs secheront, et le sang recelé
Sera puant au nez, non aux yeux revelé :
Les delices des grands s'envollent en fumee
Et leurs forfaicts marquez teignent leur renommee.
   Ainsi, lasches flatteurs, ames qui vous ployez
220 En tant de vents, de voix que siffler vous oyez,
O ployables esprits, ô consciences molles,
Temeraires jouëts du vent et des parolles !
Vostre sang n'est point sang, vos cœurs ne sont point cœurs,
Mesme il n'y a point d'ame en l'ame des flatteurs,
225 Car leur sang ne court pas, duquel la vive source
Ne bransle pas pour soy, de soy ne prend sa course ;
Et ces cœurs non vrais cœurs, ces desirs non desirs
Ont au plaisir d'autruy l'aboi de leurs plaisirs.
Vous estes fils de serfs, et vos testes tondues
230 Vous font ressouvenir de vos meres vendues.
Mais quelle ame auriez-vous ? Ce cinquiesme element
Meut de soy, meut autruy, source de mouvement,
Et vostre ame, flatteurs, serfve de vostre oreille
Et de vostre œil, vous meut d'inconstance pareille

235 Que le cameleon : aussy faut-il souvent
Que ces cameleons ne vivent que de vent.
　　Mais ce trop sot mestier n'est que la theorique
De l'autre, qui apporte apres soy la prattique;
Un nouveau changement, un office nouveau
240 D'un flatteur idiot fait un fin macquereau.
Nos anciens, amateurs de la franche justice,
Avoyent de fascheux noms nommé l'horrible vice :
Ils appelloyent brigand ce qu'on dit entre nous
Homme qui s'accommode, et ce nom est plus doux;
245 Ils tenoyent pour larron un qui fait son mesnage,
Pour poltron un finet qui prend son avantage;
Ils nommoyent trahison ce qui est un bon tour,
Ils appelloyent putain une femme d'amour,
Ils nommoyent macquereau un subtil personnage
250 Qui sçait solliciter et porter un message.
　　Ce mot maquerellage est changé en poullets,
Nous faisons faire aux grands ce qu'eux à leurs valets,
Nous honorons celui qui entr'eux fut infame;
Nul esprit n'est esprit, nulle ame n'est belle ame,
255 Au periode infect de ce siecle tortu,
Qui à ce poinct ne fait tourner toute vertu.
　　On cerche donc une ame et tranquille et modeste
Pour sourdement cacher cette mourante peste;
On cerche un esprit vif, subtil, malicieux,
260 Pour ouvrir les moyens et desnouër les nœuds.
La longue experience assez n'y est experte,
Là souvent se profane une langue diserte;
L'eloquence, le luth et les vers les plus beaux,
Tout ce qui loüoit Dieu, és mains des macquereaux
265 Change un pseaume en chanson, si bien qu'il n'y a chose
Sacree à la vertu que le vice n'expose.
Ou le desir bruslant, ou la prompte fureur,
Ou le traistre plaisir fait errer nostre cœur,
Et quelque feu soudain promptement nous transporte
270 Dans le sueil des pechez, trompez en toute sorte :
Le macquereau est seul qui peche froidement,
Qui tous-jours bourrelé de honte et de tourment,
Vilainement forcé, pas apres pas s'avance,
Retiré des chainons de quelque conscience.
275 Le vilain tout tremblant, craintif et refronché,

Mesme monstre en pechant le nom de son peché,
Tout vice tire à soi quelque prix : au contraire
Ce vice, qui ne sent rien que la gibeciere,
Le coquin, le bissac, a pour le dernier pris,
280 Par les veilles du corps et celle des esprits,
La ruine des deux. Le ciel pur, de sa place,
Ne void rien ici bas qui trouble tant sa face,
Rien ne noircit si tost le ciel serain et beau
Que l'haleine et que l'œil d'un transi macquereau.
285   Il est permis aux grands, pourveu que l'un ne face
De l'autre le mestier et ne change de place,
D'avoir renards, chevaux et singes et fourmis,
Serviteurs esprouvez et fideles amis :
Mais le mal-heur avient que la sage finesse
290 Des renards, des chevaux la necessaire adresse,
La vistesse, la force et le cœur aux dangers,
Le travail des fourmis, utiles mesnagers,
S'employe aux vents, aux coups ; ils se plaisent d'y estre ;
Tandis le singe prend à la gorge son maistre,
295 Le fait haïr, s'il peut, à nos princes mignons
Qui ont beaucoup du singe et fort peu des lions.
Qu'advient-il de cela ? Le bouffon vous amuse,
Un renard ennemi vous fait cuire sa ruse,
On a pour œconome un plaisant animal,
300 Et le prince combat sur un singe à cheval.
    Qu'ai-je dit des lions ? Les eslevez courages
De nos Rois abaissoyent et leur force et leurs rages,
Doctes à s'en servir ; les sens effeminez
De ceux-ci n'aiment pas les fronts determinez,
305 Tremblent de leurs lions, car leur vertu estonne.
De nos coulpables Rois l'ame basse et poltronne
L'esprit qui s'employoit jadis à commander
S'employe, degenere, à tout apprehender :
Pourtant ce Roy, songeant que les griffes meurtrieres
310 De ses lions avoyent crocheté leurs tanieres
Pour le deschirer vif, prevoyant à ces maux
Fit bien mal à propos tuer ces animaux.
Il laissa le vrai sens, s'attachant au mensonge.
Un bon Joseph eust pris autrement un tel songe,
315 Et eust dit : « Les lions superbes, indomptez,
Que tu dois redouter, sont princes irritez,

Qui briseront tes reins et tes foibles barrieres
Pour n'estre pas tournez aux proyes estrangeres;
Apren, Roy, qu'on nourrit de bien divers moyens
320 Les lions de l'Afrique, ou de Lion les chiens :
De ces chiens de Lion tu ne crains le courage
Quand tu changes des Rois et l'habit et l'usage,
Quand tu blesses des tiens les cœurs à millions,
Mais tu tournes ta robbe aux yeux de tes lions
325 Quand le royal manteau se change en une aumusse,
Et la couronne au froc d'un vilain Picque-puce.
  Les Rois aux chiens flatteurs donnent le premier lieu,
Et, de cette canaille endormis au milieu,
Chassent les chiens de garde; en nourrissant le vice,
330 S'assiegent de trompeurs; l'estrangere malice
Jette par quelque trou sa richesse et ses os,
Pour nourrir aux muets le dangereux repos.
On void sous tels vallets, ou plustost sous tels maistres,
Du corps traistre les yeux et les oreilles traistres :
335 Car les plus grands, qui sont des princes le conseil,
Sont des princes le cœur, le sens, l'oreille et l'œil.
Si ton cœur est meschant, ta cervelle insensee,
Si l'ouïr et le voir trahissent ta pensee,
Qu'un precipice bas paroisse un lieu bien seur,
340 Qu'une amere poison te soit une douceur,
Le scorpion un œuf, où auras-tu puissance
De fuir les dangers et garder l'asseurance ?
  Si quelque prince un jour, sagement curieux
D'ouïr de son oreille et de voir de ses yeux
345 Ses pechez sans nul fard, desguisant son visage
Et son habit, vouloit faire quelque voyage,
Sçavoir du laboureur, du rançonné marchant
Si son prince n'est pas exacteur et meschant,
Sçavoir de quel renom s'esleve sa prouësse,
350 S'il est le Roy des cœurs comme de la noblesse,
Qu'il passe plus avant et, pour se descharger
Du vouloir de connoistre, aille voir l'estranger;
Ou, ainsi qu'autresfois ce tres-grand Alexandre,
Ce prudent Germanic prindrent plaisir d'entendre,
355 Espions de leurs camps, sous habits empruntez,
Dans l'obscur de la nuict leurs claires veritez
(Desguisez, ils roüoyent les tentes des armees

Pour, sans deguizement, gouster leurs renommees),
Le prince, defardé du lustre de son vent,
360 Trouvera tant de honte et d'ire en se trouvant
Tyran, lasche, ignorant, indigne de louange
Du tiers estat, du noble et en païs estrange,
Que s'il veut estre heureux, à son heur avisé,
A jamais il voudra demeurer desguisé.
365 Mais, estant en sa cour, des maquereaux la troupe
Luy faict humer le vice en l'obscur d'une coupe.
   Les monts les plus hautains, qui de rochers hideux
Fendent l'air et la nue et voisinent les cieux,
Sont tous couverts de neige, et leurs cimes cornuës
370 Des malices de l'air, des excrements des nuës
Portent le froid chappeau; leurs chefs tous fiers et hauts
Sont braves et fascheux, et steriles et beaux;
Leur cœur et leur milieu on oit bruire des rages
Des tigres, des lions, et des bestes sauvages,
375 Et de leurs pieds hideux aux rochers crevassez
Sifflent les tortillons des aspics enlassez :
Ainsi les chefs des grands sont faits par les malices
Steriles, sans raison, couverts d'ire et de vices,
Superbes, sans esprit, et leurs seins et leurs cœurs
380 Sont tigres impuissans et lyons devoreurs;
En leurs faux estomacs sont les noires tasnieres,
Dans ce creux les desirs, comme des bestes fieres,
Desirs, dis-je, sanglants, grondent en devorant
Ce que l'esprit volage a ravi en courant;
385 Leurs pas sont venimeux, et leur puissance impure
N'a soustien que le fer, que poison et qu'injure;
De ce superbe mont les serpents sont au bas,
La ruse du serpent conserve leurs estats,
Et le poison secret va destruisant la vie
390 Qui, brave, s'opposoit contre la tyrannie.
   Dieu veut punir les siens quand il leve sur eux,
Comme sur des meschans, les princes vicieux,
Chefs de ses membres chers : par remede on asseure
Ce qui vient de dehors, la playe exterieure;
395 Mais si la noble part loge un pus enfermé,
C'est ce qui rend le corps et mort et consumé;
Mesme si le mal est au haut, car la cervelle
A sa condition tous les membres appelle.

Princes que Dieu choisit pour du milieu des feux,
400 Du service d'Egypte et du joug odieux
Retirer ses troupeaux, beaux pilliers de son temple,
Vous estes de ce temple et la gloire et l'exemple :
Tant d'yeux sont sur vos pieds, et les ames de tous
Tirent tant de plaisirs ou de plaintes de vous !
405 Vos crimes sont doublez et vos mal-heurs s'accroissent,
D'un lieu plus eslevé plus hautains ils paroissent.
Ha ! que de sang se perd pour piteux payement
De ce que vous pechez ! Qu'il volle de tourment
Du haut de vos couppeaux ! Que de vos cimes hautes
410 Dessus le peuple bas roullent d'ameres fautes !
C'est pourquoy les sueurs et les labeurs en vain,
Sans force et sans conseil, delaissent vostre main.
Vous estes courageux, que sert vostre courage ?
Car Dieu ne benit point en vos mains son ouvrage.
415 En vain, tous contristez, vous levez vers les cieux
Vos yeux, car ce ne sont que d'impudiques yeux;
Cette langue qui prie est sallie en ordures,
Les mains que vous joignez ce sont des mains impures :
Dieu tout vrai n'aime point tant de feintes douleurs,
420 Il veut estre flechi par pleurs, mais autres pleurs;
Il esprouve par feu, mais veut l'ame enflammee
D'un brasier pur et net et d'un feu sans fumee.
Ce luth qui touche un pseaume a un mestier nouveau,
Il ne plaist pas à Dieu, car il est macquereau;
425 Ces levres qui en vain marmottent vos requestes
Vous les avez ternis en baisers deshonnestes,
Et ces genoux ployez, dessus des licts vilains,
Prophanes, ont ployé parmi ceux des putains.
Si depuis quelques temps vos rhymeurs hypocrites,
430 Desguisez, ont changé tant de phrases escrites
Aux prophanes amours, et de mesmes couleurs
Dont ils servoyent Satan, infames basteleurs,
Ils colorent encor leurs pompeuses prieres
De fleurs des vieux payens et fables mensongeres :
435 Ces escoliers d'erreur n'ont pas le style apris
Que l'Esprit de lumiere aprend à nos esprits,
De quell' oreille Dieu prend les phrases flatresses
Desquelles ces pipeurs flechissoyent leurs maistresses.
Corbeaux enfarinez, les colombes font choix

De vous, non à la plume, ains au son de la voix.
En vain vous desployez harangue sur harangue
Si vous ne prononcez de Canaan la langue,
En vain vous commandez et restez esbahis
Que, desobeissans, vous n'estes obeis :
Car Dieu vous fait sentir, sous vous, par plusieurs testes,
En leur rebellion, que rebelles vous estes ;
Vous secouëz le joug du puissant Roy des Rois,
Vous mesprisez sa loy, on mesprise vos loix.
  Or si mon sein, bouillant de creve-cœur extreme
Des taches de nos grands, a tourné sur eux-mesmes
L'œil de la verité, s'ils sont picquez, repris
Par le juste fouët de mes aigres escrits,
Ne tirez pas de là, ô tyrans, vos loüanges,
Car vous leur donnez lustre, et pour vous ils sont anges.
Entre vos noirs pechez n'y a conformité :
Hommes, ils n'ont bronché que par infirmité,
Et vous (comme jadis les bastards de la terre)
Blessez le Sainct-Esprit et à Dieu faites guerre.
  Rois, que le vice noir asservit sous ses loix,
Esclaves de peché, forçaires non pas rois
De vos affections, quelle fureur despite
Vous corrompt, vous esmeut, vous pousse et vous invite
A tremper dans le sang vos sceptres odieux,
Vicieux commencer, achever vicieux
Le regne insupportable et rempli de miseres,
Dont le peuple poursuit la fin par ses prieres ?
Le peuple estant le corps et les membres du Roy,
Le Roy est chef du peuple, et c'est aussi pourquoy
La teste est frenetique et pleine de manie
Qui ne garde son sang pour conserver sa vie,
Et le chef n'est plus chef quand il prend ses esbats
A coupper de son corps les jambes et les bras.
Mais ne vaut-il pas mieux, comme les traistres disent,
Lors que les accidens les remedes maistrisent,
Quand la playe noircit et sans mesure croist,
Quand premier à nos yeux la gangrene paroist,
Ne vaut-il pas bien mieux d'un membre se deffaire
Qu'envoyer laschement tout le corps au suaire ?
Tel aphorisme est bon alors qu'il faut curer
Le membre qui se peut sans la mort separer,

Mais non lors que l'amas de tant de maladies
Tient la masse du sang ou les nobles parties :
Que le cerveau se purge, et sente que de soy
Coule du mal au corps duquel il est le roy.
485 Ce Roy donc n'est plus Roy, mais monstrueuse beste,
Qui au haut de son corps ne fait devoir de teste.
La ruine et l'amour sont les marques à quoy
On peut conoistre à l'œil le tyran et le Roy :
L'un desbrise les murs et les loix de ses villes,
490 Et l'autre à conquerir met les armes civiles ;
L'un cruel, l'autre doux, gouvernent leurs subjets
En valets par la guerre, en enfans par la paix ;
L'un veut estre haï pourveu qu'il donne crainte,
L'autre se fait aimer et veut la peur esteinte ;
495 Le bon chasse les loups, l'autre est loup du troupeau ;
Le Roy veut la toison, l'autre cerche la peau ;
Le Roy fait que la paix du peuple le benie,
Mais le peuple en ses vœux maudit la tyrannie.

Voici quels dons du ciel, quels thresors, quels moyens,
500 Requeroyent en leurs Rois les plus sages payens,
Voici quel est le Roy de qui le regne dure :
Qui establit sur soy pour roine la nature,
Qui craint Dieu, qui esmeut pour l'affligé son cœur,
Entrepreneur prudent, hardi executeur,
505 Craintif en prosperant, dans le peril sans crainte,
Au conseil sans chaleur, la parole sans feinte,
Imprenable au flatteur, gardant l'ami ancien,
Chiche de l'or public, tres-liberal du sien,
Pere de ses subjects, ami du miserable,
510 Terrible à ses haineux, mais à nul mesprisable,
Familier, non commun, aux domestiques doux,
Effroyable aux meschans, equitable envers tous ;
Faisant que l'humble espere et que l'orgueilleux tremble,
Portant au front l'amour et la peur tout ensemble
515 Pour se voir des plus hauts et plus subtils esprits
Sans haine redouté, bien aimé sans mespris ;
Qu'il ait le cœur dompté, que sa main blanche et pure
Soit nette de l'autruy, sa langue de l'injure ;
Son esprit à bien faire employe ses plaisirs,
520 Qu'il arreste son œil de semer des desirs ;
Debteur au vertueux, persecuteur du vice,

Juste dans sa pitié, clement en sa justice.
Par ce chemin l'on peut, regnant en ce bas lieu,
Estre dieu secondaire, ou image de Dieu.
525 C'a esté, c'est encore une dispute antique,
Lequel, du Roy meschant ou du conseil inique,
Est le plus supportable : hé ! nous n'avons dequoy
Choisir un faux conseil ni un inique Roy !
De ruiner la France au conseil on decide :
530 Le François en est hors, l'Espagnol y preside,
On foule l'orphelin, le pauvre y est vendu,
Point n'y est le tourment de la vefve entendu.
D'un cerveau feminin l'ambitieuse envie
Leur sert là de principe et de tous est suivie ;
535 Là un prestre apostat, prevoyant et rusé,
Veut, en ployant à tous, de tous estre excusé ;
L'autre, pensionnaire et valet d'une femme,
Employe son esprit à engager son ame ;
L'autre fait le royal et, flattant les deux parts,
540 Veut trahir les Bourbons et tromper les Guisards ;
Un charlatan de cour y vend son beau langage,
Un bourreau froid, sans ire, y conseille un carnage,
Un boiteux estranger y bastit son thresor,
Un autre, faux François, troque son ame à l'or ;
545 L'autre, pour conserver le profitable vice,
Ne promet que justice et ne rend qu'injustice.
Les princes là dessus achetent finement
Ces traistres, et sur eux posent leur fondement ;
On traitte des moyens et des ruses nouvelles
550 Pour succer et le sang et les chiches moëlles
Du peuple ruiné, on fraude de son bien
Un François naturel pour un Italien ;
On traitte des moyens pour mutiner les villes,
Pour nourrir les flambeaux de nos guerres civiles,
555 Et le siege establi pour conserver le Roy
Ouvre au peuple un moyen pour lui donner la loy.
Et c'est pourquoi on a pour cette comedie
Un asne Italien, un oiseau d'Arcadie,
Ignorant et cruel, et qui pour en avoir
560 Sçait bien ne toucher rien, n'ouïr rien, ne rien voir.
C'est pourquoi vous voyez sur la borne de France
Passer à grands thresors cette chiche substance

Qu'on a tiré du peuple au milieu de ses pleurs.
François, qui entretiens et gardes tes voleurs,
565 Tu sens bien ces douleurs, mais ton esprit n'excede
Le sentiment du mal pour trouver le remede;
Le conseil de ton Roy est un bois arrangé
De familiers brigands, où tu es esgorgé.

Encor ce mol tyran aux François redoutable,
570 Qui s'est lié les poings pour estre miserable,
Te fait prendre le fer pour garder tes bourreaux
Inventeurs de tes maux journellement nouveaux.
Au conseil de ton Roy ces poincts encor on pense
De te tromper tous-jours d'une vaine esperance;
575 On machine le meurtre et le poison de ceux
Qui voudroyent bien chasser les loups ingenieux;
On traitte des moyens de donner recompense
Aux maquereaux des Rois et, avant la sentence,
On confisque le bien au riche, de qui l'or
580 Sert en mesme façon du membre de castor;
On reconoist encor les bourreaux homicides,
Les verges des tyrans aux despens des subsides;
Sans honte, sans repos, les serfs plus abbaissez,
Humbles pour dominer, se trouvent avancez
585 A servir, adorer. Une autre bande encore,
C'est le conseil sacré qui la France devore :
Ce conseil est meslé de putains et garçons
Qui, doublans et triplans en nouvelles façons
Leur plaisir abruti du faix de leurs ordures,
590 Jettent sur tout conseil leurs sentences impures.
Tous veillent pour nourrir cet infame trafic,
Cependant que ceux-la qui pour le bien public
Veillent à l'equité, deffendent la justice,
Establissent les loix, conservent la police,
595 Pour n'estre de malheurs coulpables artisans,
Et pour n'avoir vendu leur ame aux courtisans
Sont punis à la cour, et leur dure sentence
Sent le poids inegal d'une injuste balance.

Ceux-la qui, despendans leurs vies en renom,
600 Ont prodigué leurs os aux bouches du canon,
Lors que ces pauvres fols, esbranchez de leurs membres,
Attendent le conseil et les princes aux chambres,
Ils sont jettez arriere, et un bouffon bravant

Blessera le blessé pour se pousser devant.
605 Pour ceux-la n'y a point de finance en nos comptes,
Mais bien les hochenez, les opprobres, les hontes,
Et, au lieu de l'espoir d'estre plus renommez,
Ils donnent passetemps aux muguets parfumez.
   Nos princes ignorants tournent leurs louches veuës,
610 Courans à leurs plaisirs, eshontez, par les ruës,
Tous ennuyez d'ouïr tant de fascheuses voix,
De voir les bras de fer et les jambes de bois,
Corps vivants à demi, nez pour les sacrifices,
Du plaisir de nos Rois ingrats de leurs services.
615   Prince, comment peux-tu celuy abandonner
Qui pour toy perd cela que tu ne peux donner ?
Miserable vertu pour neant desiree,
Trois fois plus miserable et trois fois empiree,
Si la discretion n'apprend aux vertueux
620 Quels Rois ont merité que l'on se donne à eux;
Pource que bien souvent nous souffrons peines telles,
Soustenans des plus grands les injustes querelles,
Valets de tyrannie, et combattons exprés
Pour establir le joug qui nous accable aprés.
625 Nos peres estoyent francs : nous qui sommes si braves,
Nous lairrons des enfans qui seront nez esclaves !
Ce thresor precieux de nostre liberté
Nous est par les ingrats injustement osté :
Les ingrats insolens à qui leur est fidele,
630 Et liberaux, de crainte, à qui leur est rebelle.
Car à la force un grand conduit sa volonté,
Dispose des bienfaits par la nécessité,
Tient l'acquis pour acquis, et, pour avoir ouy dire
Que le premier accueil aux François peut suffire,
635 Aux anciens serviteurs leur bien n'est departi,
Mais à ceux qui sans dons changeroyent de parti.
Garder bien l'acquesté n'est une vertu moindre
Qu'acquerir tous les jours et le nouveau adjoindre.
Les princes n'ont pas sçeu que c'est pauvre butin
640 D'esbranler l'asseuré pour cercher l'incertain :
Les habiles esprits, qui n'ont point de nature
Plus tendre que leur prince, ont un vouloir qui dure
Autant que le subject, et en servant les Rois
Sont ardens comme feu tant qu'ils trouvent du bois.

645   Quiconque sert un Dieu dont l'amour et la crainte
Soit bride à la jeunesse et la tiene contrainte,
Si bien que vicieux, et non au vice né,
Dans le sueil du peché il se trouve estonné,
Se polluant moins libre aux plaisir de son maistre
650 Il n'est plus agreable, et tel ne sçauroit estre.
Nos Rois qui ont appris à machiaveliser,
Au temps et à l'estat leur ame desguiser,
Ployans la pieté au joug de leur service
Gardent religion pour ame de police.
655   O quel malheur du ciel, vengeance du destin,
Donne des Rois enfants et qui mangent matin !
O quel phœnix du ciel est un prince bien sage,
De qui l'œil gracieux n'a forcené de rage,
Qui n'a point soif de sang, de qui la cruauté
660 N'a d'autrui la fureur par le sceptre herité !
Qui, philosophe et Roy, regne par la science,
Et n'est fait impuissant par sa grande puissance !
Ceux-là regnent vraiment, ceux-là sont de vrais Rois
Qui sur leurs passions establissent des loix,
665 Qui regnent sur eux mesme, et d'une ame constante
Domptent l'ambition volage et impuissante :
Non les hermaphrodits, monstres effeminez,
Corrompus, bourdeliers, et qui estoyent mieux nez
Pour valets des putains que seigneurs sur les hommes,
670 Non les monstres du siecle et du temps où nous sommes ;
Non pas ceux qui sous l'or, sous le pourpre royal,
Couvent la lascheté, un penser desloyal,
La trahison des bons, un mespris de la charge
Que sur le dos d'un Roy un bon peuple descharge :
675 Non ceux qui souffrent bien les femmes avoir l'œil
Sur la saincte police et sur le sainct conseil,
Sur les faicts de la guerre et sur la paix, esmeuë
De plus de changemens que de vent une nuë.
Cependant que nos Rois, doublement desguisez,
680 Escument une rue en courant, attisez
A crocheter l'honneur d'une innocente fille
Ou se faire estalons des bourdeaux de la ville,
Au sortir des palais le peuple ruiné
A ondes se prosterne, et le pauvre, estonné,
685 Coule honteusement quand les plaisans renversent

Les foibles à genoux, qui, sans profiter, versent
Leurs larmes en leur sein, quand l'amas arrangé
Des gardes impiteux afflige l'affligé.
　　En autant de mal-heurs qu'un peuple miserable
690 Traine une triste vie en un temps lamentable,
En autant de plaisirs les Rois voluptueux,
Yvres d'ire et de sang, nagent luxurieux
Sur le sein des putains, et ce vice vulgaire
Commence desormais par l'usage à desplaire :
695 Et comme le peché qui le plus commun est
Sent par trop sa vertu, aux vicieux desplait,
Le prince est trop atteint de fascheuse sagesse
Qui n'est que le ruffien d'une salle princesse;
Il n'est pas gallant homme et n'en sçait pas assez
700 S'il n'a tous les bordeaux de la cour tracassez;
Il est compté pour sot s'il eschappe quelqu'une
Qu'il n'ait ja en desdain pour estre trop commune.
Mais pour avoir en cour un renom grand et beau,
De son propre valet faut estre macquereau,
705 Esprouver toute chose et, hazardant le reste,
Imitant le premier commettre double inceste.
Nul regne ne sera pour heureux estimé
Que son prince ne soit moins craint, et plus aimé;
Nul regne pour durer ne s'estime et se conte
710 S'il a prestres sans crainte, et les femmes sans honte;
S'il n'a loy sans faveur, un Roy sans compagnons,
Conseil sans estranger, cabinet sans mignons.
　　Ha! Sarmates rasez, vous qui, estans sans Rois,
Aviez le droit pour roy et vous mesmes pour loix,
715 Qui dedans l'interregne observiez la iustice
Par amour de vertu, sans crainte de supplice,
Quel abus vous poussa pour venir de si loin
Priser ce mesprisé, lors qu'il avoit besoin
Pour couvrir son malheur d'une telle advanture ?
720 Votre manteau royal fut une couverture
D'opprobre et deshonneur, quand les bras desployez
Vengeoyent la mort de ceux qui moururent liez.
Ha! si vous eussiez eu certaine conoissance
D'un feminin sanglant, abattu d'impuissance,
725 Si vous n'eussiez ouy mentir les seducteurs
Qui pour luy se rendoyent mercenaires flatteurs,

        Ou ceux qui en couvrant son orde vilenie
        Par un mentir forcé ont racheté leur vie,
        Ou ceux qui vous faisant un cruel tyran doux,
730   Et un poltron vaillant, deschargerent en vous
        Le faix qui leur pesoit : vous n'eussiez voulu mettre
        Vos loix, vostre couronne, et les droits et le sceptre
        En ces impures mains, si vous eussiez bien veu
        En entrant à Paris les perrons et le feu
735   Meslé de cent couleurs, et les chaos estranges,
        Bazes de ces tableaux où estoyent vos loüanges.
        Vous aviez trouvé là un augure si beau
        Que vous n'emportiez rien de France, qu'un flambeau,
        Qui en cendre eust bien tost vostre force reduite
740   Sans l'heur qui vous advint de sa honteuse fuite !
        Si vous eussiez ouy parler les vrais François,
        Si des plus eloquents les plus subtiles voix
        N'eussent esté pour vous feintes et mercenaires,
        Vous n'eussiez pas tiré de France vos miseres,
745   Vous n'eussiez pas choisi pour dissiper vos loix
        Le monstre devorant la France et les François.
        Nous ne verrons jamais les estranges provinces
        Eslire à leur mal-heur nos miserables princes :
        Celui qui sans merite a obtenu cet heur
750   Leur donne eschantillon de leur peu de valeur.
        Si leurs corps sont lepreux, plus lepreuses leurs ames
        Usent sans sentiment et du fer et des flammes ;
        Et si leurs corps sont laids, plus laid l'entendement
        Les rend sots et meschans, vuides de sentiment.
755   Encor la tyrannie est un peu supportable
        Qu'un lustre de vertu fait paroistre agreable.
        Bien heureux les Romains qui avoyent les Cesars
        Pour tyrans, amateurs des armes et des arts :
        Mais mal-heureux celui qui vit esclave infame
760   Sous une femme hommace et sous un homme femme !
        Une mere douteuse, apres avoir esté
        Macquerelle à ses fils, en a l'un arresté
        Sauvage dans les bois, et, pour belle conqueste,
        Le faisoit triompher du sang de quelque beste :
765   Elle en fit un Esau, de qui le ris, les yeux
        Sentoyent bien un tyran, un charretier furieux ;
        Pour se faire cruel, sa jeunesse esgaree

N'aimoit rien que le sang et prenoit sa curee
A tuer sans pitié les cerfs qui gemissoyent,
770 A transpercer les dains et les fans qui naissoyent,
Si qu'aux plus advisez cette sauvage vie
A faict prevoir de lui massacre et tyrannie.
  L'autre fut mieux instruit à juger des atours
Des putains de sa cour, et, plus propre aux amours,
775 Avoir ras le menton, garder la face pasle,
Le geste effeminé, l'œil d'un Sardanapale :
Si bien qu'un jour des Rois ce douteux animal,
Sans cervelle, sans front, parut tel en son bal.
De cordons emperlez sa chevelure pleine,
780 Sous un bonnet sans bord fait à l'italienne,
Faisoit deux arcs voutez ; son menton pinceté,
Son visage de blanc et de rouge empasté,
Son chef tout empoudré nous monstrerent ridee,
En la place d'un Roy, une putain fardee.
785 Pensez quel beau spectacle, et comm' il fit bon voir
Ce prince avec un busc, un corps de satin noir
Couppé à l'espagnolle, où, des dechicquetures,
Sortoyent des passements et des blanches tireures ;
Et, affin que l'habit s'entresuivist de rang,
790 Il monstroit des manchons gauffrez de satin blanc,
D'autres manches encor qui s'estendoyent fendues,
Et puis jusques aux pieds d'autres manches perdues.
Pour nouveau parement il porta tout ce jour
Cet habit monstrueux, pareil à son amour :
795 Si qu'au premier abord chacun estoit en peine
S'il voyoit un Roy femme ou bien un homme Reyne.
  Si fut-il toutesfois alaicté de poisons,
De ruzes, de conseils secrets et trahizons,
Rompu ou corrompu au trictrac des affaires,
800 Et eut, encor enfant, quelque part aux miseres.
Mais, de ce mesme soin qu'autresfois il presta
Aux plus estroits conseils où jeune il assista,
Maintenant son esprit, son âme et son courage
Cerchent un laid repos, le secret d'un village,
805 Où le vice triplé de sa lubricité
Miserablement cache une orde volupté,
De honte de l'infame et brute vilenie
Dont il a pollué son renom et sa vie :

Si bien qu'à la royalle il volle des enfans
810 Pour s'eschauffer sur eux en la fleur de leurs ans,
　　　Incitant son amour autre que naturelle
　　　Aux uns par la beauté et par la grace belle,
　　　Autres par l'entregent, autres par la valeur,
　　　Et la vertu au vice haste ce lasche cœur.
815 On a des noms nouveaux et des nouvelles formes
　　　Pour croistre et déguiser ces passetemps enormes;
　　　Promettre et menacer, biens et tourmens nouveaux.
　　　Pressent, forcent, aprés les lasches macquereaux.
　　　　　Nous avons veu cela, et avons veu encore
820 Un Neron marié avec son Pytagore,
　　　Lequel, ayant fini ses faveurs et ses jours,
　　　Traine encor au tombeau le cœur et les amours
　　　De nostre Roy en dueil, qui, de ses aigres plaintes,
　　　Tesmoigne ses ardeurs n'avoir pas esté feintes.
825 On nous fait voir encor un contract tout nouveau,
　　　Signé du sang de d'O, son privé macquereau;
　　　Disons, comme l'on dit à Neron l'androgame :
　　　Que ton pere jamais n'eust conu d'autre femme !
　　　Nous avons veu nos grands en debat, en conflict,
830 Accorder, reprocher telles nopces, tel lict;
　　　Nous avons veus nos Rois se desrober des villes,
　　　Neron avoit comm'eux de petits Olinvilles
　　　Où il cachoit sa honte, et eut encor comm'eux
　　　Les Chicots en amour, les Hamons odieux.
835 Ils eurent de ce temps une autre Catherine;
　　　Mais nos princes, au lieu de tuer Agrippine,
　　　Massacrent l'autre mere, et la France a senti
　　　De ses fils le couteau sur elle appesanti :
　　　De tous ces vipereaux les mains lui ont ravies
840 Autant de jours, autant de mille cheres vies.
　　　Les Senecques chenus ont encore en ce temps,
　　　Morts et mourans, servi aux Rois de passe-temps;
　　　Les plus passionnez qui ont gemi, fideles,
　　　Des vices de leurs Rois, punis de leurs bons zeles
845 Ont esprouvé le siecle où il n'est pas permis
　　　D'ouvrir son estomac à ses privez amis,
　　　Et où le bon ne peut sans mort, sans repentance,
　　　Ni penser ce qu'il void ni dire ce qu'il pense.
　　　On paslit rencontrant ceux qui vestent souvent

Nos sainctes passions pour les produire au vent,
Les Latiares feints, supposts de tyrannie,
Qui, cerchans des Sabins la justice et la vie,
Prennent masque du vrai et, fardez d'equité,
Au veritable font crime de verité.
Pour vivre il faut fuir de son propre la veuë,
Fuïr l'œil inconnu et l'oreille inconnuë;
Que di-je ? pour parler on regarde trois fois
Les arbres sans oreill' et les pierres sans voix :
Si bien que de nos maux la complainte abolie
Eust d'un siecle estouffé caché la tyrannie,
Qui eust peu la memoire avec la voix lier,
A taire nous forçant, nous forcer d'oublier.
Tel fut le second fils qui n'herita du pere
Le cœur, mais les poisons et l'ame de la mere.
 Le tiers par elle fut nourri en faineant,
Bien fin mais non prudent, et voulut, l'enseignant
Pour servir à son jeu, luy ordonner pour maistre
Un sodomite athee, un maquereau, un traistre.
La discorde couppa le concert des mignons,
Et le vice croissant entre les compagnons
Brisa l'orde amitié, mesme par les ordures,
Et l'impure union par les choses impures :
Il s'enfuit despité, son vice avec lui court,
Car il ne laissa pas ses crimes à la cour.
Il coloroit ses pas d'astuce nompareille,
Changea de lustre ainsi que jadis la corneille
Pour hanter les pigeons; le faict fut advoüé
Par la confession du gosier enroüé :
On lui remplit la gorge, et le Sinon infame
Fut mené par le poing, triomphe d'une femme
Que la mere tria d'entre tous les gluaux
Qu'elle a, pour, à sa cage, arrester les oiseaux.
Ceux qu'il avoit trouvez à son mal secourables,
Et pour lui et par lui devindrent miserables;
Sa foi s'envole au vent, mais il feignit apres,
Ce qu'il faisoit forcé, l'avoir commis exprés.
C'est pource qu'en ce temps c'est plus de honte d'estre
Mal-advisé qu'ingrat, mal pourvoyant que traistre,
Abusé qu'abuseur; bien plus est odieux
Le simple vertueux qu'un double vicieux;

Le souffrir est bien plus que de faire l'injure;
Ce n'est qu'un coup d'Estat que d'estre bien parjure.
Ainsi, en peu de temps, ce lasche fut commis
Valet de ses haineux, bourreau de ses amis :
895 Sa ruse l'a trompé quand elle fut trompee,
Il vid sur qui, pour qui, il tournoit son espee;
Son inutile nom devint son parement;
Comme si c'eust esté quelque blanc vestement
Ils tremperent au sang sa grand'robe ducale,
900 Et la mirent sur lui du meurtre toute sale.
Quand ils eurent taché la serve authorité
De leur esclave chef du nom de cruauté,
Il tombe en leur mespris; à nous il fut horrible
Quand r'appeler sa foy il lui fut impossible.
905 Il fuit encore un coup, car les lievres craintifs
Ont debat pour le nom de legers fugitifs;
Nos princes des renards envient la finesse,
Et ne debattent point aux lions de prouësse.

Il y avoit longtemps que dans les Païs-Bas
910 Deux partis, harassez de ruineux combats,
Haletoyent les abois de leur force mi-morte;
Cettui-ci print parti presqu'en la mesme sorte
Que le loup embusqué combattant de ses yeux
L'effort de deux taureaux, dont le choc furieux
915 Verse dans un chemin le sang et les entrailles :
Le poltron les regarde, et de ces deux batailles
Se faict une victoire, arrivant au combat
Quand la mort a vaincu la force et le debat.
Ainsi quelque advisé reveilla ceste beste,
920 D'un desespoir senti lui mit l'espoir en teste,
Mais quel espoir ? encor un rien au pris du bien,
Un rien qui trouve lustre en ce siecle de rien.
On le pousse, on le traine aux inutiles ruses :
Il trame mille accords, mariages, excuses;
925 Il trompe, il est trompé, il se repent souvent,
Et ce cerveau venteux est le jouët du vent;
Ce vipere eschauffé porte la mort traistresse
Dedans le sein ami : mais quand le sein le presse,
Le trahi fut vainqueur, et le traistre pervers
930 Demeure fugitif, banni de son Anvers.

Non, la palme n'est point contenance des membres

De ceux qui ont brouillé les premiers de leurs chambres
Pour, loin d'eux, en secret, de venin s'engorger,
Caresser un Bathille, en son lict l'heberger,
935 N'ayant muet tesmoin de ses noires ordures
Que les impures nuicts et les couches impures.
  Les trois en mesme lieu ont à l'envi porté
La premiere moisson de leur lubricité;
Des deux derniers apres la chaleur aveuglee
940 A sans honte herité l'inceste redoublee,
Dont les projects ouverts, les desirs comme beaux
Font voleter l'erreur de ces crimes nouveaux
Sur les ailes du vent : leurs poëtes volages
Arborent ces couleurs comme des paysages,
945 Leur soupper s'entretient de leurs ordes amours,
Les macquereaux enflez y vantent leurs beaux tours;
Le vice, possedant pour eschaffaut leur table,
Y dechire à plaisir la vertu desirable.
  Si, depuis quelque temps, les plus subtils esprits
950 A deguiser le mal ont finement apris
A nos princes fardez la trompeuse maniere
De revestir le Diable en Ange de lumiere.
Encor qu'à leurs repas ils facent disputer
De la vertu, que nul n'oseroit imiter,
955 Qu'ils recerchent le los des affetez poëtes,
Quelques Sedecias, agreables prophetes,
(Le boute-feu de Rome en a bien fait ainsi,
Car il payoit mieux qu'eux, mieux qu'eux avoit souci
D'assembler, de cercher les esprits plus habiles,
960 Louër, recompenser leurs rencontres gentilles,
Et les graves discours des sages amassez,
Louëz et contrefaicts il a recompensez),
L'arsenic ensucré de leurs belles paroles,
Leurs seins meurtris du poing aux pieds de leurs idoles,
965 Les ordres inventez, les chants, les hurlemens
Des fols capuchonnez, les nouveaux regimens
Qui en processions sottement desguisees
Aux villes et aux champs vont semer des risees,
L'austerité des vœux et des fraternitez,
970 Tout cela n'a caché nos rudes veritez.
Tous ces desguisements sont vaines mascarades,
Qui aux portes d'enfer presentent leurs aubades,

Ribaus de la paillarde ou affaités valets
Qui de processions lui donnent des balets :
975 Les uns, mignons muguets, se parent et font braves
De clincant et d'or trait; les autres, vils esclaves,
Fagottés d'une corde et pasles marmiteux,
Vont pieds nuds par la ruë abuser les piteux,
Ont pour masque le froc, pour vestemens des poches,
980 Pour cadance leurs pas, pour violons des cloches,
Pour vers la letanie; un advocat nommé,
A chasque pas rend Christ, chasque fois, diffamé.
    Aigle né dans le haut des plus superbes aires,
Ou bien œuf supposé puis que tu degeneres,
985 Degenere Henri, hypocrite bigot,
Qui aime moins jouër le Roy que le cagot,
Tu vole un faux gibier, de ton droit tu t'eslongne;
Ces corbeaux se paistront un jour de ta charongne,
Dieu t'occira par eux : ainsi le fauconnier,
990 Quand l'oiseau trop de fois a quitté son gibier,
Le bat d'une corneille et la foule à sa veuë,
Puis d'elle, s'il ne peut le corriger, le tuë.
Tes prestres par la rue à grands troupes conduicts
N'ont pourtant pû celer l'ordure de tes nuicts;
995 Les crimes plus obscurs n'ont pourtant peu se faire
Qu'ils n'esclattent en l'air aux bouches du vulgaire.
Des citoyens oisifs l'ordinaire discours
Est de solenniser les vices de nos cours :
L'un conte les amours de nos salles princesses
1000 Garces de leur valets, autresfois leurs maistresses;
Tel fut le beau senat des trois et des deux sœurs
Qui joüoyent en commun leurs gens et leurs faveurs,
Troquoyent leurs estalons, estimoyent à loüange
Le plaisir descouvert, l'amour libre et le change;
1005 Une autre, n'ayant peu se saouler de François,
Se coule à la minuict au lict des Escossois,
Le tison qui l'esveille et l'embrase et la tue
Lui fait pour le plaisir mespriser bruit et veue;
Les jeunes gens la nuict pippez et enlevez
1010 Du lict au cabinet, las et recreus trouvez;
Nos princesses, non moins ardentes que rusees,
Osent dans les bordeaux s'exposer desguisees,
Sous le chappron carré vont recevoir le prix

Des garces du Huleu, et portent aux maris
1015 Sur le chevet sacré de leur sainct mariage
La senteur du bordeau et quelque pire gage ;
Elles esprouvent tout, on le void, on le dit,
Cela leur donne vogue et hausse leur credit.
Les filles de la cour sont galantes honnestes
1020 Qui se font bien servir, moins chastes, plus secrettes
Qui sçavent le mieux feindre un mal pour accoucher ;
On blasme celle-la qui n'a pas sçeu cacher ;
Du Louvre les retraits sont hideux cimetieres
D'enfans vuidez, tuez par les apotiquaires :
1025 Nos filles ont bien sçeu quelles receptes font
Massacre dans leur flanc des enfans qu'elles ont.
    Je sens les froids tressauts de frayeur et de honte,
Quand sans crainte, tout haut, le fol vulgaire conte
D'un coche qui, courant Paris à la minuict,
1030 Vole une sage femme, et la bande et conduit
Prendre, tuer l'enfant d'une Roine masquee,
D'une brutalité pour jamais remarquee
Que je ne puis conter, croyant, comme François,
Que le peuple abusé envenime ses voix
1035 De monstres inconnus : de la vie entamee
S'enfle la puanteur comme la renommee.
Mais je croi bien aussi que les plus noirs forfaicts
Sont plus secrettement et en tenebres faicts,
Quand on monstre celui qui, en voulant attendre
1040 Sa dame au galatas, fut pris en pensant prendre,
Et puis pour appaiser, et demeurer amis,
Le violeur souffrit ce qu'il avoit commis.
    Quand j'oy qu'un Roy transi, effrayé du tonnerre,
Se couvre d'une voute et se cache sous terre,
1045 S'embusque de lauriers, fait les cloches sonner,
Son peché poursuivi poursuit de l'estonner,
Il use d'eau lustrale, il la boit, la consomme
En clysteres infects, il fait venir de Rome
Les cierges, les agnus que le Pape fournit,
1050 Bouche tous ses conduicts d'un charmé grain-benit ;
Quand je voi composer une messe complette
Pour repousser le ciel, inutile amulette,
Quand la peur n'a cessé par les signes de croix,
Le brayer de Massé, ni le froc de François :

1055 Tels spectres inconnus font confesser le reste,
Le peché de Sodome et le sanglant inceste
Sont reproches joyeux de nos impures cours.
    Triste, je trancherai ce tragique discours
Pour laisser aux pasquils ces effroyables contes,
1060 Honteuses veritez, trop veritables hontes.
    Plustost peut-on conter dans les bords escumeux
De l'Ocean chenu le sable, et tous les feux
Qu'en paisible minuict le clair ciel nous attize,
L'air estant balié des froids souspirs de bize ;
1065 Plustost peut-on conter du printemps les couleurs,
Les fueilles des forests, de la terre les fleurs,
Que les infections qui tirent sur nos testes
Du ciel armé, noirci, les meurtrieres tempestes.
    Qu'on doute des secrets, nos yeux ont veu comment
1070 Ces hommes vont bravant des femmes l'ornement,
Les putains de couleurs, les pucelles de gestes ;
Plus de frisons tortus deshonorent les testes
De nos mignons parez, plus de fard sur leurs teins
Que ne voudroyent porter les honteuses putains ;
1075 On invente tousjours quelque traict plus habile
Pour effacer du front toute marque virile ;
Envieux de la femme on trace, on vient souïller
Tout ce qui est humain qu'on ne peut despouiller.
Les cœurs des vertueux à ces regards transissent,
1080 Les vieillards advisez en leur secret gemissent.
Des femmes les mestiers quittez et mesprisez
Se font, pour parvenir, des hommes desguisez.
    On dit qu'il faut couler les execrables choses
Dans le puits de l'oubli et au sepulcre encloses,
1085 Et que par les escrits le mal resuscité
Infectera les mœurs de la posterité :
Mais le vice n'a point pour mere la science,
Et la vertu n'est pas fille de l'ignorance ;
Elle est le chaud fumier sous qui les ords pechez
1090 S'engraissent en croissant s'ils ne sont arrachez,
Et l'acier des vertus mesme intellectuelles
Tranche et détruit l'erreur, et l'histoire par elles.
Mieux vaut à descouvert monstrer l'infection
Avec sa puanteur et sa punition.
1095 Le bon pere Afriquain sagement nous enseigne

Qu'il faut que les tyrans de tout point on despeigne,
Monstrer combien impurs sont ceux là qui de Dieu
Condamnent la famille aux couteaux et au feu.
   Au fil de ces fureurs ma fureur se consume,
1100 Je laisse ce sujet, ma main quitte ma plume,
Mon cœur s'estonne en soy; mon sourcil refrongné,
L'esprit de son suject se retire esloigné.
Ici je vai laver ce papier de mes larmes;
Si vous prestez vos yeux au reste de mes carmes,
1105 Ayez encor de moi ce tableau plein de fleurs,
Qui sur un vrai subject s'esgaye en ses couleurs.
   Un pere, deux fois pere, employa sa substance
Pour enrichir son fils des thresors de science;
En couronnant ses jours de ce dernier dessein,
1110 Joyeux, il espuiza ses coffres et son sein,
Son avoir et son sang : sa peine fut suivie
D'heur à parachever le present de la vie.
Il void son fils sçavant, adroict, industrieux,
Meslé dans les secrets de Nature et des cieux,
1115 Raisonnant sur les loix, les mœurs et la police;
L'esprit sçavoit tout art, le corps tout exercice.
Ce vieil François, conduict par une antique loy,
Consacra cette peine et son fils à son Roy,
L'equippe; il vient en cour. Là cette ame nouvelle,
1120 Des vices monstrueux ignorante et pucelle,
Void force hommes bien faicts, bien morgans, bien vestus;
Il pense estre arrivé à la foire aux vertus,
Prend les occasions qui sembloyent les plus belles
Pour estaller premier ses intellectuelles,
1125 Se laisse convier, se conduisant ainsi
Pour n'estre ni entrant ni retenu aussi;
Tousjours respectueux, sans se faire de feste,
Il contente celui qui l'attaque et l'arreste.
Il ne trouve auditeurs qu'ignorans envieux,
1130 Diffamans le sçavoir de noms ingenieux :
S'il trousse l'epigramme ou la stance bien faicte,
Le voila descouvert, c'est faict, c'est un poëte;
S'il dict un mot salé, il est bouffon, badin;
S'il danse un peu trop bien, saltarin, baladin;
1135 S'il a trop bon fleuret, escrimeur il s'appelle;
S'il prend l'air d'un cheval, c'est un saltin-bardelle;

Si avec art il chante, il est musicien ;
Philosophe, s'il presse en bon logicien ;
S'il frappe là dessus et en met un par terre,
1140 C'est un fendant qu'il faut saller apres la guerre ;
Mais si on sçait qu'un jour, à part, en quelque lieu,
Il mette genouil bas, c'est un prieur de Dieu.
   Cet esprit offensé dedans soy se retire,
Et, comme en quelque coin se cachant il souspire,
1145 Voici un gros amas qui emplit jusqu'au tiers
Le Louvre de soldats, de braves chevaliers,
De noblesse paree : au milieu de la nuë
Marche un duc, dont la face au jeune homme inconnuë
Le renvoye au conseil d'un page traversant,
1150 Pour demander le nom de ce prince passant ;
Le nom ne le contente, il pense, il s'esmerveille,
Tel mot n'estoit jamais entré en son oreille.
Puis cet estonnement soudain fut redoublé
Alors qu'il vit le Louvre aussi tost depeuplé
1155 Par le sortir d'un autre, au beau milieu de l'onde
De seigneurs l'adorans comm' un roy de ce monde.
Nostre nouveau venu s'accoste d'un vieillard,
Et pour en prendre langue il le tire à l'escart ;
Là il apprit le nom dont l'histoire de France
1160 Ne lui avoit donné ne vent ne connaissance.
Ce courtisan grison, s'esmerveillant de quoy
Quelqu'un mesconnoissoit les mignons de son Roy,
Raconte leurs grandeurs, comme la France entiere,
Escabeau de leurs pieds, leur estoit tributaire.
1165 A l'enfant qui disoit : « Sont-ils grands terriens
Que leur nom est sans nom par les historiens ? »
Il respond : « Rien du tout, ils sont mignons du Prince. »
— « Ont-ils sur l'Espagnol conquis quelque province ?
Ont-ils par leurs conseils relevé un mal-heur,
1170 Delivré leur pays par extreme valeur ?
Ont-ils sauvé le Roy, commandé quelque armee,
Et par elle gaigné quelque heureuse journee ? »
A tout fut respondu : « Mon jeune homme, je croy
Que vous estes bien neuf, ce sont mignons du Roy. »
1175   Ce mauvais courtisan, guidé par la colere,
Gaigne logis et lict ; tout vient à lui desplaire,
Et repas et repos. Cet esprit transporté

Des visions du jour, par idee infecté,
Void dans une lueur sombre, jaunastre et brune,
1180 Sous l'habit d'un rezeul, l'image de Fortune
Qui entre à la minuict, conduisant des deux mains
Deux enfans nuds bandez : de ces freres germains
L'un se peint fort souvent, l'autre ne se void guere
Pource qu'il a les yeux et le cœur par derriere.
1185 La bravache s'avance, envoye brusquement
Les rideaux; elle accolle et baise follement
Le visage effrayé; ces deux enfans estranges,
Sautez dessus le lict, peignent des doigts les franges.
Alors Fortune, mere aux estranges amours,
1190 Courbant son chef paré de perles et d'atours,
Desploye tout d'un coup mignardises et langue,
Fait de baizers les poincts d'une telle harangue :
 « Mon fils, qui m'as esté desrobé du berceau,
Pauvre enfant mal-nourri, innocent jouvenceau,
1195 Tu tiens de moy ta mere un assez haut courage,
Et j'ai veu aujourd'huy, aux feux de ton visage,
Que le dormir n'auroit pris ni cœur ni esprits
En la nuict qui suivra le jour de ton mespris.
Embrasse, mon enfant, mal nourri par ton pere,
1200 Le col et les desseins de Fortune ta mere.
Comment mal conseillé, pipé, trahi, suis-tu
Par chemins espineux la sterile vertu ?
Cette sotte, par qui me vaincre tu essayes,
N'eut jamais pour loyer que les pleurs et les playes,
1205 De l'esprit et du corps les assidus tourments,
L'envie, les soupçons et les bannissements;
Qui pis est, le desdain : car sa trompeuse attente
D'un vain espoir d'honneur la vanité contente.
De la pauvre vertu l'orage n'a de port
1210 Qu'un havre tout vaseux d'une honteuse mort.
Es-tu point envieux de ces grandeurs romaines ?
Leurs rigoureuses mains tournerent par mes peines
Dedans leur sein vaincu leur fer victorieux.
Je t'espiois ces jours lisant, si curieux,
1215 La mort du grand Senecque et celle de Thrasee,
Je lisois par tes yeux en ton ame embrasee
Que tu enviois plus Senecque que Neron,
Plus mourir en Caton que vivre en Ciceron;

Tu estimois la mort en liberté plus chere
Que tirer, en servant, une haleine precaire :
Ces termes specieux sont tels que tu conclus
Au plaisir de bien estre, ou bien de n'estre plus.
Or, sans te surcharger de voir les morts et vies
Des anciens qui faisoyent gloire de leurs folies,
Que ne vois-tu ton siecle, ou n'aprehendes-tu
Le succes des enfans aisnez de la vertu :
Ce Bourbon qui, blessé, se renfonce en la presse,
Tost assommé, traisné sur le dos d'une asnesse ;
L'Admiral pour jamais sans surnom, trop connu,
Meurtri, précipité, traisné, mutilé, nu ?
La fange fut sa voye au triomphe sacree,
Sa couronne un colier, Mont-faucon son trophee ;
Voy sa suitte aux cordeaux, à la rouë, aux posteaux,
Les plus heureux d'entre eux quittes pour les couteaux,
De ta Dame loyers, qui paye, contemptible,
De rude mort la vie hazardeuse et penible.
Lis curieux l'histoire, en ne donnant point lieu,
Parmi ton jugement, au jugement de Dieu :
Tu verras ces vaillans en leurs vertus extremes
Avoir vescu gehennez et estre morts de mesmes.

« Encor, pour l'advenir, te puis-je faire voir
Pa l'aide des demons, au magicien miroir,
Tels loyers reçeus ; mais ta tendre conscience
Te fait jetter au loing cette brave science :
Tu verrois des valeurs de bel or monnoyé
Dont bien tost se verra le Parmesan payé,
En la façon que fut salarié Gonsalve,
Le brave duc d'Austrie et l'enragé duc d'Alve.
Je voy un prince Anglois, courageux par excez,
A qui l'amour quitté fait un rude procez ;
Licols, poisons, couteaux qui payent en Savoye
Les prompts executeurs ; je voy cette monnoye
En France avoir son cours, je voy lances, escus,
Cœurs et noms des vainqueurs sous les pieds des vaincus :
O de trop de merite impiteuse memoire !
Je voy les trois plus hauts instrumens de victoire,
L'un à qui la colere a pu donner la mort,
L'autre sur l'eschafaut, et le tiers sur le bord.

« Jette l'œil droit ailleurs, regarde l'autre bande

1260 En large et beau chemin plus splendide et plus grande.
Au sortir des berçeaux ce prosperant troupeau
A bien tasté des arts, mais n'en prit que la peau,
Eut pour borne ce mot : assez pour gentil-homme,
Pour sembler vertueux en peinture, ou bien comme
1265 Un singe porte en soi quelque chose d'humain
Aux gestes, au visage, au pied et à la main.
Ceux la blasment tousjours les affligés, les fuyent,
Flattent les prosperants, les suyvent, s'en appuyent.
Ils ont veu des dangers assez pour en conter,
1270 Ils en content autant qu'il faut pour se vanter ;
Lisants, ils ont pillé les poinctes pour escrire ;
Ils sçavent en jugeant admirer ou sousrire,
Louër tout froidement si ce n'est pour du pain,
Renier son salut quand il y va du gain ;
1275 Barbets des favoris, premiers à les conoistre,
Singes des estimez, bons echos de leur maistre :
Voila à quel sçavoir il te faut limiter
Que ton esprit ne puisse un Jupin irriter.
Il n'aime pas son juge, il le frape en son ire,
1280 Mais il est amoureux de celuy qui l'admire.
Il reste que le corps comme l'accoustrement
Soit aux loix de la cour : marcher mignonnement,
Trainer les pieds, mener les bras, hocher la teste,
Pour bransler à propos d'un pennache la creste,
1285 Garnir et bas et haut de roses et de nœuds,
Les dents de muscadins, de poudre les cheveux.
Fais-toi dedans la foulle une importune voye,
Te monstre ardant à voir afin que l'on te voye,
Lance regards tranchants pour estre regardé,
1290 Le teint de blanc d'Espagne et de rouge fardé ;
Que la main, que le sein y prenent leur partage ;
Couvre d'un parasol en esté ton visage ;
Jette, comme effrayé, en femme quelques cris,
Mesprise ton effroy par un traistre sousris,
1295 Fais le begue, le las d'une voix molle et claire,
Ouvre ta languissante et pesante paupiere ;
Sois pensif, retenu, froid, secret et finet :
Voila pour devenir garce du Cabinet,
A la porte duquel laisse Dieu, cœur et honte,
1300 Ou je travaille en vain en te faisant ce conte.

Mais quand ton fard sera par le temps decelé,
Tu auras l'œil rougi, le crane sec, pelé :
Ne sois point affranchi par les ans du service,
Ni du joug qu'avoit mis sur ta teste le vice;
1305 Il faut estre garçon pour le moins par les vœux,
Qu'il n'y ait rien en toi de blanc que les cheveux.
Quelque jour tu verras un chauve, un vieux eunuque
Faire porter en cour aux hommes la perruque;
La saison sera morte à toutes ces valeurs,
1310 Un servile courage infectera les cœurs,
La morgue fera tout, tout se fera pour l'aise,
Le haussecol sera changé en portefraise.
    « Je reviens à ce siecle où nos mignons vieillis,
A leur dernier mestier vouëz et accueillis,
1315 Pipent les jeunes gens, les gagnent, les courtisent;
Eux, autresfois produicts, à la fin les produisent,
Faisans, plus advisez, moins glorieux que toy,
Par le cul d'un coquin chemin au cœur d'un Roy. »
    Ce fut assez, c'est là que rompit patience
1320 La vertu, qui, de l'huis, escoutoit la science
De Fortune; si tost n'eut sonné le loquet,
Que la folle perdit l'audace et le caquet.
Ell' avoit apporté une clarté de lune,
Voici autre clarté que celle de Fortune,
1325 Voici un beau soleil, qui de rayons dorez
De la chambre et du lict vid les coins honorez.
La vertu paroissant en matrone vestue,
La mere et les enfans ne l'eurent si tost veuë
Que chascun d'eux changea en demon decevant,
1330 De demon en fumee, et de fumee en vent,
Et puis de vent en rien. Cette hostesse derniere
Prit au chevet du lict pour sa place une chaire,
Saisit la main tremblante à son enfant transi,
Par un chaste baiser l'asseure, et dit ainsi :
1335   « Mon fils, n'attends de moy la pompeuse harangue
De la fausse Fortune, aussi peu que ma langue
Fascine ton oreille et mes presents tes yeux.
Je n'esclatte d'honneur ni de dons precieux,
Je foulle ces beautez desquelles Fortune use
1340 Pour ravir par les yeux une ame qu'elle abuse.
Ce lustre de couleurs est l'esmail qui s'espand

Au ventre et à la gorge et au dos du serpent :
Tire ton pieds des fleurs sous lesquelles se cœuvre,
Et avec soy la mort, la glissante couleuvre.
1345 « Reçoi pour faire choix des fleurs et des couleurs
Ce qu'à traicts racourcis je dirai pour tes mœurs.
Sois continent, mon fils, et circoncis pour l'estre
Tout superflu de toi, sois de tes vouloirs maistre,
Serre les à l'estroit, regle au bien tes plaisirs,
1350 Ottroye à la nature, et refuse aux desirs ;
Qu'elle, et non ta fureur, soit ta loy, soit ta guide ;
Que la concupiscence en reçoive une bride.
Fui les mignardes mœurs et cette liberté
Qui, fausse, va cachant au sein la volupté.
1355 Tiens pour crime l'excés, sobre et prudent eslogne
Du manger le gourmand, et du boire l'ivrogne.
Hai le mortel loisir, tien le labeur plaisant :
Que Satan ne t'empoigne un jour en rien faisant.
Use sans abuser des delices plaisantes,
1360 Sans cercher curieux les cheres et pesantes ;
Ne mesprise l'aisé, va pour vivre au repas,
Mais que la volupté ne t'y appelle pas ;
Ton palais convié par l'appetit demande
Non les morceaux fardés, mais la simple viande ;
1365 Le prix de tes desirs soit commun et petit,
Pour faire taire et non aiguiser l'appetit.
Par ces degrez le corps s'apprend et s'achemine
Au goust de son esprit : nourriture divine !
N'affecte d'habiter les superbes maisons,
1370 Mais bien d'estre à couvert aux changeantes saisons ;
Que ta demeure soit plus tost saine que belle,
Qu'elle ait renom par toi, et non pas toi par elle.
Mesprise un titre vain, les honneurs superflus
Retire toi dans toi, parois moins, et sois plus.
1375 Prens pour ta pauvreté seulement cette peine
Qu'elle ne soit pas salle, et l'espargne vilaine ;
Garenti du mespris ta simple probité,
Et ta lente douceur du nom de lascheté.
Que ton peu soit aisé. Ne pleure pour tes peines ;
1380 Ne sois admirateur des richesses prochaines.
Hai et cognoi le vice avant qu'il soit venu ;
Crains toi plus que nul autre ennemi incognu.

N'aime les saletés sous couleur d'un bon conte,
Elles te font souffrir et non sentir la honte.
1385 Oy plus tost le discours utile que plaisant.
Tu pourras bien mesler les jeus en devisant,
Sauve ta dignité; mais que ton ris ne sente
Ni le fat, ni l'enfant, ni la garce puante;
Tes bons mots n'ayent rien du bouffon effronté,
1390 Tes yeux soyent sans fisson, pleins de civilité,
Afin que sans blesser tu plaises et tu ries :
Distingue le mocquer d'avec les railleries.
Ta voix soit sans esclat, ton cheminer sans bruit.
Que mesmes ton repos enfante quelque fruict.
1395 Evite le flatteur, et chasse comme estrange
La loüange de ceux qui n'ont acquis loüange.
Ris toi quand les meschans t'auront à contrecœur,
Tien leur honneur à blasme et leur blasme à honneur.
Sois grave sans orgueil, non contraint en ta grace;
1400 Sois humble, non abject, resolu sans audace.
Si le bon te reprend, que ses coups te soyent doux
Et soyent dessus ton chef comme bausme secoux :
Car qui reprend au vrai est un utile maistre,
Sinon il a voulu et essayé de l'estre.
1405 Tire mesme profit et des roses parmi
Les piquons outrageux d'un menteur ennemi.
Fai l'espion sur toi plus tost que sur tes proches;
Repren le defaillant sans fiel et sans reproches.
Par ton exemple instrui ta femme à son devoir,
1410 Ne lui donnant soupçon pour ne le recevoir;
Laisse lui juste part du soin de la famille.
Cache tes gayetez et ton ris à ta fille.
Ne te sers de la verge, et ne l'employe point
Que ton courroux ne soit appaisé de tout point.
1415 Sois au prince, à l'ami, et au serviteur comme
Tel qu'à l'ange, à toi mesme, et tel qu'on doit à l'homme;
Ce que tu as sur toi, aux costez, au dessous,
Te trouve bien servant, chaud ami, seigneur doux.
  « De ces traits generaux maintenant je m'explique
1420 Et à ton estre à part ma doctrine j'applique.
J'ai voulu pour ta preuve un jour te despouiller,
Voir sur ton sein les morts et siffler et grouïller;
Sur toi, race du ciel, ont esté inutiles

Les fissons des aspics comme dessus les Psylles.
1425 Le ciel fait ainsi choix des siens qui, sains et forts,
Sont à preuve du vice et triomphent des morts.
Psylle bien approuvé, leve plus haut ta veuë,
Je veux faire voller ton esprit sur la nuë,
Que tu voye la terre en ce poinct que la vid
1430 Scipion quand l'amour de mon nom le ravit,
Ou mieux d'où Coligni se rioit de la foulle
Qui de son tronc roullé se joüoit à la boulle,
Parmi si hauts plaisirs que, mesme en lieu si doux,
De tout ce qu'il voyoit il n'entroit en courroux.
1435 Un jeu lui fut des Rois la sotte perfidie,
Comique le succez de la grand' tragedie;
Il vid plus, sans colere, un de ses enfans chers,
Degenere, lecher les pieds de ses bouchers.
Là ne s'estime rien des regnes l'excellence,
1440 Le monde n'est qu'un poix, un atome la France.
C'est là que mes enfans dirigent tous leurs pas
Dès l'heure de leur naistre à celle du trespas,
Pas qui foulent sous eux les beautez de la terre,
Cueillans les vrais honneurs et de paix et de guerre,
1445 Honneur au poinct duquel un chacun se deçoit :
On perd bien tost celui qu'aisément on reçoit,
La gloire qu'autrui donne est par autrui ravie;
Celle qu'on prend de soy vit plus loin que la vie.
Cerche l'honneur, mais non celuy de ces mignons
1450 Qui ne mordent au loup, bien sur leurs compagnons;
Qu'ils prennent le duvet, toy la dure et la peine,
Eux le nom de mignons, et toy de capitaine;
Eux le musc, tu auras de la meche le feu;
Eux les jeux, tu auras la guerre pour ton jeu.
1455 Ne porte envie à ceux de qui l'estat ressemble
A un tiede printemps qui ne sue et ne tremble;
Les pestes de nos corps s'eschauffent en esté
Et celle des esprits en la prosperité.
Prenne donc ton courage à propos la carriere,
1460 Et que l'honneur qui fait que tu laisses arriere
La lie du bas peuple, et l'infame bourbier,
Soit la gloire de prince, et non pas de barbier;
Car c'est l'humilité qui à la gloire monte,
Le faux honneur acquiert la veritable honte.

1465 Cerche la faim, la soif, les glaces, et le chaud,
La sueur et les coups; aime les, car il faut
Ou que tes jeunes ans soyent l'heur de ta vieillesse,
Ou que tes cheveux blancs maudissent ta jeunesse.
Puis que ton cœur royal veut s'asservir aux Rois,
1470 Va suivre les labeurs du Prince Navarrois,
Et là tu trouveras mon logis chez Anange,
Anange que je suis et (qui est chose estrange)
Là où elle n'est plus, aussi tost je ne suis :
Je l'aime en la chassant, la tuant je la suis;
1475 Là où elle prend pied, la pauvrette m'appelle;
Je ne puis m'arrester ni sans ni avec elle;
Je crain bien que, l'ayant bannie de ce Roy,
Tu n'y pourras plus voir bien tost elle ni moy.
Va t'en donc imiter ces eslevez courages
1480 Qui cerchent les combats au travers des naufrages;
Là est le choix des cœurs et celui des esprits;
Là moi-mesme je suis de moi-mesme le prix;
Bref, là tu trouveras par la perseverance
Le repos au labeur, au peril l'asseurance.
1485 Va, bien-heureux, je suis ton conseil, ton secours,
J'offense ton courage avec si long discours. »
    Que je vous plains, esprits, qui au vice contraires
Endurez de ces cours les sejours necessaires!
Heureux si, non infects en ces infections,
1490 Rois de vous, vous regnez sur vos affections.
Mais quoy que vous pensez gaigner plus de louange
De sortir impolus hors d'une noire fange,
Sans tache hors du sang, hors du feu sans brusler,
Que d'un lieu non souïllé sortir sans vous souïller,
1495 Pourtant il vous seroit plus beau en toutes sortes
D'estre les gardiens des magnifiques portes
De ce temple éternel de la maison de Dieu,
Qu'entre les ennemis tenir le premier lieu;
Plus tost porter la croix, les coups et les injures,
1500 Que des ords cabinets les clefs à vos ceintures;
Car Dieu pleut sur les bons et sur les vicieux,
Dieu frappe les meschans et les bons parmi eux.
    Fuyez, Loths, de Sodome et Gomorrhe bruslantes,
N'ensevelissez pas vos ames innocentes
1505 Avec ces reprouvez; car combien que vos yeux

Ne froncent le sourcil encontre les hauts cieux,
Combien qu'avec les Rois vous ne hochiez la teste
Contre le ciel esmeu, armé de la tempeste,
Pource que des tyrans le support vous tirez,
1510 Pource qu'ils sont de vous comme dieux adorez,
Lors qu'ils veulent au pauvre et au juste mesfaire
Vous estes compagnons du mesfaict pour vous taire.
Lorsque le fils de Dieu, vengeur de son mespris,
Viendra pour vendanger de ces Rois les esprits.
1515 De sa verge de fer brisant, espouvantable,
Ces petits dieux enflez en la terre habitable,
Vous y serez compris. Comme lors que l'esclat
D'un foudre exterminant vient renverser à plat
Les chesnes resistans et les cedres superbes,
1520 Vous verrez là dessous les plus petites herbes,
La fleur qui craint le vent, le naissant arbrisseau,
En son nid l'escurieu, en son aire l'oiseau,
Sous ce daix qui changeoit les gresles en rosee,
La bauge du sanglier, du cerf la reposee,
1525 La ruche de l'abeille et la loge au berger
Avoir eu part à l'ombre, avoir part au danger.

LA CHAMBRE DOREE

LIVRE TROISIÈME

    Au palais flamboyant du haut ciel empyree
Reluit l'Eternité en presence adoree
Par les Anges heureux : trois fois trois rangs de vens,
Puissance du haut ciel, y assistent servans.
5 Les sainctes legions sur leurs pieds toutes prestes
Levent aux pieds de Dieu leurs precieuses testes
Sous un clair pavillon d'un grand arc de couleurs.
Au moindre clin de l'œil du Seigneur des Seigneurs
Ils partent de la main : ce troupeau sacré vole
10 Comme vent descoché au vent de la parole,
Soit pour estre des Saincts les bergers curieux,
Les preserver de mal, se camper autour d'eux,
Leur servir de flambeau en la nuict plus obscure,
Les defendre d'injure, et destourner l'injure
15 Sur le chef des tyrans; soit pour d'un bras armé
Desployer du grand Dieu le courroux animé.
D'un coutelas ondé, d'une main juste et forte
L'un defend aux pecheurs du paradis la porte;
Un autre fend la mer; par l'autre sont chargez
20 Les pauvres de thresors, d'aise les affligez,
De gloire les honteux, l'ignorant de science,
L'abattu de secours, le transi d'esperance;
Quelqu'autre va trouver un Monarque en haut lieu
Bardé de mille fers, et, au nom du grand Dieu,
25 Asseuré l'espouvante, eslevé l'extermine,
Le fait vif devorer à la sale vermine.
L'un veille un regne entier, une ville, un chasteau,
Une personne seule, un pasteur, un troupeau.
Gardes particuliers de la troupe fidele,

30 De la maison de Dieu ils sentent le vray zele,
Portent dedans le ciel les larmes, les souspirs
Et les gemissemens des bien-heureux martyrs.
   A ce throsne de gloire arriva gemissante
La Justice fuitive, en sueurs, pantelante,
35 Meurtrie et deschiree. Aux yeux serains de Dieu
Les Anges retirez luy ayans donné lieu,
La pauvrette, couvrant sa face desolee,
De ses cheveux trempez faisoit, eschevelee,
Un voile entre elle et Dieu, puis souspirant trois fois
40 Elle pousse avec peine et à genoux ces voix :
   « Du plus bas de la terre et du profond du vice
Vers toi j'ai mon recours : te voici. Ta Justice
Que sage tu choisis pour le droict enseigner,
Que roine tu avois transmise pour regner,
45 La voici à tes pieds en pieces deschiree :
Les humains ont meurtri sa face reveree.
Tu avois en sa main mis le glaive trenchant
Qui aujourd'hui forcene en celle du meschant.
Remets, ô Dieu, ta fille en son propre heritage,
50 Le bon sente le bien, le meschant son ouvrage :
L'un reçoive le prix, l'autre le chastiment,
Afin que devant toi chemine droictement
La terre ci-apres. Baisse en elle ta face,
Et par le poing me loge en ma premiere place. »
55   A ces mots intervient la blanche Pieté,
Qui de la terre ronde au haut du ciel vouté
En courroux s'envola; de ses luisantes ailes
Elle accreut la lueur des voutes eternelles;
Ses yeux estinceloyent de feux et de courroux.
60 Elle s'advance à coup, elle tombe à genoux,
Et le juste despit qui sa belle ame affole
Lui fit dire beaucoup en ce peu de parole :
   « La terre est-elle pas ouvrage de ta main ?
Elle se mesconoist contre son Souverain;
65 La felonne blaspheme, et l'aveugle insolente
S'endurcit et ne ploye à ta force puissante.
Tu la fis pour ta gloire, à ta gloire deffaicts
Celle qui m'a chassé. » Sur ce poinct vint la Paix,
La Paix fille de Dieu : « J'ai la terre laissee
70 Qui me laisse (dit-elle) et qui m'a dechassee;

Tout y est abruti, tout est de moy quitté
En sommeil lethargic, d'une tranquillité
Que le monde cherit, et n'a pas conoissance
Qu'elle est fille d'enfer, guerre de conscience,
75 Fausse paix qui vouloit desrober mon manteau
Pour cacher dessous lui le feu et le couteau,
A porter dans le sein des agneaux de l'Eglise
Et la guerre et la mort qu'un nom de paix desguise. »
   A ces mots le troupeau des esprits fut ravi :
80 Ce propos fut reprins et promptement suivi
Par les Anges, desquels la plaintive priere
Esmeut le front du juge et le cœur du vray Pere.
Ils s'ameutent ensemble et firent, gemissans,
Fumer cette oraison d'un precieux encens :
85 « Grand Dieu, devant les yeux duquel ne sont cachees
Des cœurs plus endurcis les premières pensees,
Desploye ta pitié en ta justice, et fais
Trouver mal au meschant, au paisible la paix.
Tu vois que les Geants, foibles Dieux de la terre,
90 En tes membres te font une insolente guerre,
Que l'innocent perit par l'inique trenchant,
Par le couteau qui doit effacer le meschant ;
Tu vois du sang des tiens les rivieres changees,
Se rire les meschans des ames non vangees,
95 Ton nom foullé aux pieds, nom que ne peut nommer
L'atheiste, sinon quand il veut blasphemer :
Ta patience rend son entreprise ferme,
Et tes jugemens sont en mespris pour le terme.
Ne void ton œil vengeur esclatter en tous lieux
100 Sur ces tendres agneaux les effroyables feux
Dont l'ardeur par les tiens se trouve consumee ?
Et nous sommes lassez d'en boire la fumee.
Tes patiens tesmoins souffrent sans pleurs et cris,
Et sans trouble, le mal qui trouble nos esprits.
105 Nous sommes immortels : peu s'en faut que ne meure
Chacun qui les visite en leur noire demeure,
Aux puantes prisons où les sainctes zelateurs
Quand nous les consolons nous sont consolateurs. »
   Là les bandes du ciel, humbles, agenouillees,
110 Presenterent à Dieu mil ames despouillees
De leurs corps par les feux, les cordes, les couteaux,

Qui, libres au sortir des ongles des bourreaux,
Toutes blanches au feu volent avec les flammes,
Pures danz les cieux purs, le beau pays des ames,
115 Passent l'ether, le feu, percent le beau des cieux.
Les orbes tournoyans sonnent harmonieux :
A eux se joinct la voix des Anges de lumiere,
Qui menent ces presens en leur place premiere.
Avec elles voloyent, comme troupes de vents,
120 Les prieres, les cris et les pleurs des vivants,
Qui, du nuage espais d'une amere fumee,
Firent des yeux de Dieu sortir l'ire allumee.

De mesme en quelques lieux vous pouvez avoir leu,
Et les yeux des vivans pourroyent bien avoir veu
125 Quelque Empereur ou Roy tenant sa cour planiere
Au milieu des festins, des combats de barriere,
En l'esclat des plaisirs, des pompes; et alors
Qu'à ces princes cheris il monstre ses thresors,
Entrer à l'improvis une vefve esploree
130 Qui foulle tout respect, en dueil demesuree,
Qui conduict le corps mort d'un bien aimé mari,
Ou porte d'un enfant le visage meurtri,
Fait de cheveux jonchee, accorde à sa requeste
Le trouble de ses yeux qui trouble cette feste :
135 La troupe qui la void change en plainte ses ris,
Elle change leurs chants en l'horreur de ses cris.
Le bon Roy quitte lors le sceptre et la seance,
Met l'espee au costé et marche à la vengeance.

Dieu se leve en courroux et au travers des cieux
140 Perça, passa son chef; à l'esclair de ses yeux
Les cieux se sont fendus; tremblans, suans de crainte,
Les hauts monts ont croullé : cette Majesté saincte
Paroissant fit trembler les simples elements,
Et du monde esbranla les stables fondements.
145 Le tonnerre grondant frappa cent fois la nuë;
Tout s'enfuit, tout s'estonne, et gémit à sa veuë;
Les Rois espouvantez laissent choir, paslissans,
De leurs sanglantes mains les sceptres rougissans;
La mer fuit et ne peut trouver une cachette
150 Devant les yeux de Dieu; les vents n'ont de retraitte
Pour parer ses fureurs : l'univers arresté
Adore en fremissant sa haute Majesté.

LA CHAMBRE DOREE   139

  Et lors que tout le monde est en frayeur ensemble,
  Que l'abysme profond en ses cavernes tremble,
155 Les Chrestiens seulement affligez sont ouïs,
  D'une voix de loüange et d'un pseaume esjouïs,
  Au tocquement des mains faire comme une entree
  Au roy de leur secours et victoire asseuree :
  Le meschant le sentit, plein d'espouventement,
160 Mais le bon le connut, plein de contentement.
     Le Tout-Puissant plana sur le haut de la nuë
  Long temps, jettant le feu et l'ire de sa veuë
  Sur la terre, et voici : le Tout-Voyant ne void,
  En tout ce que la terre en son orgueil avoit,
165 Rien si pres de son œil que la brave rencontre
  D'un gros amas de tours qui eslevé se monstre
  Dedans l'air plus hautain. Cet orgueil tout nouveau
  De pavillons dorez faisoit un beau chasteau
  Plein de lustre et d'esclat, dont les cimes pointues,
170 Braves, contre le ciel mipartissoyent les nues.
     Sur ce premier object Dieu tint longuement l'œil,
  Pour de l'homme orgueilleux voir l'ouvrage et l'orgueil.
  Il void les vents esmeus, postes du grand Eole,
  Faire en virant gronder la girouëtte folle.
175 Il descend, il s'approche, et pour voir de plus pres
  Il met le doigt qui juge et qui punit apres,
  L'ongle dans la paroi, qui de loin reluisante
  Eut la face et le front de brique rougissante.
  Mais Dieu trouva l'estoffe et les durs fondemens
180 Et la pierre commune à ces fiers bastimens
  D'os, de testes de morts ; au mortier execrable
  Les cendres des bruslez avoyent servi de sable,
  L'eau qui les destrempoit estoit du sang versé ;
  La chaux vive dont fut l'edifice enlacé,
185 Qui blanchit ces tombeaux et les salles si belles,
  C'est le meslange cher de nos tristes moëlles.
     Les poëtes ont feint que leur feinct Jupiter,
  Estant venu du ciel les hommes visiter,
  Punit un Lycaon, mangeur d'homme, execrable,
190 En le changeant en loup à sa tragique table.
  Dieu voulut visiter cette roche aux lions,
  Entra dans la taniere et vit ces Lycaons,
  Qui lors au premier mets de leurs tables exquises

Estoyent servis en or, avoyent pour friandises
195 Des enfans desguisez; il trouva là dedans
Des loups cachez ayans la chair entre les dents.
Nous avons parmi nous cette gent canibale,
Qui de son vif gibier le sang tout chaud avalle,
Qui au commencement par un trou en la peau
200 Succe, sans escorcher, le sang de son troupeau,
Puis acheve le reste, et de leurs mains fumantes
Portent à leurs palais bras et mains innocentes,
Font leur chair de la chair des orphelins occis.
Mais par desguisemens, comme par un hachis,
205 Ostans l'horreur du nom, cette brute canaille
Fait tomber sans effroy entrailles dans entraille,
Si que dès l'œuf rompu, Thiestes en repas,
Tel s'abeche d'humain qui ne le pense pas.
Des tais des condamnez et coulpables sans coulpes
210 Ils parent leurs buffets et font tourner leurs coupes,
Des os plus blancs et nets leurs meubles marquetez
Resjouïssent leurs yeux de fines cruautez;
Ils hument à longs traits dans leurs couppes dorees
Sac, laict, sang et sueurs des vefves esplorees;
215 Leur barbe s'en parfume, et aux fins du repas,
Yvres, vont degouttant cette horreur contre bas.
De si aspres forfaicts l'odeur n'est point si forte
Qu'ils ne facent dormir leur conscience morte
Sur des matras enflez du poil des orphelins;
220 De ce piteux duvet leurs oreilles sont plains.
Puis de sa tendre peau faut que l'enfant vestisse
Le meurtrier de son pere en titre de justice;
Celle qu'ils ont fait vefve arrache ses cheveux
Pour en faire un tissu horrible et precieux :
225 C'est le dernier butin que le volleur desrobe
A faire parements de si funeste robe.

    Voila en quel estat vivoyent les justiciers,
Aux meurtriers si benins, des benins les meurtriers,
Tesmoins du faux tesmoin, les pleiges des faussaires,
230 Receleurs des larrons, maquereaux d'adulteres,
Mercenaires, vendans la langue, la faveur,
Raison, auctorité, ame, science et cœur.

    Encor falut-il voir cette Chambre Doree,
De justice jadis, d'or maintenant paree

235 Par dons, non par raison : là se void decider
La force et non le droit; la void-on presider
Sur un throsne eslevé l'Injustice impudente.
Son parement estoit d'escarlate sanglante,
Qui goutte sans repos; elle n'a plus aux yeux
240 Le bandeau des Anciens, mais l'esclat furieux
Des regards fourvoyans inconstamment se vire
En peine sur le bon, en loyer sur le pire;
Sa balance aux poids d'or trebusche faussement;
Prés d'elle sont assis au lict de jugement
245 Ceux qui peuvent monter par marchandise impure,
Qui peuvent commencer par notable parjure,
Qui d'ame et de salut ont quitté le souci.
Vous les verrez depeints au tableau que voici :
   A gauche avoit seance une vieille harpie
250 Qui entre ses genoux grommeloit accroupie,
Comptoit et recomptoit, aprochoit de ses yeux
Noirs, petits, enfoncez, les dons plus precieux
Qu'elle recache es plis de sa robe rompue;
Ses os en mille endroits repoussans sa chair nue,
255 D'ongles rouillez, crochus, son tappi tout cassé
A tout propos panchant par elle estoit dressé.
L'Avarice en mangeant est tousjours affamee.
La Justice à ses pieds, en portraict diffamee,
Lui sert de marchepied : là, soit à droit, à tort,
260 Le riche a la vengeance, et le pauvre a la mort.
   A son costé triomphe une peste plus belle,
La jeune Ambition, folle et vaine cervelle,
A qui les yeux flambans, enflez, sortent du front
Impudent, enlevé, superbe, fier et rond,
265 Aux sourcils rehaussez : la prudente et ruzee
Se pare d'un manteau de toile d'or frisee
Alors qu'elle trafique et pratique les yeux
Des dames, des galands et des luxurieux;
Incontinent plus simple elle vest, desguisee,
270 Un modeste maintien, sa manteline usee
Devant un cœur hautain, rude à l'ambition,
Tout servil pour gaigner la domination;
Une perruque feinte en vieille elle appareille.
C'est une Alcine fausse et qui n'a sa pareille
275 Soit à se transformer, ou connoistre comment

Doit la comediante avoir l'accoustrement :
La gloire la plus grande est sans gloire paroistre,
L'ambition se tue en se faisant connoistre.
   L'on void en l'autre siege estriper les serpents,
280 Les crapaux, le venin entre les noires dents
Du conseiller suivant : car la mimorte Envie
Sort des rochers hideux et traine là sa vie.
   On connoist bien encor cette teste sans front,
Pointue en pyramide, et cet œil creux et rond,
285 Ce nez tortu, plissé, qui sans cesse marmotte,
Rid à tous, en faisant de ses doigts la marotte.
   Souffrirons nous un jour d'exposer nos raisons
Devant les habitans des petites maisons ?
Que ceux qui ont esté liez pour leurs manies
290 De là viennent juger et nos biens et nos vies ?
Que telles gens du Roy troublent de leur caquet,
Procureurs de la mort, la Cour et le parquet;
Que de Sainct Maturin le fouët et voyage
Loge ces pelerins dedans l'Areopage ?
295   Là de ses yeux esmeus esmeut tout en fureur
L'Ire empourpree : il sort un feu qui donne horreur
De ses yeux ondoyans, comme au travers la glace
D'un chrystal se peut voir d'un gros rubi la face;
Elle a dans la main droitte un poignard asseché
300 De sang qui ne s'efface; elle le tient caché
Dessous un voile noir, duquel elle est pourveuë
Pour offusquer de soy et des autres la veuë,
De peur que la pitié ne volle dans le cœur
Par la porte des yeux. Puis la douce Faveur
305 De ses yeux affetez chascun pipe et regarde,
Fait sur les fleurs de lis des bouquets; la mignarde
Oppose ses beautez au droict, et aux flateurs
Donne à baizer l'azur, non à sentir ses fleurs.
   Comment d'un pas douteux en la troupe bacchante,
310 Estourdie au matin, sur le soir violante,
Porte dans le senat un tizon enflambé,
Folle au front cramoisi, nez rouge, teint plombé,
Comment l'Yvrongnerie en la foulle eschauffee,
N'oyant les douces voix, met en pieces Orfee,
315 A l'esclat des cornets d'un vineux Evoüé
Bruit un arrest de mort d'un gosier enroüé !

       Il y falloit encor cette seiche, tremblante,
    Pasle, aux yeux chassieux, de qui la peur s'augmente
    Pour la diversité des remedes cerchez :
320 Elle va traffiquant de peché sur pechez,
    A pris faict d'un chacun veut payer Dieu de fueilles.
    De mots non entendus bat l'air et les oreilles ;
    Ceinture, doigts et sein sont pleins de grains benits,
    De comptes, de bougie et de bagues fournis ;
325 Le temple est pour ses fats la boutique choisie :
    Maquerelle aux autels, telle est l'Hypocrisie,
    Qui parle doucement, puis sur son dos bigot
    Va par zele porter au bucher un fagot.
       Mais quelle est cette teste ainsi longue en arriere,
330 Aux yeux noirs, enfoncez sous l'espaisse paupiere,
    Si ce n'est la Vengeance au teint noir, palissant,
    Qui croit et qui devient plus forte en vieillissant ?
       Que tu changes soudain, tremblante Jalousie,
    Pasle comme la mort, comme feu cramoisie,
335 A la crainte, à l'espoir ; tu souhaites cent yeux
    Pour à la fois percer cent sujets et cent lieux.
    Si tu sens l'aiguillon de quelque conscience,
    Tu te mets au devant, tu troubles, tu t'avance,
    Tu enrichis du tout et ne laisses dequoy
340 Ton scelerat voisin se pousse devant toy.
       Cette fresle beauté qu'un vermeillon desguise,
    A l'habit de changeant, sur un costé assise,
    Ce fin cuir transparant qui trahit sous la peau
    Mainte veine en serpent, maint artere nouveau,
345 Cet œil lousche, brillant, n'est-ce pas l'Inconstance ?
       Sa voisine qui enfle une si lourde panse,
    Ronfle la jouë en paume, et d'un acier rouillé
    Arme son estomac, de qui l'œil resveillé
    Semble dormir encor ou n'avoir point de vie,
350 Endurcie, au teint mort, des hommes ennemie,
    Pachuderme de corps, d'un esprit indompté,
    Astorge, sans pitié, c'est la Stupidité.
       Où fuis-tu en ce coin, Pauvreté demi-vive ?
    As-tu la Chambre d'Or pour l'hospital, chetive,
355 Asyle pour fuir la poursuivante faim ?
    Veux-tu paistrir de sang ton execrable pain ?
    Ose ici mendier ta rechigneuse face,

Et faire de ces lis tappis à ta besace ?
    Et puis pour couronner cette liste de dieux
360 Ride son front estroit, offusqué de cheveux,
Presents des courtisans, la cheveche du reste,
L'Ignorance qui n'est la moins fascheuse peste.
Ses petits yeux charnus sourcillent sans repos,
Sa grand' bouche demeure ouverte à tous propos ;
365 Elle n'a sentiment de pitié ni misere,
Toute cause lui est indifferente et claire ;
Son livre est le commun, sa loy ce qui luy plaist :
Elle dit *ad idem*, puis demande que c'est.
    Sur l'autre banc paroist la contenance enorme
370 D'une impiteuse More, à la bouche difforme ;
Ses levres à gros bords, ses yeux durs de travers,
Flambans, veineux, tremblans, ses naseaux hauts, ouvers,
Les sourcils joints, espais, sa voix rude, enrouëe,
Tout convient à sa robe, à l'espaule nouëe,
375 Qui couvre l'un des bras, gros et nerveux et courts ;
L'autre tout nud paroist semé du poil d'un ours ;
Ses cheveux mi-bruslez sont frisez comme laine,
Entre l'œil et le nez s'enfle une grosse veine ;
Un portraict de Pitié à ses pieds est jetté :
380 Dessus ce throsne sied ainsi la Cruauté.
    Apres, la Passion, aspre fusil des ames,
Porte un manteau glacé sur l'estomac de flammes,
Son cuir trop delié tout doublé de fureurs,
Changé par les objects en diverses couleurs ;
385 La brusque, sans repos, brusle en impatience,
Et n'attend pas son tour à dire sa sentence.
De morgues, de menaces, et gestes reserrés
Elle veut rallier les advis esgarés :
Comme un jouëur badin qui d'espaule et d'eschine
390 Essaye à corriger sa boule qui chemine.
    La Haine partisane aussi avec courroux
Condamne les advis qui luy semblent trop doux,
Menace pour raisons ou du chef ou du maistre :
Ce qui n'est violent est criminel ou traistre.
395   Encores en changeant d'un et d'autre costé
Tient là son rang la fade et sotte Vanité,
Qui porte au sacré lieu tout à nouvelle guise,
Ses cheveux afriquains, les chausses en valise,

La rotonde, l'empoix, double colet perdu,
400 La perruque du crin d'un honneste pendu
Et de celui qui part d'une honteuse place.
Le poulet enlacé autour du bras s'enlace,
On l'ouvre aux compagnons : tout y sent la putain,
Le geste effeminé, le regard incertain,
405 Fard et ambre par tout, quoy qu'en la saincte chambre
Le fard doit estre laid, puant doit estre l'ambre.
Maschant le muscadin, le begue on contrefait;
On fait pigne des mains, la gorge s'y desfait,
Sur l'espaule se joue une longue moustache.
410 Par fois le conseiller devient soldat bravache,
Met la robe et l'estat à repos dans un coin,
S'arme d'esprons dorez pour n'aller gueres loin,
Se fourre en un berlan : d'un procez il renvie,
Et s'il faut s'acquitter fait reste d'une vie;
415 Le tout pour acquerir un vent moins que du vent.
La Vanité s'y trompe, et c'est elle souvent
Qui, voulant plaire à tous, est de tous mesprisee.
    Mesmes la Servitude, à la teste rasee,
Sert sur le tribunal ses maistres, et n'a loy
420 Que l'injuste plaisir ou desplaisir du Roy.
D'elle vient que nos loix sont ridicules fables,
Le vent se jouë en l'air du mot IRREVOCABLES.
Le registre à signer et biffer est tout prest,
Et tout arrest devient un arrest sans arrest.
425   Voici dessus les rangs une autre courtisane,
Dont l'œil est attrayant et la bouche est profane,
Preste, beante à tout, qui rid et ne rid point,
Qui n'a de serieux ni de seur un seul point :
C'est la Bouffonnerie, imperieuse folle.
430 Son infame boutique est pleine de parolle
Qui delecte l'oreille en offensant les cœurs;
Par elle ce senat est au banc des mocqueurs.
    Il se faut bien garder d'oublier en ce conte
Le front de passereau, sans cheveux et sans honte,
435 De la chauve Luxure, à qui l'object nouveau
D'une beauté promise a mis les yeux en eau.
Elle a pour faict et droit et pour ame l'idee,
Le charme et le desir d'une putain fardee.
    Et que fait la Foiblesse au tribunal des Rois ?

Car tout lui sert de crainte, et ses craintes de loix.
Elle tremble, elle espere; elle est rouge, elle est blesme
Elle ne porte rien et tombe sous soi-mesme.

Faut-il que cette porque y tiene quelque rang,
La Paresse acroupie au marchepied du banc,
Qui, le menton au sein, les mains à la pochette,
Feint de voir et sans voir juge sur l'etiquette ?

Quel demon sur le droict par force triomphant
Dans le rang des vieillards a logé cet enfant ?
Quel senat d'escoliers, de bouillantes cervelles,
Qu'on choisit par expres aux causes criminelles ?
Quel faux astre produit en ces fades saisons
Des conseillers sans barbe et des lacquais grisons ?
La Jeunesse est ici un juge d'avanture,
A sein deboutonné, qui sans loy ne ceinture
Rit en faisant virer un moulinet de noix,
Donne dans ce conseil sa temeraire voix,
Resve au jeu, court ailleurs, et respond tout de mesmes
Des advis esgarez à l'un des deux extremes.
Son nom seroit Hebé si nous estions payens.
C'est cet esprit qui meut par chauds et prompts moyens
Nos jeunes Roboans à une injuste guerre.
C'est l'eschanson de sang pour les dieux de la terre.

Là, sous un sein d'acier, tient son cœur en prison
La taciturne, froide, et lasche Trahison,
De qui l'œil esgaré à l'autre ne s'afronte;
Sa peau de sept couleurs fait des taches sans conte.
De voix sonore et douce et d'un ton feminin
La magique en l'oreille attache son venin,
Prodigue avec serment chere et fausse monnoye,
Et des ris de despit et des larmes de joye.

Sans desir, sans espoir, a volé dans ce train,
De la plus vile bouë au throsne souverain,
Qui mesme en s'y voyant encor ne s'y peut croire,
L'Insolence camuse et honteuse de gloire.
Tout vice fasche autrui, chascun le veut oster;
Mais l'insolent ne peut soy-mesme se porter.

Quel monstre voy-je encore ? une dame bigotte,
Maquerelle du gain, malicieuse et sotte.
Nulle peste n'offusque et ne trouble si fort
Pour subvertir le droit, pour establir le tort,

Pour jetter dans les yeux des juges la poussiere,
Que ceste enchanteresse autresfois estrangere.
Son habit de couleurs et chiffres bigarré,
Sous un vieil chaperon un gros bonnet carré,
485 Ses faux poids, sa fausse aune, et sa regle tortue
Deschiffrent son enigme et la rendent connuë
Pour present que d'enfer la Discorde a porté,
Et qui difforme tout : c'est la Formalité,
Erreur d'authorité qui par normes enormes
490 Oste l'estre à la chose, au contraire des formes.
Qui la hait, qui la fuit n'entend pas le palais :
Honorable reproche à ces doctes Harlais,
De Thou, Gillot, Thurin, et autres que je laisse,
Immunes de ces maux, horsmis de la foiblesse,
495 Foiblesse qui les rend esclaves et contraints,
Bien que tordans le col, faire signer des mains
Ce qu'abhorre le sens ; mains qui font de la plume
Un outil de bourreau qui destruit et consume.
Ces plumes sont stilets des assassins gagés,
500 Dont on escrit au dos des captifs affligés
Le noir Theta qui tue, et le tueur tourmente.
Cette formalité eut pour pere un pedante,
Un charlatan vendeur, porteur de rogatons,
Qui devoit de son dos user tous les bastons.
505 Au dernier coin se sied la miserable Crainte.
Sa paslissante veuë est des autres esteinte,
Son œil morne et transi en voyant ne void pas,
Son visage sans feu a le teint du trespas.
Alors que tout son banc en un amas s'assemble,
510 Son advis ne dit rien qu'un triste oui qui tremble.
Elle a sous un tetin la playe où le Malheur
Ficha ses doigts crochus pour luy oster le cœur.
   Mais encor pour mieux voir entiere la boutique,
Où de vie et de biens l'Injustice trafique,
515 L'occasion s'offrit que Henri second Roy
En la Mercuriale ordonna par sa loy
Le feu pour peine deuë aux ames plus constantes.
Là parurent en corps et en robes sanglantes
Ceux qui furent jadis juges et senateurs,
520 Puis du plaisir des Rois lasches executeurs :
De là se peut la Cour, en se faisant esgalle

A Mercure maquereau, dire Mercurialle.
Ce jour nos senateurs à leur maistre vendus
Luy presterent serment en esclaves tondus.
525   Ce palais du Grand Juge avoit tiré la veuë
Par le lustre et l'esclat qui brilloit dans la nuë.
En voici un second, qui se fit par horreur
Voir de tous Empereurs au supreme Empereur :
Un funeste chasteau, dont les tours assemblees
530 Ne monstroyent par dehors que grilles redoublees,
Tout obscur, tout puant; c'est le palais, le fort
De l'Inquisition, le logis de la mort :
C'est le taureau d'airain dans lequel sont esteintes
Et les justes raisons et les plus tendres plaintes.
535 Là, mesme aux yeux de Dieu, l'homme veut estouffer
La priere et la foy : c'est l'abregé d'enfer.
Là parmi les crapaux, en devinant leurs fautes,
Trempent les enchainés; des prisons les plus hautes
Est banni le sommeil, car les grillons ferrez
540 Sont les tapis velus et matras embourrez.
La faim plus que le feu esteint en ces tasnieres
Et la vie et les pleurs des ames prisonnieres.
Dieu au funeste jour de leurs actes plus beaux
Void leurs thrones levés, l'amas de leurs posteaux,
545 Les arcs, les eschaffaux dont la pompe estoffee
Des parements dorés preparoit un trophee.
Puis il vid desmarcher à trois ordres divers
Les rangs des condamnez, de sambenits couverts,
Dessous ces paremens. Les heritiers insignes
550 Du manteau, du roseau et couronne d'espines
Portent les diables peints : les Anges en effect
Leur vont tenant la main autrement qu'en portraict;
Les hommes sur le corps desployent leurs injures,
Mais ne donnent le ciel ne l'enfer qu'en peinctures.
555 A leur dieu de papier il faut un appareil
De paradis, d'enfer et demons tout pareil.
L'idolatre qui fait son salut en image
Par images anime et retient son courage,
Mais l'idole n'a peu le fidele troubler,
560 Qui n'en rien esperant n'en peut aussi trembler.
   Apres, Dieu vid marcher, de contenances graves,
Ces guerriers hazardeux dessus leurs mules braves,

Les trompettes devant : quelque plus vieil soldart
Porte dans le milieu l'infernal estendart
565 Où est peint Ferdinand, sa compagne Isabelle,
Et Sixte Pape, autheurs de la secte bourrelle ;
Cet oriflan superbe en ce poinct arboré
Est du peuple tremblant à genoux adoré ;
Puis au fond de la troupe à l'orgueil equippee,
570 Entre quatre herauts, porte un comte l'espee.
Ainsi fleurit le choix des artisans cruels,
Hommes desnaturez, Castillans naturels.
Ces mi-Mores hautains, honorez, effroyables,
N'ont d'autres points d'honneur que d'estre impitoyables,
575 Nourris à exercer l'astorge dureté,
A voir d'un front tetric la tendre humanité,
Corbeaux courans aux morts et aux gibets en joye,
S'esgayans dans le sang, et joüans de leur proye.
    Dieu vid non sans fureur ces triomphes nouveaux
580 Des pourvoyeurs d'enfer, magnifiques bourreaux,
Et receut en son sein les ames infinies
Qu'en secret, qu'en public trainoyent ces tragedies,
Où le pere en l'orchestre a produict sans effroy
L'heritier d'un royaume et l'unique d'un Roy.
585   Les docteurs, accusez du changement extreme
Qui parut à la mort du grand Charles cinquiesme,
Marchent de ce troupeau ; comtes et grands seigneurs,
Dames, filles, enfans, compagnons en honneurs
D'un triomphe sans lustre et de plus d'efficace,
590 Font au ciel leur entree où ils trouvent leur place.
Tremblez, juges, sachez que le juge des cieux
Tient de chacun des siens le sang tres-precieux ;
Quand vous signez leur mort, cette clause est signee :
Que leur sang soit sur nous et sur notre lignee !
595   Et vous qui le faux nom de l'Eglise prenez,
Qui de faicts criminels, sobres, vous abstenez,
Qui en ostez les mains et y trempez les langues,
Qui tirez pour couteau vos meurtrieres harangues,
Qui jugez en secret, publics soliciteurs,
600 N'estes-vous pas juifs, race de ces docteurs
Qui confessoyent tousjours, en criant : « Crucifie ! »,
Que la loy leur defend de juger une vie ;
Ou bourreaux ne vivans que de mort et de sang,

Qui en executant mettent dans un gant blanc
605 La destruisante main aux meurtres acharnee,
Pour tuer sans toucher à la peau condamnee ?
Pour faire aussi jurer à ces doctes brigands
Que de leur main sacree ils n'ont pris que des gants,
On en donne un plein d'or sur la bonne esperance,
610 Et l'autre suit apres, loyer de la sentence.
    Ce venin Espagnol aux autres nations
Communique en courant telles inventions.
L'Europe se monstra : Dieu vid sa contenance
Fumeuse par les feux esmeus sur l'innocence,
615 Vid les publiques lieux, les palais les plus beaux
Pleins de peuples bruyans, qui pour les jeux nouveaux
Estaloyent à la mort les plus entieres vies
En spectacles plaisans et feintes tragedies.
Là le peuple amassé n'amolissoit son cœur,
620 L'esprit, preoccupé de faux zele d'erreur,
D'injures et de cris estouffoit la priere
Et les plaints des mourans ; là, de mesme maniere
Qu'aux theatres on vid s'eschauffer les Romains,
Ce peuple desbauché applaudissoit des mains.
625 Mesme, au lieu de vouloir la sentence plus douce,
En Romains ils tournoyent vers la terre le pouce ;
Ces barbares, esmeus des tisons de l'Enfer
Et de Rome, ont crié : « Qu'ils reçoivent le fer ! »
Les corps à demi-morts sont trainés par les fanges,
630 Les enfants ont pour jeu ces passetemps estranges ;
Les satellites fiers tout autour arrangez
Estouffoyent de leurs cris les cris des affligez.
Puis les empoisonneurs des esprits et des ames,
Ignorans, endurcis, conduisent jusqu'aux flames
635 Ceux qui portent de Christ en leurs membres la croix :
Ils la souffrent en chair, on leur presente en bois ;
De ces bouches d'erreur les orgueilleux blasphemes
Blessent l'Agneau lié plus fort que la mort mesmes.
Or, de peur qu'à ce poinct les esprits delivrez,
640 Qui ne sont plus de crainte ou d'espoir enyvrez,
Des-ja proches du ciel, lesquels par leur constance
Et le mespris du monde ont du ciel conoissance,
Comme cygnes mourans ne chantent doucement,
Les subtils font mourir la voix premierement.

645 Leur priere est muette, au Pere seul s'envolle,
Gardans pour le louër le cœur, non la parolle.
Mais ces hommes, cuidans avoir bien arresté
Le vray par un baillon, preschent la verité.
La verité du ciel ne fut onc baillonnee,
650 Et cette race a veu (qui l'a plus estonnee)
Que Dieu à ses tesmoins a donné maintesfois,
La langue estant couppee, une celeste voix :
Merveilles qui n'ont pas esté au siecle vaines.

    Les cendres des bruslez sont precieuses graines
655 Qui, apres les hyvers noirs d'orage et de pleurs,
Ouvrent au doux printemps d'un million de fleurs
Le baume salutaire, et sont nouvelles plantes
Au milieu des parvis de Sion fleurissantes.
Tant de sang que les Rois espanchent à ruisseaux
660 S'exhale en douce pluye et en fontaines d'eaux,
Qui, coulantes aux pieds de ces plantes divines,
Donnent de prendre vie et de croistre aux racines ;
Des obscures prisons les plus amers souspirs
Servent à ces beautez de gracieux Zephirs.
665 L'ouvrier parfaict de tous, cet artisan supreme,
Tire de mort la vie, et du mal le bien mesme ;
Il reserre nos pleurs en ses vases plus beaux ;
Escrit en son registre eternel tous nos maux :
D'Italie, d'Espagne, Albion, France et Flandres
670 Les Anges diligens vont ramasser nos cendres ;
Les quatre parts du monde et la terre et la mer
Rendront compte des morts qui lui plaira nommer.

    Ceux-la mesmes seront vos tesmoins sans reproches :
Juges, où seront lors vos fuites, vos acroches,
675 Vos exoines, delais, de chicane les tours ?
Serviront-ils vers Dieu qui tiendra ses Grands Jours,
Devant un jugement si absolu, si ferme,
Lequel vous ne pourrez mespriser pour le terme ?
Si vous sçaviez comment il juge dés ici
680 Ses bien-aimez enfans, et ses haineux aussi !
Sachez que l'innocent ne perdra point sa peine :
Vous en avez chez vous une marque certaine
Dans vostre grand Palais, où vous n'avez point leu,
Oyans vous n'oyez point, voyans vous n'avez veu
685 Ce qui pend sur vos chefs en sa voute effacee,

> Par un prophete ancien une histoire tracee
> Dont les traits par dessus d'autres traits desguisez
> Ne se descouvrent plus qu'aux esprits advisez.
>   C'est la mutation qui se doit bien tost faire
> 690 Par la juste fureur de l'esmeu populaire
> (Accidents tous pareils à ceux-la qu'ont soufferts
> Les prestres de Babel), pour estre descouverts
> Non seulement fauteurs de l'ignorance inique,
> Mais sectateurs ardents du meurtrier Dominique.
> 695   C'est le triomphe sainct de la sage Themis,
> Qui abat à ses pieds ses pervers ennemis :
> Themis vierge au teint net, son regard tout ensemble
> Fait qu'on desire et craint, qu'on espere et qu'on tremble;
> Ell' a un triste et froid, mais non rude maintien;
> 700 La loy de Dieu la guide et luy sert d'entretien.
> On void aux deux costez et devant et derriere
> Des gros de cavaliers de diverse maniere.
> Les premiers sont anciens juges du peuple Hebrieu
> Qui n'ont point desmenti leur estat ni leur lieu,
> 705 Mais justement jugé. Premier de tous Moyse,
> Qui n'avoit que la loy de la nature apprise,
> Puis apporta du haut de l'effroyant Sina
> Ce que le doigt de Dieu en deux pierres signa,
> Et puis, executant du Seigneur les vengeances,
> 710 Prend en un poing l'espee, en l'autre les balances;
> Phinees zelateur qui d'ire s'embrasa,
> Et qui par son courroux le celeste appaisa;
> Le vaillant Josué, de son peuple le pere,
> De l'interdit d'Achan punisseur tres-severe,
> 715 Doux envers Israël; Jephthé que la rigueur
> De son vœu eschappé fit desolé vainqueur.
> Samuel tient son rang, juge et prophete sage,
> A qui ce peuple sot, friant de son dommage,
> Demande un Roy : luy donc, instituant les Rois,
> 720 Annonce leurs deffauts que l'on prend pour leurs droits.
>   David s'avance apres gueres loin de la teste,
> Salomon decidant la douteuse requeste :
> Là sont peintes les mains qui font mesme serment,
> L'une juste dit vrai, l'autre perfidement.
> 725 On void l'enfant en l'air par deux soldats suspendre,
> L'affamé coutelas qui brille pour le fendre,

LA CHAMBRE DOREE 153

Des deux meres le front, l'un pasle et sans pitié,
L'autre la larme à l'œil, toute en feu d'amitié.
De ce Roy qui pecha point n'empesche le vice
730 Qu'il ne paroisse au rang des maistres de justice.
Josaphat, Ezechie et Josias en sont;
Nehemias, Esdras la retraitte parfont;
Avec eux Daniel, des condamnés refuge,
Espeluchant les cœurs, bon et celeste juge,
735 Trouveur des veritez, inquisiteur parfaict,
Procedant sans reproche en question de faict.
 A la troupe des Grecs je voy luire pour guide,
Sa coquille en la main, l'excellent Aristide,
Agesilas de Sparte, Ochus l'Egyptien;
740 Tomiris a sa place avec ce peuple ancien
 — Crœsus y boit l'or chaud, Crassus farousche beste
Noye dedans le sang son impiteuse teste —
Solon legislateur, et celui qui eut dueil
D'esbrancher une loy plus qu'arracher son œil;
745 Cyrus est peint au vif, pres de luy Assuere;
Agatocle se rend dessous cette banniere,
Qui grand juge, grand roy, dans l'argille traitté,
Exerce en son repas la loy d'humilité;
Puis ferme le troupeau la bande juste et sage
750 Qui pour cloistre habitoit le sainct Areopage.
 Aussi, de ceux qui ont gardé les droicts humains,
En un autre scadron desmarchent les Romains,
La race des Catons, de justice l'eschole,
Manlius qui gaigna son nom du Capitole,
755 Ces Fabrices contans, ces princes laboureurs
Qu'on tiroit de l'aree à les faire empereurs;
Pour autrui et pour soy le tresheureux Auguste
Qui regna justement en sa conqueste injuste,
Posseda par la paix ce qu'en guerre il conquit;
760 Sous luy le Redempteur, le seul juste, nasquit;
Les Brutes, Scipions, Pompees et Fabies
Qui, de Rome, prenoyent les causes et les vies
Des orphelins d'Egypte et des vefves qu'un Roy
Des Bactres veut priver de ce que veut la loy.
765 Justinian se void, legislateur severe,
Qui clost la troupe avec Antonin et Severe.
Les Adrians, Trajans, seroyent bien de ce rang

S'ils ne s'estoyent pollus des fideles au sang.
　　J'en voy qui n'ayans point les sainctes loix pour guides
770 Furent justes mondains : ceux-là sont les Druides.
Charlemagne s'esgaye entre ces vieux François,
Les Saliens, autheurs de nos plus sainctes loix,
Loix que je voy briser en deux siecles infames,
Quand les masles seront plus lasches que les femmes,
775 Quand on verra les lis en pillules changer,
Le Tusque estre Gaulois, le François estranger.
De ces anciens Gaulois entre les mains fideles
Les princes estrangers deposoyent leurs querelles,
Les proces plus douteux, et mesmes ceux en quoy
780 Ils avoyent pour partie et la France et le Roy.
　　Voici venir apres des modernes la bande,
Qui plus elle est moderne et moins se trouve grande.
Que rares sont ceux-la qui font au grand besoin
De l'outragé servir l'adresse de tesmoin !
785 Vous y voyez encor un vieil juge d'Alsace
Auquel l'ami privé ne peut trouver de grace
Du perfide larcin que, par un sage tour,
Ce Daniel second mit de la nuict au jour.
　　La Bourgogne a son duc qui, de ruse secrette,
790 Employe un chicaneur pour estouffer sa dette;
Le fraudeur le promit : voulant appareiller
Ses faussetés, le duc pendit son conseiller.
Le mesme, visitant, trouve au bout d'un village
Une vefve esploree, un desastré visage,
795 Qui lui cria : « Seigneur, mes aumosniers amis
M'ont donné un linceul, où mon espoux est mis;
Mais le pasteur avare, à faute de salaire,
Contraint le corps aimé pourrir dans le suaire. »
Le duc prend le curé, luy denonce comment
800 Il vouloit honorer ce pauvre enterrement :
Qu'il fist de tous costez, des parroisses voisines
Accourir la prestraille aux hypocrites mines.
Le prince fit aux yeux de l'avare troupeau
Lier le prestre vif et le mort, peau à peau,
805 Front à front, bouche à bouche, et le clergé qui tremble
Abria de ses mains ces deux horreurs ensemble :
Où es-tu, juste duc, au temps pernicieux
Qui refuse la terre aux heritiers des cieux ?

Encor les nations de ces Alpes cornuës
810 De ces fermes cerveaux ne sont pas despourveuës :
Un Sforce continent est au rang des Anciens,
Et de cet ordre on void les libres Venitiens.
Le bon prince de Melphe aparoist d'avantage,
Excellent ornement, mais rare, de nostre aage :
815 Un indigne mari força de sa moitié
Par larmes le grand cœur, l'honneur par la pitié ;
Un tyran fit sa foy et le coulpable pendre,
Diffamant un renom : lors sçeut le prince rendre
Justice entiere à Dieu, vengeance à la douleur,
820 L'honneur à la surprise et la mort au volleur.

En fin, à train de dueil, le vieil peintre et prophete
Produit en froid maintien la troupe de retraite,
Ceux qui vont reprochans à leur juge leur sang,
Couronnez de cyprez, ensevelis de blanc.
825 Leurs mains tendent au ciel, et les ardentes veuës
Regardent preparer un throsne dans les nuës,
Tibunal de triomphe en gloire appareillé,
Un regard de Hasmal, de feu entortillé.
Des quatre coins sortoyent comme formes nouvelles
830 D'animaux, qui portoyent quatre faces, quatre aisles ;
Leurs pieds estoyent piliers, leurs mains prestes sortoyent ;
Leurs fronts d'airain poli quatre especes portoyent,
Tournans en quatre endroits quatre semblances comme
De l'Aigle, du Taureau, du Lion, et de l'Homme :
835 Effrayants animaux qui, de toutes les parts
Où en charbons de feu ils lançoyent leurs regards,
Repartoyent comme esclairs sans destourner la face,
Et foudroyoyent au loin sans partir d'une place.
Salomon fit armer son throsne droit-disant
840 Par douze fiers lions de metail reluisant,
Afin que chasque pas apportast une crainte :
Mais le siege pompeux de la Majesté sainte
Foule au pied cent degrés et cent lions vivans,
Qui à la voix de Dieu descochent comme vents.
845 La bande que je dis paroissoit esblouïe,
Et puis toquer des mains de nouveau resjouïe,
Quand au throsne flambant, dans le ciel arboré,
Ils voyent arriver le Grand Juge adoré ;
Et comme elle marchoit sous la splendeur nouvelle,

850 Brillante sur leurs chefs et qui marche avec elle,
Ils relevent en haut leurs appellations,
Procureurs advouëz de seize nations.
Là les foudres et feux, prompts au divin service,
S'offrent à bien servir la celeste justice ;
855 Là s'advancent les vents diligents et legers
Pour estre les herauts, postes, et messagers ;
Là les esprits ailez adjournent de leurs aisles
Les juges criminels aux peines eternelles.
   On pense remarquer en cet humble troupeau
860 Cavagne et Briquemaut, signalés du cordeau,
Mongommeri y va s'appuyant d'une lance,
Le tres-vaillant Montbrun puni de sa vaillance ;
Et mesmes à troupeaux marchent le demeurant
De ceux qui ont gagné leur procés en mourant.
865   Encor aux inhumains Nemesis inhumaine
Traisne sa forte, longue, et tres-pesante chaisne,
Qui loge en son grand tour un senat prisonnier,
Que fait trotter devant un clerc marchant dernier.
Une autre bouche tient une foule de juges
870 Fugitifs, et cerchans leurs cliens pour refuges.
Que dis-je, leurs cliens ? la haute Majesté
Les meine aux prisonniers cercher la liberté,
Du pain aux confisqués, aux bannis la patrie,
L'honneur aux diffamés, aux condamnés la vie.
875 Puis, un nœud entre deux, d'un pas triste et tardif,
Suyvoyent Brisson le docte, et l'Archer et Tardif.
Ils tirent leurs meurtriers bien fraisés d'un chevaistre,
Boucher et Pragenat, et le sanglant Incestre.
Juges, sergens, curés, confesseurs et bourreaux,
880 Tels artisans un jour, par changemens nouveaux,
Metamorphoseront leurs temples venerables
En cavernes de gueux, les cloistres en estables,
En criminels tremblans les senateurs grisons,
En gibet le Palais et le Louvre en prisons.
885   De la Fille du ciel telle paroist l'escorte,
A plus d'heur que d'esclat, moins pompeuse, plus forte.
Avec tels serviteurs et fidelles amis
Rien n'arreste les pas de la blanche Themis.
Son chariot vainqueur, effroyable et superbe,
890 Ne foule en cheminant ni le pavé ni l'herbe,

LA CHAMBRE DOREE 157

Mais roulle sur les corps et va faisant un bris
Des monstres avortez par l'infidelle Ubris :
Ubris fille d'Até, que les forces et fuites
N'ont peu sauver devant les poursuivantes Lites
895 Que le vrai Jupiter decoupla sur ses pas.
Les joyaux de Mammon à cette fois n'ont pas
Corrompu les soldats qui font cette jonchee :
Ce sont les Cherubins par qui fut detranchee
La grand'force d'Assur. Voyez comme ces corps
900 De leurs boyaux crevés ne jettent que thresors !
Quel grincement de dents et rechigneuses mouës
Les visages mourans font sous les quatre rouës !
L'une des dextres prend au poinct du droit pouvoir,
L'autre meine des loix la regle et le sçavoir ;
905 Des gauches la plus grande au poinct du faict s'engage,
Et va poussant la moindre où est le tesmoignage.
La Fille de la terre et du ciel met ses poids
En sa juste balance, et ses poids sont ses loix ;
Elle a sous le bandeau sur les choses la veuë,
910 Mais la personne n'est à ses beaux yeux conuë ;
Encor pour les presens ne s'ouvre le bandeau ;
Son glaive tousjours prest n'est jamais au fourreau ;
Elle met à la fange et bien-faicts et injures.
Qui tire ce grand char ? quatre licornes pures.
915 La vefve l'accompagne et l'orphelin la suit,
L'usurier tire ailleurs, le chicaneur la fuit,
Et fuit, sans que derriere un des fuyards regarde
De la formalité la race babillarde :
Tout interlocutoire, arrest, appointement
920 A plaider, à produire un gros enfantement
De procez, d'intendits, de griefs ; un compulsoire,
Puis le desrogatoire à un desrogatoire,
Visa, pareatis, replicque, exceptions,
Revisions, duplique, objects, salvations,
925 Hypothecques, guever, deguerpir, prealables,
Fin de non recevoir. Fi des puants vocables
Qui m'ont changé mon style et mon sens à l'envers !
Cerchez les au parquet et non plus en mes vers.
Tout fuit, les uns tirans en basse Normandie,
930 Autres en Avignon, où ce mal prit sa vie
Quand un contre-Antechrist de son style romain

Paya nos Rois bigots qui luy tenoyent la main.
Je crains bien que quelqu'un plus viste et plus habile
Dans le Poictou plaideur cerchera son azyle.
935 Vous ne verrez jamais le train que nous disons
Se sauver en la Suisse ou entre les Grisons,
Nation de Dieu seul et de nulle autre serve,
Et qui le droict divin sans autre droict observe.
Ces vices n'auront point de retraitte pour eux
940 Chez l'invincible Anglois, l'Escossois valeureux :
Car les Nobles et Grands la justice y ordonnent,
Les estats non vendus comme charges se donnent.
Mais comme il n'y a rien sous le haut firmament
Perdurable en son estre et franc du changement,
945 Souïsses et Grisons et Anglois et Bataves,
Si l'injustice un jour vous peut voir ses esclaves,
Si la vile chicane administre vos loix,
Alors Grison, Souïsse, et Batave et Anglois,
N'atten point que la peur en tes esprits se jette
950 Par le regard affreux d'un menaçant comete;
Pren ta mutation pour comete au malheur,
Ainsi que tu l'as eu pour astre de bonheur.
Heureuse Elizabeth, la justice rendant,
Et qui n'as point vendu tes droicts en la vendant !
955   Et puis que ce nom sainct, de tous bons Rois l'idee,
Prend sa place en ce rang, qui lui estoit gardee
Au roolle des martyrs, je diray en ce lieu
Ce que sur mon papier dicte l'Esprit de Dieu.
La main qui te ravit de la geolle en ta salle,
960 Qui changea la sellette en la chaire royale
Et le sueil de la mort en un degré si haut,
Qui fit un tribunal d'un funeste eschafaut,
L'œil qui vid les desirs aspirans à la flamme
Quand tu gardas ton ame en voulant perdre l'ame,
965 Cet œil vid les dangers, sa main porta le faix,
Te fit heureuse en guerre et ferme dans la paix.
Le Paraclet t'aprit à respondre aux harangues
De tous ambassadeurs, mesme en leurs propres langues.
C'est lui qui destourna l'encombre et le meschef
970 De vingt mortels desseins du regne et de ton chef,
T'acquit le cœur des tiens, et te fit par merveilles
Tes lions au dehors domestiques ouëilles.

LA CHAMBRE DOREE

Ces braves abatus au throsne où tu te sieds
Sont les lions que tient prosternés à tes pieds
975 La tendre humilité : ton giron est la dorne
De la vierge à qui rend ses armes la licorne.
Tels antiques tableaux predisoyent sans sçavoir
Ta vertu virginale et ton secret pouvoir.
Par cet esprit tu as repos en tes limites :
980 Tes haineux à tes bords brisent leurs exercites,
Tes mers avec les vents, l'air haut, moyen et bas,
Et le ciel, partisans liguez à tes combats,
Les foudres et les feux choquent pour ta victoire,
Quand les tonnerres sont trompettes de ta gloire.
985 Tes guerriers hazardeux perdent, joyeux, pour toy
Ce que tu n'eus regret de perdre pour la foy.
La Rose est la premiere, heureuse sans seconde,
Qui a repris ses pas circuissant tout le monde :
Tes triomphantes nefs vont te faire nommer,
990 En tournoyant le tout, grand' Roine de la mer.
Puis il faut qu'en splendeur neuf lustres te maintiennent,
Et qu'apres septante ans (à quoy nos jours reviennent)
Debora d'Israel, Cherub sur les pervers,
Fleau des tyrans, flambeau luisant sur l'univers,
995 Pour regner bien plus haut, tout achevé, tu quitte
Dans les sçavantes mains d'un successeur d'eslite
Ton estat, au dehors et dedans appuyé,
Le cœur saoulé de vivre et non pas ennuyé.

Bien au rebours promet l'Eternel aux faussaires
1000 De leur rendre sept fois et sept fois leurs salaires.
Lisez, persecuteurs, le reste de mes chants,
Vous y pourrez gouster le breuvage aux meschants :
Mais, aspics, vous avez pour moy l'oreille close.
Or, avant que de faire à mon œuvre une pose,
1005 Entendez ce qui suit tant d'outrages commis.
Vous ne m'escoutez plus, stupides endormis !
Debout, ma voix se taist; oyez sonner pour elle
La harpe qu'animoit une force eternelle;
Oyez David esmeu sur des juges plus doux;
1010 Ce qu'il dit à ceux-là nous l'adressons à vous :
   Et bien ! vous, conseillers des grandes Compagnies,
Fils d'Adam, qui jouëz et des biens et des vies,
Dites vrai, c'est à Dieu que compte vous rendez,

Rendez-vous la justice, ou si vous la vendez ?
1015 Plustost, ames sans loy, perjures, desloyales,
Vos balances, qui sont balances inesgales,
Pervertissent la terre et versent aux humains
Violence et ruine, ouvrage de vos mains.

Vos meres ont conceu en l'impure matrice,
1020 Puis avorté de vous tout d'un coup et du vice.
Le mensonge qui fut vostre laict au berceau
Vous nourrit en jeunesse et abeche au tombeau.

Ils semblent le serpent à la peau marquetee
D'un jaune transparent, de venin mouchetee,
1025 Ou l'aspic embusché qui veille en sommeillant,
Armé de soi, couvert d'un tortillon grouillant.

A l'aspic cauteleux cette bande est pareille,
Alors que de la queue il s'estouppe l'oreille :
Lui contre les jargons de l'enchanteur sçavant,
1030 Eux pour chasser de Dieu les paroles au vent.

A ce troupeau, Seigneur, qui l'oreille se bouche,
Brise leurs grosses dents en leur puante bouche;
Pren ta verge de fer, tracasse de tes fleaux
La machoire fumante à ces fiers lionceaux.

1035 Que, comme l'eau se fond, ces orgueilleux se fondent;
Au camp leurs ennemis sans peine les confondent :
S'ils bandent l'arc, que l'arc avant tirer soit las,
Que leurs traits sans fraper s'envolent en esclats.

La mort, dés leur printemps, ces chenilles suffoque
1040 Comme le limaçon seche dedans la coque,
Ou comme l'avorton qui naist en perissant
Et que la mort reçoit de ses mains en naissant.

Brusle d'un vent mauvais jusques dans leurs racines
Les boutons les premiers de ces tendres espines;
1045 Tout pourrisse, et que nul ne les prenne en ses mains
Pour de ce bois maudit rechauffer les humains.

Ainsi faut que le juste apres ses peines voye
Desployer du grand Dieu les salaires en joye,
Et que baignant ses pieds dans le sang des pervers
1050 Il le jette dans l'air en esclatant ces vers :

Le bras de l'Eternel, aussi doux que robuste,
Fait du mal au meschant et fait du bien au juste,
Et en terre ici bas exerce jugement
En attendant le jour de peur et tremblement.

1055 La main qui fit sonner cette harpe divine
Frappa le Goliath de la gent Philistine,
Ne trouvant sa pareille au rond de l'univers,
En duel, en bataille, en prophetiques vers.
   Comme elle nous crions : « Vien Seigneur et te haste,
1060 Car l'homme de peché ton Eglise degaste. »
   « Vien, dit l'esprit, acours pour defendre le tien. »
   « Vien », dit l'espouse, et nous avec l'espouse : « Vien ! »

LES FEUX

LIVRE QUATRIÈME

Voici marcher de rang par la porte doree,
L'enseigne d'Israel dans le ciel arboree,
Les vainqueurs de Sion, qui au prix de leur sang
Portans l'escharpe blanche ont pris le caillou blanc :
5 Ouvre, Jerusalem, tes magnifiques portes ;
Le lion de Juda suivi de ses cohortes
Veut regner, triompher et planter dedans toy
L'estendart glorieux, l'auriflam de la foy.
Valeureux chevaliers, non de la Table ronde,
10 Mais qui estes, devant les fondemens du monde,
Au roolle des esleus, allez, suivez de rang
Le fidelle, le vray, monté d'un cheval blanc.
Le paradis est prest, les Anges sont vos guides ;
Les feux qui vous brusloyent vous ont rendus candides ;
15 Tesmoins de l'Eternel, de gloire soyez ceints,
Vestus de crespe net, la justice des Saincts,
De ceux qui à Satan la bataille ont livree,
Robe de nopce ou bien casaque de livree.
    Condui mon œuvre, ô Dieu ! à ton nom, donne moy
20 Qu'entre tant de martyrs, champions de la foy,
De chasque sexe, estat ou aage, à ton sainct temple
Je puisse consacrer un tableau pour exemple.
    Dormant sur tel dessein, en mon esprit ravi
J'eus un songe au matin, parmi lequel je vi
25 Ma conscience en face, ou au moins son image,
Qui au visage avoit les traicts de mon visage.
Elle me prend la main en disant : « Mais comment
De tant de dons de Dieu ton foible entendement
Veut-il faire le choix ? oses-tu bien eslire

Quelques martyrs choisis, leur triomphe descrire,
Et laisser à l'oubli comme moins valeureux
Les vainqueurs de la mort, comme eux victorieux ?
J'ai peur que cette bande ainsi par toy choisie
Serv' au style du siecle et à la poesie,
Et que les rudes noms, d'un tel style ennemis,
Ayent entre les pareils la difference mis. »
   Je responds : « Tu sçais bien que mentir je ne t'ose,
Mirouër de mon esprit; tu as touché la cause
La premiere du choix, joint que ma jeun' ardeur
A de ce haut dessein espoinçonné mon cœur,
Pour au siecle donner les boutons de ces choses
Et l'envoyer ailleurs en amasser les roses.
Que si Dieu prend à gré ces premices, je veux
Quand mes fruicts seront meurs lui payer d'autres vœux,
Me livrer aux travaux de la pesante histoire,
Et en prose coucher les hauts faits de sa gloire :
Alors ces heureux noms sans eslite et sans choix
Luiront en mes escrits plus que les noms des Rois. »
Ayant fait cette paix avec ma conscience,
Je m'advance au labeur avec cette asseurance
Que, plus riche et moins beau, j'escris fidellement
D'un style qui ne peut enrichir l'argument.
   Ames dessous l'autel victimes des idoles,
Je preste à vos courroux le fiel de mes paroles,
En attendant le jour que l'Ange delivrant
Vous aille les portaux du paradis ouvrant.
   De qui puis-je choisir l'exemple et le courage ?
Tous courages de Dieu. J'honorerai vostre aage,
Vieillards, de qui le poil a donné lustre au sang,
Et de qui le sang fut decoré du poil blanc :
Hus, Hierome de Prague, images bien cognues
Des tesmoins que Sodome a trainé par ses rues
Couronnez de papier, de gloire couronnés
Par le siege qui a d'or mitrés et ornés
Ceux qui n'estoyent pasteurs qu'en papier et en titres,
Et aux evesques d'or fait de papier les mitres.
Leurs cendres qu'on jetta au vent, en l'air, en l'eau
Profiterent bien plus que le puant monceau
Des charognes des grands que, morts, on emprisonne
Dans un marbr' ouvragé : le vent leger nous donne

De ces graines par tout; l'air presqu'en toute part
Les esparpille, et l'eau à ses bords les depart.
   Les pauvres de Lyon avoyent mis leur semence
Sur les peuples d'Alby; l'invincible constance
75 Des Albigeois, frappez de deux cent mille morts,
S'espandit par l'Europe, et en peupla ses bords.
L'Angleterre eut sa part, eut Gerard et sa bande,
Condamnez de mourir à la rigueur plus grande
De l'impiteux hyver, sans que nul cœur esmeu
80 Leur osast donner pain, eau, ni couvert ni feu.
Ces dix huict tous nuds, à Londres, par les ruës,
Ravirent des Anglois les esprits et les veuës,
Et chanterent ce vers jusqu'au point de mourir :
« Heureux qui pour justice a l'honneur de souffrir ! »
85   Ainsi la verité, par ces mains devoilee,
Dans le Septentrion estendit sa volee;
Dieu ouvrit sa prison et en donna la clef,
La clef de liberté, à ce vieillard Wiclef :
De luy fut l'ouverture aux tesmoins d'Angleterre,
90 Encor' plus honnoree en martyre qu'en guerre.
   Là on vid un Bainam qui de ses bras pressoit
Les fagots embrasez, qui mourant embrassoit
Les outils de sa mort, instrumens de sa gloire,
Baisant, victorieux, les armes de victoire :
95 D'un celeste brasier ce chaut brasier esmeu
Renflamma ces fagots par la bouche de feu.
   Fricht apres l'imita, quand sa main deliee
Fut au secours du feu; il print une poignee
De bois et la baiza, tant luy semblerent beaux
100 Ces eschellons du ciel comm' ornemens nouveaux.
   Puis l'Eglise accoucha comme d'une ventree
De Thorp, de Beuverland, de l'invaincu Sautree,
Les uns doctes prescheurs, les autres chevaliers,
Tous à droit couronnés de celestes lauriers.
105   Bien que trop de hauteur esbranlast ton courage
(Comme les monts plus hauts souffrent le plus d'orage),
Ta fin pourtant me fait en ce lieu te nommer,
Excellent conseiller et grand primat Krammer.
Pour ta condition plus haute et plus aimable
110 La vie te fut douce et la mort detestable.
   A quoi semblent les cris dont esclattent si fort

Ceux qui à col retors sont trainez à la mort,
Sinon aux plaintes qu'ont les enfans à la bouche
Quand ils quittent le jeu pour aller à la couche ?
115 Les laboureurs lassez trouvent bien à propos
Et plus doux que le jeu de temps de leur repos.
Ainsi ceux qui sont las des langoureuses vies
Sont ravis de plaisir quand elles sont ravies ;
Mais ceux de qui la vie a passé comme un jeu,
120 Ces cœurs ne sont point cœurs à digerer le feu.
C'est pourquoy de ces grands les noms dedans ce temple
Ne sont pour leur grandeur, mais pour un rare exemple,
Rare exemple de Dieu, quand par le chas estroict
D'un' aiguille il enfile un cable qui va droict.
125   Poursuivons les Anglois qui de succez estranges
Ont fait nommer leur terre à bon droict terre d'Anges.
Tu as ici ton rang, ô invincible Haux !
Qui pour avoir promis de tenir les bras hauts
Dans le milieu du feu, si du feu la puissance
130 Faisoit pláce à ton zele et à ta souvenance :
Sa face estoit bruslee, et les cordes des bras
En cendres et charbons estoyent cheutes en bas,
Quand Haux, en octroyant aux freres leur requeste,
Des os qui furent bras fit couronne à sa teste.
135   O quels cœurs tu engendres ! ô quels cœurs tu nourris,
Isle saincte, qui eus pour nourrisson Norris !
On dit que le chrestien qui à gloire chemine
Va le sentier estroit qui est jonché d'espine :
Cettuy-ci sans figure a, pieds nus, cheminé
140 De l'huis de sa prison au supplice ordonné.
Sur ces tapis aigus ainsi jusqu'à sa place
A ceux qui la suivront il a rougi la trace,
Vraye trace du ciel, beau tapis, beau chemin,
A qui veut emporter la couronne à la fin :
145 Le pieds devienent cœur, l'ame du ciel apprise
Fait mespriser les sens, quand le ciel les meprise.
    Dieu vid en mesme temps (car le prompt changement
De cent ans, de cent lieux ne luy est qu'un moment)
Deux rares cruautez, deux constances nouvelles
150 De deux cœurs plus que d'homme en sexe de femelles,
Deux cœurs chrestiens anglois, deux precieux tableaux,
Deux spectacles piteux, mais specieux et beaux.

L'une croupit long temps en la prison obscure,
Contre les durs tourmens elle fut la plus dure;
155 Elle fit honte au Diable et aux noires prisons;
Elle alloit appuyant d'exemple et de raisons
Les esprits defaillans; nul inventeur ne treuve
Nul tourment qui ne soit surmonté par Askeuve.
Quand la longueur du temps, la laide obscurité
160 Des cachots eut en vain sondé sa fermeté,
On presente à ses yeux l'espouvantable gehenne,
Et elle avoit pitié en souffrant de la peine
De ces faux justiciers, qui ayans essayé
Sur son corps delicat leur courroux desployé,
165 Elle se teut; et lors furent bien entendues
Au lieu d'elle crier les cordes trop tendues,
Achevé tout l'effort de tout leur appareil,
Non pas troublé d'un pleur le lustre de son œil :
Œil qui fiché au ciel, au tourment qui la tue
170 Ne jette un seul regard pour eslongner sa veuë
Du seul bien qu'elle croid, qu'elle aspire et pretend.
Le juge se despite, et luy mesme retend
La corde à double nœud; il met à part sa robe,
L'inquisiteur le suit; la passion desrobe
175 La pitié de leurs yeux; ils vienent remonter
La gehenne, tourmentez en voulant tourmenter;
Ils dissipent les os, les tendons et les veines,
Mais ils ne touchent point à l'ame par les geines.
La foy demeure ferme et le secours de Dieu
180 Mit les tourmens à part, le corps en autre lieu;
Sa plainte seulement encor ne fut ouïe,
Hors l'ame toute force en elle esvanouïe.
Le corps fut emporté des prisons comme mort.
Les membres defaillans, l'esprit devint plus fort
185 Du lict elle instruisit et consola ses freres
Du discours animé de ses douces miseres.
La vie la reprit et la prison aussi;
Elle acheva le tout, car aussi tost voici :
Pour du faux justicier couronner l'injustice,
190 De gloire le martyre, on dresse le supplice.
Quatre martyrs trembloyent au nom mesme du feu,
Elle leur departit des presens de son Dieu;
Avec son ame encor elle mena ces ames

Pour du feu de sa foy vaincre les autres flammes.
195 « Où est ton aiguillon ? où est ce grand effort ?
O Mort ! où est ton bras ? (disoit-elle à la mort),
Où est ton front hideux, dequoy tu espouvantes
Les hures des sangliers, les bestes ravissantes ?
Mais c'est ta gloire, ô Dieu, il n'y a rien de fort
200 Que toy, qui sçais tuer la peine avec la mort.
Voici les cieux ouverts, voici son beau visage ;
Freres, ne tremblez pas ; courage, amis, courage ! »
Elle disoit ainsi, et le feu violent
Ne brusloit pas encor son cœur en la bruslant ;
205 Il court par ses costés ; en fin, leger, il vole
Porter dedans le ciel et l'ame et la parole.
   Or l'autre avec sa foy garda aussi le rang
D'un esprit tout royal, comme royal le sang.
Un royaume est pour elle, un autre Roy luy donne
210 Grace de mespriser la mortelle couronne
En cerchant l'immortelle, et luy donna les yeux
Pour troquer l'Angleterre au royaume des cieux :
Car elle aima bien mieux regner sur elle mesme,
Plustost que vaincre tout surmonter la mort blesme.
215 Prisonniere ça bas, mais princesse là haut,
Elle changea son throne empour un eschafaut,
Sa chaire de parade en l'infime sellete,
Son carrosse pompeux en l'infame charrette,
Ses perles d'Orient, ses brassarts esmaillez
220 En cordeaux renouëz et en fers tous rouïllez.
Ce beau chef couronné d'opprobres et d'injures
Et ce corps enlassé de chaines pour ceintures
Par miracle fit voir que l'amour de la croix
Au sang des plus chetifs mesla celui des Rois.
225 Le peuple gemissant portoit part de sa peine
En voyant, demi mort, mourir sa jeune Reine,
Qui dessus l'eschaffaut se voyant seulement
Ses gants et son livret pour faire testament,
Elle arrache ses mains et maigres et menues
230 Des cordes avec peine, et de ses deux mains nues
Fit present de ses gants à sa dame d'atour,
Puis donna son livret aux gardes de la tour
Avec ces mots escrits : « Si l'ame deschargee
Du fardeau de la terre, au ciel demi changee,

LES FEUX 171

235 Prononce verité sur le sueil du repos,
Si tu fais quelque honneur à mes derniers propos,
Et lors que mon esprit, pour le monde qu'il laisse
Desja vivant au ciel, tout plein de sa richesse,
Doit monstrer par la mort qu'il aime verité,
240 Pren ce dernier present, seau de ma volonté.
C'est ma main qui t'escrit ces dernieres paroles :
Si tu veux suyvre Dieu, fuy de loin les idoles,
Hay ton corps pour l'aimer, aprens à le nourrir
De façon que pour vivre il soit prest de mourir,
245 Qu'il meure pour celuy qui est rempli de vie,
N'ayant pourtant de mort ni crainte ni envie ;
Tousjours regle à la fin de ton vivre le cours,
Chascun de tes jours tende au dernier de tes jours ;
De qui veut vivre au ciel l'aise soit la souffrance
250 Et le jour de la mort celui de la naissance. »
    Ces doigts victorieux ne graverent ceci
En cire seulement, mais en l'esprit aussi :
Et faut que ce geolier, captif de sa captive,
Bien tost à mesme cause et mesme fin la suive.
255   Achevant ces presens, l'executeur vilain
Pour la joindre au posteau voulut prendre sa main :
Ell' eut horreur de rompre encor la modestie
Qui jusqu'au beau mourir orna sa belle vie ;
Ell' apprehenda moins la mort et le couteau
260 Que le sale toucher d'un infame bourreau ;
Elle appelle au secours ses pasles damoiselles
Pour descouvrir son col ; ces fillettes, nouvelles
Au funeste mestier, ces piteux instrumens
Sentirent jusqu'au vif leur part de ses tourmens.
265   Cesar, voyant, sentant sa poictrine blessee
Et non sa gravité par le fer abaissee,
Le sein et non l'esprit par les coups enferré,
Le sang plus tost du corps que le sens retiré,
Par honneur abria de sa robe percee
270 Et son cœur offensé et sa grace offensee :
Et ce cœur d'un Cesar, sur le sueil inhumain
De la mort, choisissoit non la mort mais la main.
Les mains qui la paroyent la parerent encore.
Sa grace et son honneur, quand la mort la devore,
275 N'abandonnent son front : elle prend le bandeau,

Par la main on l'amene embrasser le posteau,
Elle demeure seule en agneau despouillee.
La lame du bourreau de son sang fut mouillee :
L'ame s'en vole en haut, les Anges gracieux
280 Dans le sein d'Abraham la ravirent aux cieux.
 Le ferme doigt de Dieu tint celui de Bilnee,
Qui à sa penultieme et craintive journee
Voulut prouver au soir s'il estoit assez fort
Pour endurer le feu instrument de la mort.
285 Le geolier, sur le soir, en visitant le treuve
Faisant de la chandelle et du doigt son espreuve :
Ce feu lent et petit, d'indicible douleur,
A la premiere fois lui affoiblit le cœur,
Mais apres il souffrit brusler à la chandelle
290 La peau, la chair, les nerfs, les os et la moëlle.
 Le vaillant Gardiner me contraint cette fois
D'animer mon discours de ce courage anglois.
Tout son sang escuma lui reprochant son aise
En souffrant adorer l'idole portugaise.
295 Au magnifique apprest des nopces d'un grand Roy
La loy de Dieu luy fit mettre aux pieds toute loy,
Toute crainte et respect, les tourmens et sa vie,
Et puis il mit aux pieds et l'idole et l'hostie
Du cardinal sacrant : là entre mille fers
300 Il desdaigna le front des portes des enfers.
Il vainquit, en souffrant les peines les plus dures.
Les serfs des questions il lassa de tortures :
Contre sa fermeté rebouscha le tourment,
Le fer contre son cœur de ferme diamant;
305 Il avalla trois fois la serviette sanglante,
Les yeux qui le voyoyent souffroyent peine evidente;
Il beut plus qu'en humain les inhumanités,
Et les supplices lents finement inventés.
On le traine au supplice, on coupe sa main dextre,
310 Il la porte à la bouche avec sa main senestre,
La baise; l'autre poing luy est couppé soudain,
Il met la bouche à bas et baise l'autre main.
Alors il est guindé d'une haute poulie,
De cent nœuds à cent fois son ame se deslie,
315 On brusle ses deus pieds : tant qu'il eut le sentir
On cerche sans trouver en luy le repentir.

LES FEUX 173

La mort à petit feu lui oste son escorce,
Et lui à petit feu oste à la mort la force.
  Passeray-je la mer de tant de longs propos
320 Pour enrooller ici ceux-là qui en repos
Sont morts sur les tourmens des geinnes debrizantes,
Par la faim sans pitié, par les prisons puantes,
Les tenailles en feu, les enflambés tonneaux,
Les pleurs d'un jeune Roy ? Trois Agnez, trois agneaux !
325 Ailleurs nous cueillerons ces fleurons d'Angleterre,
Lions qui ont fait voir aux peuples de la terre
Des Anges en vertus; mais ces vainqueurs Anglois
Me donneront congé de destourner ma voix
Aux barbares esprits d'une terre deserte.
330 Dieu poursuivit Satan et lui fit guerre ouverte
Jusques en l'Amerique, où ces peuples nouveaux
Ont esté spectateurs des faits de nos bourreaux.
Leurs flots ont sçeu noyer, ont servi de supplices,
Et leurs rochers hautains presté leurs precipices :
335 Ces aigneaux eslongnez en ce sauvage lieu
N'estoyent pas esgarés, mais dans le sein de Dieu;
Lors qu'eslevés si haut leurs languissantes veuës
Vers leur païs natal furent de loin tenduës,
Leurs desseins impuissans, pour n'estre assez legers,
340 Eurent secours des vents; ces ailez messagers
En apporterent l'air aux rives de la France.
La mer ne devora le fruict de leur constance.
Ce n'est en vain que Dieu desploya ses thresors
Des bestes du Bresil aux solitaires bords,
345 Afin qu'il n'y ait cœur ni ame si sauvage
Dont l'oreille il n'ait peu frapper de son langage.
  Mais l'œil du Tout-puissant fut en fin r'amené,
Aux spectacles d'Europe : il la vit, retourné,
A soy mesme estrangere, à ses bourgeois affreuse,
350 De ses meurtres rouïllee et des brasiers fumeuse.
Son premier object fut un laboureur caché,
Treize mois par moitié en un cachot panché,
Duquel la voute estroitte avoit si peu de place
Qu'entre ses deux genoux elle ployoit la face
355 Du pauvre condamné : ce naturel trop fort
Attendit treize mois la trop tardive mort.
  Venot, quatre ans lié, fut en fin six semaines

En deux vaisseaux pointus, continuelles geinnes;
Ses deux pieds contremont avoyent ployé leurs os;
360 En si rude posture il trouva du repos.
On vouloit desrober au public et aux veuës
Une si claire mort, mais Dieu trouva les gruës
Et les tesmoins d'Irus. Il demandoit à Dieu
Qu'au bout de tant de maux il peust au beau milieu
365 Des peuples l'annoncer, en monstrant ses merveilles
Aux regards aveuglez et aux sourdes oreilles.
Non que son cœur vogast aux flots de vanité,
Mais bruslant il faloit luire à la verité.
L'homme est un cher flambeau, tel flambeau ne s'alume
370 Afin que sous le muys sa lueur se consume.
Le ciel du triomphant fut le dais, le soleil
Y presta volontiers les faveurs de son œil;
Dieu l'ouït, l'exauça, et sa peine cachee
N'eust peu jamais trouver heure mieux recerchee :
375 Il fut la belle entree et spectacle d'un Roy,
Ayant Paris entier spectateur de sa foy.

Dieu des plus simples cœurs estoffa ses louanges,
Faisant revivre au ciel ce qui vivoit aux fanges.
Il mit des cœurs de Rois aux seins des artisans,
380 Et aux cerveaux des Rois des esprits de paisans;
Il se choisit un Roy d'entre les brebiettes;
Il frape un Pharaon par les mouches infectes;
Il esveilla celuy dont les discours si beaux
Donnerent cœur aux cœurs des quatorze de Meaux,
385 Qui (en voyant passer la charrette enchainee
En qui la saincte troupe à la mort fut menee)
Quitta là son mestier, vint les voir, s'enquerir,
Puis, instruict de leur droict, les voulut secourir,
Se fit leur compagnon, et en fin il se jette,
390 Pour mourir avec eux, luy mesme en la charrette.

C'est Dieu qui point ne laisse au milieu des tourments
Ceux qui souffrent pour lui : les cieux, les elements
Sont serfs de cettuy-là qui a ouy le langage
Du paumier d'Avignon, logé dans une cage
395 Suspendue au plus haut de la plus haute tour.
La plus vive chaleur du plus chaud et grand jour,
Et la nuict de l'hyver la plus froide et cuisante
Lui furent du printemps une haleine plaisante,

LES FEUX 175

L'appuy le plus douillet de ses rudes carreaux
400 Estoit le fer trenchant des endurcis barreaux :
Mais quand c'est pour son Dieu que le fidele endure
Lors le fer s'amolit ou sa peau vient plus dure.
Sur ce corps nud la bise attiedit ses glaçons,
Sur sa peau le soleil rafraichit ses rayons :
405 Tesmoin deux ans six mois qu'en chaire si hautaine
Ce prescheur effraya ses juges de sa peine.
De vers continuels, joyeux, il loüoit Dieu.
S'il s'amassoit quelqu'un pour le voir en ce lieu
Sa voix forte preschoit, le franc et clair ramage
410 Des pures veritez sortoit de cette cage;
Mais sur tout on oyoit ses exhortations
Quand l'idole passoit en ses processions
Sous les pieds de son throne, et le peuple prophane
Trembloit à cette voix plus qu'à la tramontane.
415 Les hommes cauteleux vouloyent laisser le tort
De l'inique sentence et de l'injuste mort
Au ciel, aux vents, aux eaux, que de l'air les injures
Servissent de bourreaux; mais du ciel les mains pures
Se ployerent au sein, et les trompeurs humains
420 Parfirent le procez par leurs impures mains,
Au bout de trente mois estouffant cette vie
Qu'ils voyoyent par les cieux trop longuement cherie :
Mains que contre le ciel arment les mutinez
Quand la faveur du ciel couvre les condamnez.
425 Non pas que Dieu ne puisse accomplir son ouvrage,
Mais c'est pour reprocher à ces mutins leur rage.
  Les Lyonnois ainsi resisterent à Dieu,
Lors que deux freres saincts se virent au milieu
Des feux estincelans, où le ciel et la terre
430 Par contraires desseins se livrerent la guerre.
Un grand feu fut pour eux aux Terreaux preparé,
Chacun donna du bois, dont l'amas asserré
Sembloit devoir pousser la flamme et la fumee
Pour rendre des hauts cieux la grand' voute allumee.
435 Ce qui fit monstrueux ce monceau de fagots,
C'est que les Jacopins, envenimez cagots,
Crioyent, vrais escoliers du meurtrier Dominique :
Bruslons mesme le ciel, s'il fait de l'heretique !
Ces deux frères prioyent quand, pour rompre leur voix,

440 Le peuple forcenant porta le feu au bois :
Le feu leger s'enleve et bruyant se courrouce,
Quand contre luy un vent s'esleve et le repousse,
Mettant ce mont, du feu et sa rage, à l'escart :
Les freres achevans leurs prieres à part
445 Demeurent sans ardeur. La priere finie,
Le vulgaire animé entreprend sur leur vie,
Perce de mille coups des fideles les corps,
Les couvre de fagots : ceux qu'on tenoit pour morts,
Quand le feu eut bruslé leurs cables, se leverent,
450 Et leurs poulmons bruslans, pleins de feu, s'escrierent
Par plusieurs fois : *Christ, Christ !* et ce mot, bien sonné
Dans les costes sans chair, fit le peuple estonné :
Contre ces faits de Dieu, dont les spectateurs vivent,
Estonnez, non changez, leurs fureurs ils poursuivent.
455 Autres cinq de Lyon, liez de mesmes nœuds,
Ne furent point dissous par les fers et les feux.
Au fort de leurs tourmens ils sentirent de l'aise,
Franchise en leurs liens, du repos en la braise.
L'amitié dans le feu vous sçeut bien embrazer,
460 Vous baisates la mort tous cinq d'un sainct baiser,
Vous baizates la mort : cette mort gracieuse
Fut de vostre union ardemment amoureuse.
 C'estoyent (ce diroit-on) des hommes endurcis,
Accablez de labeurs et de poignans soucis ;
465 Mais cerchons d'autres cœurs nez et nourris plus tendres,
Voyons si Dieu les peut endurcir jusqu'aux cendres ;
Que rien ne soit exempt en ce terrestre lieu
De la force, du doigt, des merveilles de Dieu !
 Heureuse Graveron qui ne sceus ton courage,
470 Qui ne conus ton cœur non plus que ton voyage !
L'hommage fut à Dieu, qu'en vain tu aprestois
A un vain cardinal, ce fut au Roy des Rois,
Qui en ta foy mimorte, en ame si craintive
Trouva si brave cœur et une foy si vive.
475 Dieu ne donne sa force à ceux qui sont si forts,
Le present de la vie est pour les demi-morts.
Il depart les plaisirs aux vaincus de tristesse,
L'honneur aux plus honteux, aux pauvres la richesse.
 Cette-ci, en lisant avec frequents souspirs
480 L'incroyable constance et l'effort des martyrs,

Doutoit la verité en mesurant la crainte :
L'esprit la visita, la crainte fut esteinte.
Prise, elle abandonna dés l'huis de sa prison
Pour les raisons du ciel la mondaine raison.
485 Sa sœur la trouve en pleurs finissant sa priere,
Elle, en se relevant, dit en telle maniere :
« Ma sœur, vois-tu ces pleurs, vois-tu ces pleurs, ma sœur ?
Ces pleurs sont toute l'eau qui me restoit au cœur :
Ce cœur ayant jetté son humide foiblesse,
490 Tout feu, saute de joye et volle d'allegresse. »
La brave se para au dernier de ses jours,
Disant : « Je veux jouïr de mes sainctes amours;
Ces joyaux sont bien peu, l'ame a bien autre gage
De l'espoux qui lui donne un si haut mariage. »
495   Son visage luisit de nouvelle beauté
Quand l'arrest lui fut leu. Le bourreau présenté,
Deux qui l'accompagnoyent furent pressez de tendre
Leurs langues au couteau; ils les vouloyent deffendre
Aux termes de l'arrest; elle les mit d'accord,
500 Disant : « Le tout de nous est sacré à la mort :
N'est-ce pas bien raison que les heureuses langues
Qui parlent avec Dieu, qui portent les harangues
Au sein de l'Eternel, ces organes que Dieu
Tient pour les instrumens de sa gloire en ce lieu,
505 Qu'elles, quand tout le corps à Dieu se sacrifie,
Sautent dessus l'autel pour la premiere hostie ?
Nos regards parleront, nos langues sont bien peu
Pour l'esprit qui s'explique en des langues de feu. »
Les trois donnent leur langue, et la voix on leur bouche :
510 Les paroles de feu sortirent de leur bouche,
Chaque goutte de sang que le vent fit voller
Porta le nom de Dieu et aux cœurs vint parler;
Leurs regards violens engraverent leurs zeles
Aux cœurs des assistans hors-mis des infideles.
515   Le feu tant mesprizé par ces cœurs indomptez
Fit à ces leopards changer de cruautez,
Et, pour tout esprouver, les inventeurs infames
Par un exquis supplice enterrerent les femmes,
Qui, vives, sans paslir et d'un cœur tout nouveau,
520 D'un œil non effrayé regardoyent leur tombeau,
Prenoyent à gré la mort dont cette gent faussaire

Diffamoit l'estomac de la terre leur mere.
Le feu avoit servi tant de fois à brusler,
Ils avoyent fait mourir par la perte de l'air,
525 Ils avoyent changé l'eau à donner mort par elle :
Il faloit que la terre aussi fust leur bourrelle.
  Parmi les roolles saincts, dont les noms glorieux,
Reproches de la terre, ont esjouy les cieux,
Je veux tirer à part la constante Marie,
530 Qui voyant en mespris le tombeau de sa vie
Et la terre et le coffre et les barres de fer
Où elle alloit le corps et non l'ame estouffer :
« C'est, ce dit elle, ainsi que le beau grain d'eslite
Et s'enterre et se seme afin qu'il ressuscite.
535 Si la moitié de moy pourrit devant mes yeux,
Je diray que cela va le premier aux cieux;
La belle impatience et le desir du reste,
C'est de haster l'effect de la terre celeste.
Terre, tu es legere et plus douce que miel,
540 Saincte terre, tu es le droict chemin du ciel. »
Ainsi la noire mort donna la claire vie,
Et le ciel fut conquis par la terre à Marie.
  Entre ceux dont l'esprit peut estre traversé
De l'espoir du futur, du loyer du passé,
545 Du Bourg aura ce rang : son cœur pareil à l'aage,
A sa condition l'honneur de son courage,
Son esprit indompté au Seigneur des Seigneurs
Sacrifia son corps, sa vie et ses honneurs.
Des promesses de Dieu il vainquit les promesses
550 Des Rois, et, sage à Dieu, des hommes les sagesses.
En allant à la mort, tout plein d'authorité
Il prononça ces mots : « O Dieu de verité,
Monstre à ces juges faux leur stupide ignorance,
Et je prononceray, condamné, leur sentence.
555 Vous n'estes, compagnons, plus juges, mais bourreaux,
Car en nous ordonnant tant de tourmens nouveaux
Vous prestez vostre voix : vostre voix inhumaine
Souffre peine en donnant la sentence de peine,
Comme à l'executeur le cœur s'oppose en vain
560 Au coup forcé qui sort de l'execrable main.
Sur le siege du droict vos faces sont transies
Quand, demi-vifs, il faut que vous ostiez les vies

LES FEUX

Qui seules vivent bien : je pren tesmoins vos cœurs
Qui de la conscience ont resenti les pleurs ;
565 Mais ce pleur vous tourmente et vous est inutile,
Et ce pleur n'est qu'un pleur d'un traistre crocodile.
La crainte vous domine, ô juges criminels !
Criminels estes vous, puis que vous estes tels.
Vous dites que la loy du Prince publiee
570 Vous a lié les mains : l'ame n'est pas liee ;
Le front du juge droict, son severe sourci
Deust-il souffrir ces mots : *le Roy le veut ainsi?*
Ainsi as-tu, tyran, par ta fin miserable
En moy fini le coup d'un regne lamentable. »

575   Dieu l'avoit abatu, et cette heureuse mort
Fut d'un persecuteur tout le dernier effort :
Il avoit fait mentir la superbe parole,
Et fait voler en vain le jugement frivole
De ce Roy qui avoit juré que de ses yeux
580 Il verroit de du Bourg et la mort et les feux.
Mais il faut advouër que pres de la bataille
Ce cœur tremblant revint à la voix d'une Caille,
Pauvre femme, mais riche, et si riche que lors
Un plus riche trouva l'aumosne en ses thresors.
585   O combien d'efficace est la voix qui console,
Quand le conseiller joinct l'exemple à la parole,
Comme fit celle-là qui, pour ainsi prescher,
Fit en ces mesmes jours sa chaire d'un buscher !
    Du Bourg pres de la mort, sans qu'un visage blesme
590 L'habillast en vaincu, se devestit soy-mesme
La robe, en s'escriant : « Cessez vos bruslemens,
Cessez, ô senateurs ! tirez de mes tourmens
De profit, le dernier, de changer de courage
En repentance à Dieu. » Puis tournant son visage
595 Au peuple, il dit : « Amis, meurtrier je ne suis point ;
C'est pour Dieu l'immortel que je meurs en ce poinct. »
Puis comme on l'eslevoit, attendant que son ame
Laissast son corps heureux au licol, à la flamme :
« Mon Dieu, vray juge et pere, au milieu du trespas
600 Je ne t'ay point laissé, ne m'abandonne pas :
Tout-puissant, de ta force assiste ma foiblesse ;
Ne me laisse, Seigneur, de peur que je te laisse. »
    O François, ô Flamens, (car je ne fay de vous

Qu'un peuple, qu'une humeur, peuple benin et doux)
605 De vos braves tesmoins nos histoires sont pleines!
Anvers, Cambray, Tournay, Mons et Valenciennes,
Pourrois-je desployer vos morts, vos bruslemens,
Vos tenailles en feu, vos vifs enterremens!
Je ne fay qu'un indice à un plus gros ouvrage,
610 Auquel vous ne pourrez qu'admirer d'avantage
Comment ce peuple tendre a trouvé de tels cœurs,
Si fermes en constance ou si durs en rigueurs :
 Mais Dieu voulut encor à sa gloire immortelle
Prescher dans l'Italie et en Rome infidele,
615 Donner à ces felons les cœurs de ses agneaux
Pour mourir par leurs mains, prophetes de leurs maux.
Vous avez veu du cœur, voulez-vous de l'adresse,
Et voir le fin Satan vaincu par la finesse?
 Montalchine, l'honneur de Lombardie, il faut
620 Qu'en ce lieu je t'esleve un plus brave eschafaut
Que celui sur lequel, aux portes du grand temple,
Tu fus martyr de Dieu et des martyrs l'exemple.
 L'Antechrist descouvrant que peu avoyent servi
Les vies que sa main au jour avoit ravi,
625 Voyant qu'aux lieux publics de Dieu les tesmoignages,
Au lieu de donner peur, redoubloyent les courages,
Resolut de cacher ses meurtres desormais
De la secrette nuict sous les voiles espais.
Le geolier qui alors detenoit Montalchine,
630 Voyant que contre lui l'injustice machine
Une secrette mort, l'en voulut advertir.
Ce vieil soldat de Christ feignit un repentir,
Fait ses juges venir et apres la sentence
Leur promet d'annoncer l'entiere repentance
635 De ses fausses erreurs, et que publicquement
Il se desisteroit de ce que faussement
Il avoit enseigné. On asseura sa vie,
Et sa promesse fut de promesses suivies.
Or, pour tirer de luy un plus notable fruict,
640 On publia par tout sur les aisles du bruit
L'heure et le lieu choisi : chacun vient pour s'instruire,
Et Montalchine fut conduict pour se desdire
Sur l'eschafaut dressé. Là du peuple il fut veu
En chemise, tenant deux grands torches en feu;

645 Puis ayant obtenu l'oreille et le silence
D'un grand peuple amassé, en ce poinct il commence :
« Mes freres en amour, et en soin mes enfans,
Vous m'avez escouté des-ja par divers ans
Preschant et enseignant une vive doctrine,
650 Qui a troublé vos sens : voyez ci Montalchine,
Lequel, homme et pecheur suject à vanité,
Ne peut avoir tousjours prononcé verité :
Vous orrez sans murmure à la fin la sentence
Des deux opinions et de leur difference.
655 « Trois mots feront par tout le vray departement
Des contraires raisons : *seul, seule* et *seulement.*
J'ay presché que Jesus nous est *seul* pour hostie,
Seul sacrificateur, qui *seul* se sacrifie :
Les docteurs autrement disent que le vray corps
660 Est sans pain immolé pour les vifs et les morts,
Que nous avons besoin que le prestre sans cesse
Resacrifie encor Jesus Christ en la messe.
J'ay dict que nous prenons, prenans le sacrement,
Cette manne du ciel par la foy *seulement :*
665 Les docteurs, que le corps en chair et en sang entre.
Ayant souffert les dents, aux offices du ventre.
J'ay dit que Jesus *seul* est nostre intercesseur,
Qu'à son Pere l'accez par luy *seul* nous est seur :
Les docteurs disent plus, et veulent que l'on prie
670 Les saincts mediateurs et la Vierge Marie.
J'ay dit qu'en la foy *seule* on est justifié,
Et qu'en la *seule* grace est le salut fié :
Les docteurs autrement, et veulent que l'on face
Les œuvres pour aider et la foy et la grace.
675 J'ay dit que Jesus *seul* peut la grace donner,
Qu'autre que luy ne peut remettre et pardonner :
Eux que le Pape tient sous ses clefs et puissances
Tous thresors de l'Eglise et toutes indulgences.
J'ay dit que l'Ancien et Nouveau Testament
680 Sont la *seule* doctrine et le *seul* fondement :
Les docteurs veulent plus que ces regles certaines,
Et veulent adjouster les doctrines humaines.
J'ay dict que l'autre siecle a deux lieux *seulement*,
L'un le lieu des heureux, l'autre lieu de tourment :
685 Les docteurs trouvent plus et jugent qu'il faut croire

Le limbe des enfans, des grands le purgatoire.
J'ai presché que le Pape en terre n'est point Dieu
Et qu'il est *seulement* evesque d'un *seul* lieu :
Les docteurs, luy donnans du monde la maistrise,
690 Le font visible chef de la visible Eglise.
Le tyran des esprits veut nos langues changer
Nous forçant de prier en langage estranger :
L'esprit distributeur des langues nous appelle
A prier *seulement* en langue naturelle.
695 C'est cacher la chandelle en secret sous un muy :
Qui ne s'explique pas est barbare à autruy,
Mais nous voyons bien pis en l'ignorance extreme
Que qui ne s'entend pas est barbare à soy mesme.
  « O chrestiens, choisissez : vous voyez d'un costé
700 Le mensonge puissant, d'autre la verité;
D'une des parts l'honneur, la vie et recompense,
De l'autre ma premiere et derniere sentence;
Soyez libres ou serfs sous les dernieres loix
Ou du vray ou du faux. Pour moy, j'ay fait le choix :
705 Vien Evangile vray, va-t'en fausse doctrine !
Vive Christ, vive Christ ! et meure Montalchine ! »
  Les peuples tous esmeus commençoyent à troubler :
Il jette gayement ses deux torches en l'air,
Demande les liens, et cette ame ordonnee
710 Pour l'estouffer de nuict triomphe de journee.
  Tels furent de ce siecle en Sion les agneaux,
Armez de la priere et non point des couteaux :
Voici un autre temps, quand des pleurs et des larmes
Israël irrité courut aux justes armes.
715 On vint des feux aux fers; lors il s'en trouva peu
Qui, de lions aigneaux, vinssent du fer au feu :
En voici qui la peau du fier lion poserent,
Et celle des brebis encores espouserent.
Marchons sur leurs desseins ainsi que sur leurs pas.
  Vous, Gastine et Croquet, sortez de vos tombeaux :
720 Ici je planteray vos chefs luisans et beaux;
Au milieu de vous deux je logeray l'enfance
De vostre commun fils, beau miroüer de constance.
Il se fit grand docteur en six mois de prisons.
Dans l'obscure prison, par les claires raisons
725 Il vainquit l'obstiné, redressa le debile;

Asseuré de sa mort il prescha l'Evangile.
L'escole de lumiere, en cette obscurité,
Donnoit aux enferrés l'entiere liberté.
Son ame, de l'enfer au paradis ravie,
730 Aux ombres de la mort eut la voix de la vie.
A Dieu il consacra sa premiere fureur :
Il fut vif et joyeux, mais la jeune verdeur
De son enfance tendre et l'aage coustumiere
Aux folles gayetés n'eut sa vigueur premiere
735 Qu'à consoler les bons, et s'esjouïr en Dieu.
Cette estoile si claire estoit au beau milieu
Des compagnons captifs, quand du sueil d'une porte
Il se haussa les pieds pour dire en cette sorte :
« Amis, voici le lieu d'où sortirent jadis,
740 De l'enfer des cachots dans le haut paradis,
Tant de braves tesmoins dont la mort fut la vie,
Les tormens les plaisirs, gloire l'ignominie.
Ici on leur donnoit nouvelle du trespas :
Marchons sur leurs desseins ainsi que sur leurs pas.
745 Nos pechez ont chassé tant de braves courages,
On ne veut plus mourir pour les saincts tesmoignages ;
De nous s'enfuit la honte et s'approche la peur :
Nous nous vantons de cœur et perdons le vray cœur.
Degenerez enfans, à qui la fausse crainte
750 Dans le foyer du sein glace la braize esteinte,
Vous perdez le vray bien pour garder le faux bien,
Vous craignez un exil qui est rien, moins que rien,
Et, pensans conserver ce que Dieu seul conserve,
Aux serfs d'iniquité vendez vostre ame serve.
755 Ou vous, qui balancez dans le choisir douteux
De l'un ou l'autre bien, conoissez bien les deux.
Vous perdez la richesse et vaine et temporelle ?
Choisissez, car il faut perdre le ciel ou elle ;
Vous serez appauvris en voulant servir Dieu :
760 N'estes vous point venus pauvres en ce bas lieu ?
Vous aurez des douleurs ? vos douleurs et vos doutes
Vous lairront sans douleur, ou vous les vaincrez toutes.
Car de cette tourmente il n'y a plus de port
Que les bras estendus du havre de la mort.
765 Cette mort, des payens bravement desprisee,
Quoy qu'elle fust d'horreurs fierement desguisee

N'espouvantoit le front, mais ils disoyent ainsi :
Si elle ne fait mieux elle oste le souci,
Elle esteint nos tourmens si mieux ne peut nous faire,
770 Et n'y a rien si doux pour estre necessaire.
L'ame cerche tousjours de sa prison les huis
D'où, pour petits qu'ils soyent, on trouve les pertuis.
Combien de peu de peine est grand'aise ensuyvie !
A moins de mal on sort que l'on n'entre en la vie.
775 La coustume rend douce une captivité,
Nous trouvons le chemin bref à la liberté :
L'amere mort rendra toute amertume esteinte;
Pour une heure de mort avoir vingt ans de crainte !
Tous les pas que tu fais pour entrer en ce port
780 Ce sont autant de pas au chemin de la mort.
Mais tu crains les tourmens qui à ta derniere heure
Te font mourir de peur avant que tu te meure ?
S'ils sont doux à porter la peine n'est qu'un jeu,
Ou s'ils sont violens ils dureront fort peu.
785 Ce corps est un logis par nous pris à loüage
Que nous devons meubler d'un fort leger mesnage,
Sans y clouër nos biens, car aprés le trespas
Ce qui est attaché nous ne l'emportons pas.
  « Toy donc, disoit Seneque, avec tes larmes feintes
790 Qui vas importunant le grand Dieu de tes plaintes,
Par toy tes maux sont maux, qui sans toy ne sont tels.
Pourquoy te fasches-tu ? car entre les autels
Où tu ouvres de cris ta poictrine entamee,
Où tu gaste le bois, l'encens et la fumee,
795 Venge-toy de tes maux, et au lieu des odeurs
Fais y fumer ton ame avec tous tes malheurs.
Par là ces braves cœurs devindrent autochires;
Les causes seulement manquoyent à leurs martyres;
Cet ignorant troupeau estoit precipité
800 De la crainte de craindre en l'autre extremité.
Sans sçavoir quelle vie iroit aprés leurs vies,
Ils mouroyent doucement pour leurs douces patries.
Par là Caton d'Utique et tant d'autres Romains
S'occirent, mais malheur ! car c'estoit par leurs mains.
805 Quels signalés tesmoins du mespris de la vie
De Lucresse le fer, les charbons de Porcie !
Le poison de Socrate estoit pure douceur :

Quel vin qui ait cerché la plus froide liqueur
Des glaçons enterrés, et quelle autre viande
810 De cent desguisemens se fit onc si friande ?
« Mais vous, qui d'autres yeux que n'avoyent les payens
Voyez les cieux ouverts, les vrais maux, les vrais biens,
Quels vains noms de l'honneur, de liberté, de vie
Ou d'aise vous ont peu troubler la fantaisie ?
815 Serfs de Satan le serf, estes vous en honneur ?
Aurez-vous liberté enchainans vostre cœur ?
Deslivrez-vous vos fils, vos filles et vos femmes,
Les livrant à la geinne, aux enfers et aux flammes ?
Si la prosperité dont le meschant jouït
820 Vous trompe et vous esmeut, vostre sens s'esblouit
Comme l'œil d'un enfant qui, en la tragedie,
Void un coquin pour Roy : cet enfant porte envie
Aux habits empruntez que, de peur de souïller,
Mesme à la catastrophe il faudra despouïller.
825 Ce meschant de qui l'heur à ton dueil tu compare
N'est pas en liberté, c'est qu'il court et s'esgare :
Car si tost qu'il pecha, en ce temps, en ce lieu,
Pour jamais il fut clos en la prison de Dieu.
Cette prison le suit quoy qu'il coure à la chasse,
830 Quoy que mille païs comme un Caïn il trasse,
Qu'il fende au gré du vent les fleuves et les mers ;
Sa conscience n'est sans cordes et sans fers.
Il ne faut esgaller à l'eternelle peine
Et aux souspirs sans fin un poinct de courte haleine.
835 Vous regardez la terre et vous laissez le ciel !
Vous sucez le poizon et vous crachez le miel !
Vostre corps est entier et l'ame est entamee !
Vous sautez dans le feu esquivans la fumee !
Haïssez les meschans, l'exil vous sera doux ;
840 Vous estes bannis d'eux, bannissez-les de vous :
Joyeux que de l'idole encor ils vous bannissent,
Des sourcils des tyrans qu'en menace ils herissent,
De leurs pieges, aguets, ruses et trahisons,
De leur devoir la vie, et puis de leurs prisons.
845 Vous estes enferrés : ce qui plus vous console,
L'ame, le plus de vous, où elle veut s'envolle.
S'ils vous ostent vos yeux, vos esprits verront Dieu ;
Vostre langue s'en va : le cœur parle en son lieu :

L'œil meure sans avoir eu peur de la mort blesme,
850 La langue soit couppee avant qu'elle blaspheme.
Or, si d'exquises morts les rares cruautez,
Si tormens sur tormens à vos yeux presentez
Vous troublent, c'est tout un : quel front, quel equipage
Rend à la laide mort encor plus laid visage ?
855 Qui mesprise la mort, que lui fera de tort
Le regard asseuré des outils de la mort ?
L'ame, des yeux du ciel, void au ciel l'invisible,
Le mal horrible au corps ne lui est pas horrible ;
Les ongles de la mort n'apporteront que jeu
860 A qui se souviendra que ce qu'elle oste est peu.
Un caterre nous peut ravir chose pareille,
Nous en perdons autant d'une douleur d'oreille,
Vostre humeur corrompue, un petit vent mauvais,
Une veine picquee ont de pareils effects.
865 Et ce fascheux apprest pour qui le poil nous dresse,
C'est ce qu'à pas contés traine à soy la vieillesse.
L'assassin condamné à souffrir seulement
Sur chaque membre un coup, pour languir longuement,
Demande le cinquiesme à l'estomach, et pense
870 Par ce coup plus mortel adoucir la sentence.
La mort à petit feu est bien autre douleur
Qu'un prompt embrasement, et c'est une faveur
Quand pour faire bien tost l'ame du corps dissoudre
On met sous le menton du patient la poudre.
875 Les severes prevosts, choisissans les tourmens,
Tiennent les courts plus doux, et plus durs les plus lents :
Et quand la mort à nous d'un brave coup se jouë,
Nous desirons languir longtemps sur nostre rouë ?
Le sang de l'homme est peu, son mespris est beaucoup :
880 Qui le mesprisera pourra voir tout à coup
Les canons, la fumee, et les fronts des batailles,
Ou mieux les fers, les feux, les couteaux, les tenailles,
La rouë et les cordeaux ; cettui-là pourra voir
Le precipice bas dans lequel il doit choir,
885 Mespriser la montagne, et de libre secousse,
En regardant en haut, sauter quand on le pousse.
« Nos freres bien instruits ont l'appel refusé,
Et le Brun, Dauphinois, doctement advisé,
Quand il eut sa sentence avec plaisir ouïe,

890 Respondit qu'on l'avoit condamné à la vie.
« Tien ton ame en tes mains : tout ce que les tyrans
Prenent n'est point la chose, ains seulement le temps.
Que le nom de la mort autrement effroyable,
Bien cognu, bien pesé, nous deviene agreable.
895 Heureux qui la cognoist ! Or il faut qu'en ce lieu,
Plein de contentement, je donne gloire à Dieu :
« O Dieu ! quand tu voudras cette charongne prendre,
Par le fer à morceaux, ou par le feu en cendre,
Dispose, ô Eternel; il n'y a nul tombeau
900 Qui à l'œil et au cœur ne soit beau s'il t'est beau. »
    Il faisoit ces leçons, quand le geolier l'appelle
Pour recevoir sentence en la noire chappelle.
L'œil de tous fut troublé, le sien en fut plus beau,
Ses yeux devindrent feu, ceux des autres de l'eau;
905 Lors, serenant son front et le teint de sa face,
Il rit à ses amis, pour à Dieu les embrasse,
Et, à peu de loisir, redoubloit ce propos :
« Amis, vous me voyez sur le sueil du repos,
Ne pleurez pas mon heur : car la mort inhumaine,
910 A qui vaincre la sçait ne tient plus rang de peine;
La douleur n'est le mal, mais la cause pourquoy.
Or je voy qu'il est temps d'aller prouver par moy
Les propos de ma bouche, il est temps que je treuve
En ce corps bien heureux la pratique et l'espreuve. »
915   Il vouloit dire plus, l'huissier le pressa tant
Qu'il courut tout dispos vers la mort en sautant.
    Mais dés le sueil de l'huis le pauvre enfant advise
L'honnorable regard et la vieillesse grise
De son pere et son oncle à un posteau liés.
920 Alors premierement les sens furent ployés;
L'œil si gay laisse en bas tomber sa triste veuë,
L'ame tendre s'esmeut, encores non esmeuë,
Le sang sentit le sang, le cœur fut transporté;
Quand le pere, rempli de mesme gravité
925 Qu'il eut en un conseil, d'une voix grosse et grave
Fit à son fils pleurent cette harangue brave :
    « C'est donc en pleurs amers que j'iray au tombeau,
Mon fils, mon cher espoir, mais plus cruel bourreau
De ton pere affligé : car la mort pasle et blesme
930 Ne brise point mon cœur comme tu fais toy mesme.

Regretteray-je donc le soin de te nourrir ?
N'as tu peu bien vivant apprendre à bien mourir ? »
   L'enfant rompt ces propos : « Seulement mes entrailles
Vous ont senti, dit-il, et les rudes batailles
935 De la prochaine mort n'ont point espouvanté
L'esprit instruit de vous, le cœur par vous planté.
Mon amour est esmeu, l'ame n'est pas esmeuë;
Le sang, non pas le sens, se trouble à vostre veuë;
Votre blanche vieillesse a tiré de mes yeux
940 De l'eau, mais mon esprit est un fourneau de feux :
Feux pour brusler les feux que l'homme nous appreste.
Que puissé-je trois fois pour l'un' et l'autre teste
De vous et de mon oncle, et plus jeune et plus fort,
Aller faire mourir la mort avec ma mort ! »
945 « Donc, dit l'autre vieillard, ô que ta force est molle,
O Mort, à ceux que Dieu entre tes bras console !
Mon neveu, ne plains pas tes peres perissans :
Ils ne perissent pas. Ces cheveux blanchissans,
Ces vieilles mains ainsi en malfaicteurs liees
950 Sont de la fin des bons à leurs fins honorees :
Nul grade, nul estat ne nous leve si haut
Que donner gloire à Dieu au haut d'un eschafaut. »
   « Mourons ! peres, mourons ! ce dit l'enfant à l'heure.
L'homme est si inconstant à changer de demeure,
955 La nouveauté lui plait; et quand il est au lieu
Pour changer cette fange à la gloire de Dieu,
L'homme commun se plaint ! » De pareille parole
Ils consolent leur fils, et leur fils les console.
   Voici entrer l'amas des sophistes docteurs,
960 Qui aux fronts endurcis s'approchent seducteurs,
Pour vaincre d'arguments les precieuses ames
Que la raison celeste a mené dans les flames.
Mais l'esprit tout de feu du brave et docte enfant
Voloit dessus l'erreur d'un sçavoir triomphant,
965 Et malgré leurs discours, leurs fuites et leurs ruzes,
Il laissa les caphards sans mot et sans excuses.
La mort n'appeloit point ce bel entendement
A regarder son front, mais sur chasque argument
Prompt, aigu, advisé, sans doute et sans refuge,
970 En les rendant transis il eut grace de juge.
A la fin du combat ces deux Eleazars,

LES FEUX   189

Sur l'enfant à genoux couchant leurs chefs vieillards,
Sortirent les premiers du monde et des miseres,
Et leur fils en chantant courut après ses peres.
975 O cœurs mourans à vie, indomptés et vainqueurs,
O combien vostre mort fit revivre de cœurs !
Nostre grand Beroald a veu, docte Gastine,
Avant mourir, ces traits fruicts de sa discipline ;
Ton privé compagnon d'escoles et de jeux
980 L'escrit : le face Dieu ton compagnon de feux !
O bien-heureux celuy qui, quand l'homme le tue,
Arrache de l'erreur tant d'esprits par sa veuë,
Qui monstre les thresors et graces de son Dieu,
Qui butine en mourant tant d'esprits au milieu
985 Des spectateurs esleus : telle mort est suivie
Presque tousjours du gain de mainte belle vie.
Mais les martyrs ont eu moins de contentement
De qui la laide nuict cache le beau tourment :
Non que l'ambition y soit quelque salaire,
990 Le salaire est en Dieu à qui la nuict est claire ;
Pourtant beau l'instrument de qui l'exemple sert
A gaigner en mourant la brebis qui se perd.
Je ne t'oublieray pas, ô ame bien-heureuse !
Je tireray ton nom de la nuict tenebreuse ;
995 Ton martyre secret, ton exemple caché
Sera par mes escrits des ombres arraché.
Du berceau du tombeau je releve une fille,
De qui je ne diray le nom ni la famille :
Le pere encore vivant, plein de graces de Dieu,
1000 En païs estranger lira en quelque lieu
Quelle fut cette mort dont il forma la vie.
Ce pere avoit tiré de la grand'boucherie
Sa fidelle moitié d'une tremblante main,
Et un de leurs enfans qui luy pendoit au sein.
1005 Deux filles, qui cuidoyent que le nœu de la race
Au sein de leurs parens trouveroit quelque place,
Se vont jetter aux bras de ceux de qui le sang
De la tendre pitié devoit brusler le flanc.
Ces parens, mais bourreaux, par leurs douces paroles,
1010 Par menaces apres contraignoyent aux idoles
Ces cœurs voüés à Dieu, puis l'aveugle courroux
Des inutiles mots les fit courir aux coups.

Par trente jours entiers ces filles, deschirees
De verges et fers chauds, demeurent asseurees ;
1015 La nuict on les espie, et leurs sanglantes mains
Jointes tendoyent au ciel : ces proches inhumains
Dessus ces tendres corps impiteux s'endurcirent,
Si que hors de l'espoir de les vaincre ils sortirent.
En plus noire minuict ils les jettent dehors :
1020 La plus jeune n'ayant place entiere en son corps
Est prise de la fievre et tombe à demi-morte,
Sans poulx, sans mouvement, sur le sueil d'une porte ;
L'autre s'enfuit d'effroy, et ne peut ce discours
Poursuivre plus avant le succés de ses jours.
1025 Le jour estant levé, le peuple esmeu advise
Cet enfant que les coups et que le sang desguise,
Inconu, pour autant qu'en la nuict elle avoit
Fuy de son logis plus loin qu'elle pouvoit.
On porte à l'hospital cette ame esvanouïe.
1030 Mais, si tost qu'elle eut pris la parole et la vie,
Elle crie en son lict : « O Dieu, double ma foy,
C'est par les maux aussi que les tiens vont à toy :
Je ne t'oublierai point, mais, mon Dieu, fay en sorte
Qu'à la force du mal je devienne plus forte. »
1035 Ce mot donna soupçon : on pense incontinent
Que les esprits d'erreur n'alloyent pas enseignant
Les enfans de neuf ans, pour de chansons si belles
Donner gloire au grand Dieu au sortir des mammelles.
Jesus Christ, vray berger, sçait ainsi faire choix
1040 De ses tendres brebis, et les marque à la voix.
Au bout de quelques mois desja la maladie
Eut pitié de l'enfant et lui laissoit la vie :
La fievre s'enfuit, et le dard de la mort
Laissa ce corps si tendre avec un cœur si fort.
1045 L'aveugle cruauté enflamma au contraire
A commettre la mort, que la mort n'a peu faire,
Les gardes d'hospital, qui un temps par prescheurs,
Par propos importuns d'impiteux seducteurs,
Par menaces aprés, par piquantes injures
1050 S'essayerent plonger cette ame en leurs ordures.
L'enfant aux seducteurs disoit quelques raisons,
Contre les menaçans se targuoit d'oraisons ;
Et comme ces tourmens changeoyent de leur maniere,

D'elle mesme elle avoit quelque propre priere.
1055 Pour dernier instrument ils osterent le pain,
La vie à la mi-morte, en cuidant par la faim
En ses plus tendres ans l'attirer ou contraindre :
Il fut plus malaisé la forcer que l'esteindre.
La vie et non l'envie ils presserent si fort
1060 Qu'elle donne en trois jours les signes de la mort.
Cet enfant, non enfant, mais ame des-jà saincte,
De quelque beau discours, de quelque belle plainte,
Estonnoit tous les jours et n'amolissoit pas
Les vilains instrumens d'un languissant trespas.
1065 Il advint que ses mains encores deschirees
Receloyent quelque sang aux playes demeurees ;
A l'effort de la mort sa main gauche seigna,
Entiere dans son sang innocent se baigna ;
En l'air elle haussa cette main degouttante,
1070 Et pour derniere voix elle dit gemissante :
« O Dieu, prens-moy la main, prens-la, Dieu secourant,
Soustien-moy, conduy-moy au petit demeurant
De mes maux achevez ; il ne faut plus qu'une heure
Pour faire qu'en ton sein à mon aise je meure,
1075 Et que je meure en toy comme en toy j'ay vescu :
Le mal gaigne le corps, pren l'esprit invaincu. »
Sa parole affoiblit, à peine elle profere
Les noms demi-sonnez de sa sœur et sa mere ;
D'un visage plus gay elle tourna les yeux
1080 Vers le ciel de son lict, les plante dans les cieux,
Puis, à petits souspirs, l'ame vive s'avance
Et aprés les regards et aprés l'esperance.
Dieu ne refuza point la main de cet enfant,
Son œil vid l'œil mourant, le baisa triomphant,
1085 Sa main luy prit la main, et sa derniere haleine
Fuma au sein de Dieu qui, present à sa peine,
Luy soustint le menton, l'esveilla de sa voix ;
Il larmoya sur elle, il ferma de ses doigts
La bouche de loüange achevant sa priere,
1090 Baissant des mesmes doigts pour la fin la paupiere :
L'air tonna, le ciel plut, les simples elemens
Sentirent à ce coup tourment de ces tourmens.
  O François desreglés, où logent vos polices
Puis que vos hospitaux servent à tels offices ?

Que feront vos bourdeaux et vos berlans pilleurs,
La forest, le rocher, la caverne aux voleurs ?
   Mais quoy ? des saincts tesmoins la constance affermie
Avoit lassé les poings de la gent ennemie,
Noyé l'ardeur des feux, seché le cours des eaux,
Emoussé tous les fers, usé tous les cordeaux,
   Quand des autels de Dieu l'inextinguible zele
Mit en feu l'estomac de maint et maint fidele :
Sur tout de trois Anglois qui, en se complaignant
Que des affections le grand feu s'esteignant,
Avec luy s'estouffoit l'autre flamme ravie
Qui est l'ame de l'ame et l'esprit de la vie,
Ces grands cœurs, ne voulant que l'ennemi ruzé
Par un siecle de guerre eust plus fin desguizé
En des combats de fer les combats de l'Eglise,
Poussez du doigt de Dieu ils firent entreprise
D'aller encor livrer un assaut hazardeux
Dans le nid de Satan. Mais de ces trois les deux
Prescherent en secret, et la ruse ennemie
En secret estouffa leur martyre et leur vie;
Le tiers, aprés avoir essayé par le bruit
A cueillir sur leur cendre encore quelque fruict,
Rendit son coup public et publique sa peine.
   Humains, qui prononcez une sentence humaine
Contre cette action, nommans temerité
Ce que le ciel depart de magnanimité,
Vous dites que ce fut un effort de manie
De porter de si loin le thresor de sa vie,
Aller jusques dans Rome et, aux yeux des Romains,
Attaquer l'Antechrist, lui arracher des mains
L'idole consacree, aux pieds l'ayant foulee
Consacrer à son Dieu son ame consolee :
Vous qui sans passion jugez les passions
Dont l'esprit tout de feu esprend nos motions,
Lians le doigt de Dieu aux principes ethiques,
Les tesmoignages saincts ne sont pas politiques
Assez à vostre gré; vous ne cognoissez point
Combien peut l'Esprit sainct quand les esprits il poinct.
Que blasmez-vous ici ? l'entreprise bouillante,
Le progrez sans changer, ou la fin triomphante ?
Est-ce entreprendre mal d'aller annoncer Dieu

LES FEUX 193

Du grand siege d'erreur au superbe milieu ?
Est ce mal avancer la chose encommencee
De changer cinq cens lieux sans changer de pensee ?
Est-ce mal achever de piller tant de cœurs
1140 Dedans les seins tremblans des pasles spectateurs ?
Nous avons veus les fruicts, et ceux que cette escole
Fit en Rome quitter et Rome et son idole.
— Ouy ! mais c'est desespoir avoir la liberté
En ses mains, et choisir une captivité ! —
1145 Les trois enfans vivoyent libres et à leur aise,
Mais l'aise leur fut moins douce que la fournaise.
On refusoit la mort à ces premiers chrestiens
Qui recerchoyent la mort sans fers et sans liens ;
Paul, mis en liberté d'un coup du ciel, refuse
1150 La douce liberté : qui est-ce qui l'accuse ?
Apprenez, cœurs transis, esprits lents, juges froids,
A prendre loy d'enhaut, non y donner des loix ;
Admirez le secret que l'on ne peut comprendre :
En loüant Dieu, jettez des fleurs sur cette cendre.
1155   Ce tesmoin endura du peuple esmeu les coups,
Il fut laissé pour mort, non esmeu de courroux,
Et puis, voyant cercher des peines plus subtiles
Pour rengreger sa peine, il dit : « Cerchez, Perilles,
Cerchez quelques tourmens longs et ingenieux,
1160 Le coup de l'Eternel n'en paroistra que mieux ;
Mon ame, contre qui la mort n'est gueres forte,
Aime à la mettre bas de quelque brave sorte. »
Sur un asne on le lie, et six torches en feu
Le vont de rue en rue assechant peu à peu.
1165 On brusle tout premier et sa bouche et sa langue ;
A un des boutte-feux il fit cette harangue :
« Tu n'auras pas l'esprit : qui t'a, chetif, appris
Que Dieu n'entendra point les voix de nos esprits ? »
Les flambeaux traversoyent les deux jouës rosties
1170 Qu'on entendit : « Seigneur, pardonne à leurs folies. »
Ils bruslent son visage, ils luy crevent les yeux
Pour chasser la pitié en le monstrant hideux :
Le peuple s'y trompoit, mais le ciel de sa place
Ne contempla jamais une plus claire face ;
1175 Jamais le paradis n'a ouvert ses thresors,
Plus riant, à esprit separé de son corps ;

Christ luy donna sa marque et le voulut faire estre
Imitateur privé des honneurs de son maistre,
Monté dessus l'asnon pour entrer tout en paix
1180 Dans la Hierusalem permanente à jamais.
    Oui, le ciel arrosa ces graines espanduës,
Les cendres que fouloit Rome parmi les rues :
Tesmoin ce blanc vieillard que trois ans de prisons
Avoyent mis par delà le roolle des grisons,
1185 Qui à ondes couvroit de neige sans froidure
Les deux bras de cheveux, de barbe la ceinture.
Ce cygne fut tiré de son obscur estuy
Pour gagner par l'effroy ce que ne peut l'ennuy :
De prés il vit briser sa douloureuse vie,
1190 Et tout au lieu de peur anima son envie.
Le docte confesseur qui au feu l'assista,
Changé, le lendemain en chaire presenta
Sa vie au mesme feu, maintenant l'innocence
De son vieillard client : la paisible assistance
1195 Sans murmure escouta les nouvelles raisons,
Apprit de son prescheur comment, dans les prisons,
Celui qui eut de solde un escu par journee
Avoit entre les fers sa despense ordonnee,
Vivant d'un sol de pain; ainsi le prisonnier
1200 En un pauvre groton le fit riche aumosnier.
Ce peuple pour ouïr ces choses eut oreilles,
Mais n'eut pour l'accuser de langue. Les merveilles
De Dieu font quelquesfois en la constante mort,
Ou en la liberté quelque fois leur effort.
1205   De mesme escole vint, aprés un peu d'espace,
Le maigre capucin : cettui-ci, en la face
Du Pape non Clement, l'appela Antechrist,
Faisant de vive voix ce qu'autre par escrit.
Il avoit recerché dedans le cloistre immonde
1210 La separation des ordures du monde;
Mais y ayant trouvé du monde les retraits,
Quarante jours entiers il desploya les traits,
En la chaire d'erreur, de la verité pure,
La robe de mensonge estant sa couverture.
1215 Un sien juge choisi, par lui jugé, appris,
Et depuis fugitif, nous donna dans Paris
La suite de ces morts, à esclorre des vies,

Pour l'honneur des Anglois contre les calomnies ;
Mais il se ravissoit sur ce qu'avoit presché
1220 L'esprit sans corps, par qui le corps bruslé, seiché,
N'estoit plus sa maison, mais quelque tendre voile,
Comme un guerrier parfaict campant dessous la toile.
Qu'on menasse de feu ces corps des-jà brisés :
O combien sont ces feux par ceux là mesprisés !
1225 Ceux là battent aux champs, ces ames militantes
Pour aller au combat mettent le feu aux tentes.

    Le printemps de l'Eglise et l'esté sont passés,
Si serez vous par moi, vers bouttons, amassés,
Encor esclorrez-vous, fleurs si franches, si vives,
1230 Bien que vous paroissiez dernieres et tardives ;
On ne vous lairra pas, simples, de si grand pris,
Sans vous voir et flairer au celeste pourpris.
Une rose d'automne est plus qu'une autre exquise :
Vous avez esjouï l'automne de l'Eglise.
1235 Les grands feux de la chienne oublioyent à bruler,
Le froid du scorpion rendoit plus calme l'air ;
Cet air doux qui tout autre en malices excede
Ne fit tiedes vos cœurs en une saison tiede.
Ce fut lors que l'on vid les lions s'embrazer
1240 Et chasser, barriqués, leur Nebucadnezer,
Qui à son vieil Bernard remonstra sa contrainte
De l'exposer au feu si mieux n'aimoit par feinte
S'accommoder au temps. Le vieillard chevelu
Respond : « Sire, j'estois en tout temps resolu
1245 D'exposer sans regret la fin de mes annees,
Et ores les voyant en un temps terminees
Où mon grand Roy a dit *Je suis contrainct*, ces voix
M'osteroyent de mourir le dueil si j'en avois.
Or vous, et tous ceux-là qui vous ont peu contraindre
1250 Ne me contraindrez pas, car je ne sçay pas craindre
Puis que je sçay mourir. » La France avoit mestier
Que ce potier fut Roy, que ce Roy fust potier.
De cet esprit royal la bravade gentille
Mit en fievre Henry. De ce temps la Bastille
1255 N'emprisonnoit que grands, mais à Bernard il faut
Une grande prison et un grand eschafaut.

    Vous eustes ce vieillard conseiller en vos peines,
Compagnon de liens, ames parisiennes.

       On vous offrit la vie aux despens de l'honneur ;
1260 Mais vostre honneur marcha sous celuy du Seigneur
       Au triomphe immortel, quand du tyran la peine,
       Plustost que son amour, vous fit choisir la haine.
       Nature s'employant sur cette extremité
       En ce jour vous para d'angelique beauté ;
1265 Et pource qu'elle avoit en son sein preparées
       Des graces pour vous rendre en vos jours honorees,
       Prodigue elle versa en un pour ses enfans
       Ce qu'elle reservoit pour le cours de vos ans.
       Ainsi le beau oleil monstre un plus beau visage
1270 Faisant un soutre clair sous l'espais du nuage,
       Et se faict par regrets, et par desirs, aimer
       Quand les rayons du soir se plongent en la mer.
       On dit du pelerin, quand de son lict il bouge,
       Qu'il veut le matin blanc, et avoir le soir rouge :
1275 Vostre naissance, enfance, ont eu le matin blanc,
       Vostre coucher heureux rougit en vostre sang.
       Beautés, vous avanciez d'où retournoit Moyse
       Quand sa face parut si claire et si exquise.
       D'entre les couronnés le premier couronné
1280 De tels rayons se vid le front environné :
       Tel, en voyant le ciel, fut veu ce grand Estienne
       Quand la face de Dieu brilla dedans la sienne.
       O astres bien-heureux, qui rendez à nostre œil
       Ses miroirs et rayons, lunes du grand soleil !
1285   Dieu vid donc de ses yeux, d'un moment, dix mil ames
       Rire à sa verité, en despitant les flammes :
       Les uns, qui tous chenus d'ans et de saincteté
       Mouroyent blancs de la teste et de la pieté ;
       Les autres, mesprisant au plus fort de leur aage
1290 L'effort de leurs plaisirs, eurent pareil courage
       A leurs virilités ; et les petits enfans,
       De qui l'ame n'estoit tendre comme les ans,
       Donnoyent gloire au grand Dieu, et de chansons nouvelles
       S'esgayoyent à la mort au sortir des mammelles ;
1295 Quelques uns, des plus grands, de qui Dieu ne voulut
       Le salut impossible ; et d'autres qu'il esleut
       Pour prouver par la mort constamment recerchee
       La docte verité comme ils l'avoyent preschee.
       Mais beaucoup plus à plain qu'aux doctes et aux grands

LES FEUX

1300 Sur les pauvres abjects, sainctement ignorans,
Parut sa grande bonté, quand les braves courages
Que Dieu voulut tirer des fanges des villages
Vindrent faire rougir devant les yeux des Rois
La folle vanité : l'esprit donna des voix
1305 Aux muets pour parler, aux ignorants des langues,
Aux simples des raisons, des preuves, des harangues,
Ne les fit que l'organe à prononcer les mots
Qui des docteurs du monde effaçoyent les propos.
Des inventeurs subtils les peines plus cruelles
1310 N'ont attendri le sein des simples damoiselles :
Leurs membres delicats ont souffert en maint lieu
Le glaive et les fagots en donnant gloire à Dieu;
Du Tout-Puissant la force, au cœur mesme des femmes,
Donna vaincre la mort et combattre les flammes;
1315 Les cordes des geoliers deviennent leurs carquants,
Les chaines des poteaux leurs mignards jaserants;
Sans plaindre leurs cheveux, leur vie et leurs delices,
Elles les ont à Dieu rendus en sacrifices.
  Quand la guerre, la peste et la faim s'approchoyent,
1320 Les trompettes d'enfer plus eschauffés preschoyent
Les armes, les fagots, et, pour apaiser l'ire
Du ciel, on presentoit un fidele au martyre :
« Nous serions, disoyent-ils, paisibles, saouls et sains
Si ces meschans vouloyent faire priere aux saincts. »
1325 Vous eussiez dit plus vray, langues fausses et foles,
En disant : Ce mal vient de servir aux idoles.
Perfaicts imitateurs des abusés payens,
Appaisez-vous le ciel par si tristes moyens ?
Vous deschirez encor et les noms et les vies
1330 Des inhumanités et mesmes calomnies
Que Rome la payenne, infidelle, inventa
Lors que le Fils de Dieu sa banniere y planta.
Nous sommes des premiers images veritables :
Imprudens, vous prenez des Nerons les vocables.
1335 Encontre ces chrestiens tout s'esmeut par un bruict.
Qu'ils mangeoyent les enfans, qu'ils s'assembloyent la nuict
Pour tuer la chandelle et faire des meslanges
D'inceste, d'adultere, et de crimes estranges.
Ils voyoyent tous les jours ces chrestiens accusés
1340 Ne cercher que l'horreur des grands feux embrasés;

Et Cyprian disoit : « Les personnes charnelles
Qui aiment leurs plaisirs cerchent-ils des fins telles ?
Comment pourroit la mort loger dans les desirs
De ceux qui ont pour dieu la chair et les plaisirs ? »
1345 Jugez de quel crayon, de quelle couleur vive
Nous portons dans le front l'Eglise primitive.
　　O bien-heureux esprits qui, en changeant de lieu,
Changez la guerre en paix, et qui aux yeux de Dieu
Souffrez, mourez pour tel de qui la recompense
1350 N'a le vouloir borné non plus que la puissance !
Ce Dieu là vous a veus, et n'a aimé des cieux
L'indicible plaisir, pour approcher ses yeux
Et sa force de vous : cette constance extreme
Qui vous a fait tuer l'enfer et la mort blesme,
1355 Qui a fait les petits resister aux plus grands,
Qui a fait les bergers vainqueurs sur les tyrans,
Vient de Dieu, qui present au milieu de vos flammes
Fit mespriser les corps pour delivrer les ames.
Ainsy en ces combats ce grand Chef souverain
1360 Commande de la voix et combat de sa main ;
Il marche au rang des siens : nul champion en peine
N'est sans la main de Dieu qui par la main le meine.
　　Quand Dieu eut tournoyé la terre toute en feu
Contre sa verité, et aprés qu'il eust veu
1365 La souffrance des siens, au contraire il advise
Ceux qui tiennent le lieu et le nom de l'Eglise
Yvres de sang, de vin, qui, enflés au milieu
Du monde et des malheurs, blasphement contre Dieu,
Presidans sur le fer commandent à la guerre,
1370 Possedans les grandeurs, les honneurs de la terre
Portoyent la croix en l'or et non pas en leurs cœurs,
N'estoyent persecutés mais bien persecuteurs.
Au conseil des tyrans ils eslevoyent leurs crestes,
Signoyent et refusoyent du peuple les requestes,
1375 Jugeoyent et partageoyent, en grondans comme chiens,
Des pauvres de l'Eglise et les droicts et les biens :
Sel sans saveur, bois verd qui sans feu rend fumee,
Nuage sans liqueur, abondance affamee,
Comme l'arbre enterré au dessus du nombril
1380 Offusqué par sa graisse est par elle steril.
D'ailleurs, leurs fautes sont descouvertes et nues,

	Dieu les vid à travers leurs fueilles mal cousues,
	Se disans conseillers, desquels l'ordre et le rang
	Ne permet de tuer et de juger au sang :
1385 Ceux là changeans de nom, et ne changeans d'office,
	Aprés soliciteurs non juges des supplices,
	Furent trouvés sortans des jeux et des festins
	Ronfler aux seins enflés de leurs pasles putains.

	Dieu voulut en voir plus, mais de regret et d'ire
1390 Tout son sang escuma : il fuit, il se retire,
	Met ses mains au devant de ses yeux en courroux.
	Le Tout-Puissant ne peut resider entre nous.
	Sa barbe et ses cheveux de fureur herisserent,
	Les sourcis de son front en rides s'enfoncerent,
1395 Ses yeux changés en feu jetterent pleurs amers,
	Son sein enflé de vent vomissoit des esclairs.

	Il se repentit donc d'avoir formé la terre.
	Tantost il prit au poing une masse de guerre,
	Une boete de peste et de famine un vent,
1400 Il veut mesler la mer et l'air en un moment
	Pour faire encor un coup, en une arche reclose,
	L'eslection des siens; il pense, il se propose
	Son alliance saincte, il veut garder sa foy
	A ceux qui n'en ont point, car ce n'est pas un Roy
1405 Tel que les tyranneaux qui remparent leur vie
	De glaives, de poisons et de la perfidie :
	Il tient encore serrés les maux, les eaux, les feux,
	Et, pour laisser combler le vice aux vicieux,
	Souffrit et n'aima pas, permit et ne fut cause
1410 Du reste de nos maux. Puis, d'une longue pause
	Pensant profondement, courba son chef dolent,
	Finit un dur penser d'un sanglot violent.
	Il croisa ses deux bras, vers le ciel les releve :
	Son cœur ne peut plus faire avec le monde treve.
1415 Lors, d'un pied depité refrappant par sept fois
	La poudre, il fit venir quatre vents sous les loix
	D'un chariot volant; puis, sans ouvrir sa veuë,
	Il sauta de la terre en l'obscur de la nuë.
	La terre se noircit d'espais aveuglement,
1420 Et le ciel rayonna d'heureux contentement.

LES FERS

LIVRE CINQUIÈME

Dieu retira les yeux de la terre ennemie :
La justice et la foy, la lumiere et la vie
S'envolerent au ciel; des tenebres l'espais
Jouïssoit de la terre et des hommes en paix.
5 Comme un Roy justicier quelquesfois abandonne
La royale cité, siege de sa couronne,
Pour, en faisant le tour de son royaume entier,
Voir si les vice-rois exercent leur mestier,
Aux lieux plus eslongnés refrener la licence
10 Que les peuples mutins prennent en son absence,
Puis, ayant parfourni sa visite et son tour,
S'en reva desiré en son premier sejour;
Son parlement, sa cour, son Paris ordinaire
A son heureux retour ne sçavent quelle chere
15 Ne quels gestes mouvoir, pour au Roy tesmoigner
Que tout plaisir voulust avec luy s'eslongner,
Tout plaisir retourner au retour de sa face :
Ainsi (sans definir de l'Eternel la place,
Mais comme il est permis aux tesmoignages saincts
20 Comprendre le celeste aux termes des humains)
Ce grand Roy de tous rois, ce Prince de tous princes,
Lassé de visiter ses rebelles provinces,
Se rassit en son throsne et d'honneur couronné
Fit aux peuples du ciel voir son chef rayonné.
25 Les celestes bourgeois, affamés de sa gloire,
Volent par millions à ce palais d'yvoire :
Les habitans du ciel comparurent à l'œil
Du grand soleil du monde, et de ce beau soleil
Les Seraphins ravis le contemployent à veuë;

30 Les Cherubins couverts (ainsi que d'une nuë)
L'adoroyent sous un voile; un chacun en son lieu
Exstatic reluisoit de la face de Dieu.
Cet amas bien-heureux mesloit de sa presence
Clarté dessus clarté, puissance sur puissance;
35 Le haut pouvoir de Dieu sur tout pouvoir estoit,
Et son throsne eslevé sur les throsnes montoit.
   Parmi les purs esprits survint l'esprit immonde
Quand Satan, haletant d'avoir tourné le monde,
Se glissa dans la presse : aussi tost l'œil divin
40 De tant d'esprits benins tria l'esprit malin.
Il n'esblouït de Dieu la clarté singuliere
Quoy qu'il fust desguisé en ange de lumiere,
Car sa face estoit belle et ses yeux clairs et beaux,
Leur fureur adoucie; il desguisoit ses peaux
45 D'un voile pur et blanc de robes reluisantes;
De ses reins retroussés les pennes blanchissantes
Et les ailes croisoyent sur l'eschine en repos.
Ainsi que ses habits il farda ses propos,
Et composoit encor sa contenance douce
50 Quand Dieu l'empoigne au bras, le tire, se courrouce,
Le separe de tous et l'interrogue ainsi :
« D'où viens-tu, faux Satan ? que viens-tu faire ici ? »
Lors le trompeur trompé d'asseuré devint blesme,
L'enchanteur se trouva desenchanté luy-mesme.
55 Son front se seillonna, ses cheveux herissés,
Ses yeux flambants dessous les sourcils refroncés;
Le crespe blanchissant qui les cheveux luy cœuvre
Se change en mesme peau que porte la couleuvre
Qu'on appelle coëffee, ou bien en telle peau
60 Que le serpent mué despouille au temps nouveau;
La bouche devint pasle : un changement estrange
Luy donna front de diable et osta celuy d'ange.
L'ordure le flestrit, tout au long se respend.
La teste se descoëffe et se change en serpent;
65 Le pennache luisant et les plumes si belles
Dont il contrefaisoit les angeliques aisles,
Tout ce blanc se ternit : ces ailes, peu à peu
Noires, se vont tachans de cent marques de feu
En dragon affriquain; lors sa peau mouchetee
70 Comme un ventre d'aspic se trouve marquetee.

Il tomba sur la voute, où son corps s'alongeant,
De diverses couleurs et venin se chargeant,
Le ventre jaunissant, et noirastre la queuë,
Pour un ange trompeur mit un serpent en veuë.
75 La parole luy faut, le front de l'effronté
Ne pouvoit supporter la saincte majesté.
Qui a veu quelquesfois prendre un coupeur de bourse
Son œuvre dans ses mains, qui ne peut à la course
Se sauver, desguiser ou nier son forfaict ?
80 Satan n'a plus les tours desquels il se desfaict :
S'il fuit, le doigt de Dieu par tout le monde vole;
S'il ment, Dieu juge tout et penser et parole.
Le criminel pressé, repressé plusieurs fois,
Tout enroué trouva l'usage de la voix,
85 Et respond en tremblant : « Je vien de voir la terre
La visiter, la ceindre et y faire la guerre,
Tromper, tenter, ravir, tascher à decevoir
Le riche en ses plaisirs, le pauvre au desespoir;
Je vien de redresser emprise sur emprise,
90 Les fers aprés les feux encontre ton Eglise;
Je vien des noirs cachots, tristes d'obscurité,
Piper les foibles cœurs du nom de liberté,
Fasciner le vulgaire en estranges merveilles,
Assieger de grandeurs des plus grands les oreilles,
95 Peindre aux cœurs amoureux le lustre des beautés,
Aux cruels par mes feux doubler les cruautés,
Apaster (sans saouler) le vicieux de vice,
D'honneurs l'ambition, de presens l'avarice. »
  « Pourtant, dit l'Eternel, si tu as esprouvé
100 La constance des miens, Satan, tu as trouvé
Toute confusion sur ton visage blesme,
Quand mes saincts champions, en tuant la mort mesme,
Des cœurs plus abrutis arrachent les souspirs;
Tu as grincé les dents en voyant ces martyrs
105 Te destruire la chair, le monde et ses puissances,
Et les tableaux hideux de leurs noires offences
Que tu leur affrontois; et quand je t'ay permis
De les livrer aux mains de leurs durs ennemis,
La peine et la douleur sur leur chair augmentee
110 A veu le corps destruit, non l'ame espouvantee. »
  Le calomniateur respondit : « Je sçay bien

Qu'à un vivre fascheux la mort est moins que rien.
Ces cerveaux à qui l'heur et le plaisir tu ostes,
Sechés par la vapeur qui sort des fausses costes,
115 S'affligent de terreurs, font en soy des prisons
Qui ferment le guichet aux humaines raisons.
Ils sont chassés par tout et si las de leur fuite
Qu'au repos des crotons la peine les invite ;
On leur oste les biens, ils sont pressés de faim,
120 Ils aiment la prison qui leur donne du pain.
Puis, vivant sans plaisir, n'auroyent-ils point envie
De guerir par la mort une mortelle vie ?
Aux cachots estouffés on les va secourir
Quand on leur va donner un peu d'air pour mourir ;
125 La pesanteur des fers quand on les en delivre
Leur est quelque soulas au changement de vivre ;
L'obscur de leurs prisons à ces desesperés
Fait desirer les feux dont ils sont esclairés.
Mais si tu veux tirer la preuve de ces ames,
130 Oste-les des couteaux, des cordeaux et des flames ;
Laisse l'aise venir, change l'adversité
Au favorable temps de la prosperité ;
Mets-les à la fumee et au feu des batailles,
Verse de leurs haineux à leurs pieds les entrailles,
135 Qu'ils manient du sang ; enflame un peu leurs yeux
Du nom de conquerans ou de victorieux,
Pousse-les gouverneurs des villes et provinces,
Jette dans leurs troupeaux l'excellence des princes,
Qu'ils soyent soliciteurs d'honneur, d'or et de bien,
140 Meslons l'estat des Rois un peu avec le tien,
Le vent de la faveur passe sur ces courages,
Que je les ploye au gain et aux maquerelages,
Qu'ils soyent de mes prudens et, pour le faire court,
Je leur monstre le ciel au miroir de la court :
145 Puis aprés, tout soudain, que ta face changee
Abandonne sans cœur la bande encouragee,
Et lors, pour essayer ces hauts et braves cœurs,
Laisse-les chatouïller d'ongles de massacreurs,
Laisse-les deschirer ; ils auront leur fiance
150 En leurs princes puissans et non en ta puissance ;
Des princes les meilleurs aux combats periront,
Les autres au besoin lasches les trahiront ;

LES FERS

　　　Ils ne cognoistront plus ni la foy, ni la grace,
　　　Ains te blasphemeront, Eternel, en ta face.
155　Si tout ne reüssit, j'ay encor un tison
　　　Dedans mon arcenal, qui aura sa saison :
　　　C'est la guerre d'argent, qu'aprés tout je prepare
　　　Quand le regne sera hors les mains d'un avare.
　　　De tant de braves cœurs et d'excellens esprits
160　Bien peu refuseront du sang juste le pris.
　　　C'est alors que je tiens plus seure la deffaitte
　　　Quand le mal d'Israel viendra par le prophete.
　　　Que je face toucher l'hypocrite pasteur
　　　L'impure pension, si bien qu'esprit menteur
165　J'entre aux chefs des Achabs par langues desbauchees,
　　　De mes cornus donnans des soufflets aux Michees.
　　　Ces faux Sedecias, puissans d'or et faveur,
　　　Vaincront par doux propos sous le nom du Sauveur ;
　　　Flatteurs, ils poliront de leurs friandes limes
170　Le discours equivoque et les mots homonimes.
　　　Deschaine-moy les poings, remets entre mes mains
　　　Ces chrestiens obstinés qui, parmi les humains,
　　　Font gloire de ton nom : si ma force est esteinte,
　　　Lors je confesseray que ton Eglise est saincte. »
175　« Je te permets, Satan, dit l'Eternel alors,
　　　D'esteindre par le fer la pluspart de leur corps ;
　　　Fay selon ton dessein, les ames reservees
　　　Qui sont en mon conseil avant le temps sauvees.
　　　Ton filet n'enclorra que les abandonnés
180　Qui furent nés pour toy premier que fussent nés :
　　　Mes champions vainqueurs, vaisseaux de ma victoire,
　　　Feront servir ta ruse et ta peine à ma gloire. »
　　　　Le ciel pur se fendit, se fendant il eslance
　　　Cette peste du ciel aux pestes de la France.
185　Il trouble tout, passant : car à son devaller
　　　Son precipice esmeut les malices de l'air,
　　　Leur donne pour tambour et chamade un tonnerre ;
　　　L'air qui estoit en paix confus se trouve en guerre.
　　　Les esprits des humains, agités de fureurs,
190　Eurent part au changer des corps superieurs.
　　　L'esprit, dans un tiphon pirouëttant, arrive
　　　De Seine tout poudreux à l'ondoyante rive.
　　　　Ce que premier il trouve à son advenement

       Fut le preparatif du brave bastiment
195 Que desseignoit pour lors la peste florentine.
       De dix mille maisons il voüa la ruine
       Pour estoffe au dessein. Le serpent captieux
       Entra dans cette Royne et, pour y entrer mieux,
       Fit un corps aëré de colomnes parfaites,
200 De pavillons hautains, de folles giroüettes,
       De domes accomplis, d'escaliers sans noyaux,
       Fenestrages dorés, pilastres et portaux,
       De sales, cabinets, de chambres, galeries,
       En fin d'un tel project que sont les Tuilleries.
205 Comme idee il gaigna l'imagination,
       Du chef de Jesabel il print possession :
       L'ardent desir logé avorte d'autres vices,
       Car ce qui peut troubler ces desseins d'edifices
       Est condamné à mort par ces volans desirs
210 A qui le sang n'est cher pour servir aux plaisirs.
       Ce butin conquesté, cet œil ardent descouvre
       Tant de gibier pour soy dans le palais du Louvre !
       Il s'acharne au pillage, et l'enchanteur ruzé
       Tantost en conseiller finement desguizé,
215 En prescheur penitent et en homme d'Eglise,
       Il mutine aisément, il conjure, il attise
       Le sang, l'esprit, le cœur et l'oreille des grands.
       Rien ne luy est fermé, mesme il entre dedans
       Le conseil plus estroit. Pour mieux filer sa trame
220 Quelquesfois il se vest d'un visage de femme,
       Et pour piper un cœur s'arme d'une beauté.
       S'il faut s'authoriser, il prend l'authorité
       D'un visage chenu qu'en rides il assemble,
       Panchant son corps vouté sur un baston qui tremble,
225 Donne aux proverbes vieux ce que peut faire l'art
       Pour y accommoder le style d'un vieillard.
       Pour l'œil d'un fat bigot l'affronteur hypocrite
       De chapelets s'enchaine en guise d'un hermite,
       Chaussé de capuchons et de frocs inconus
230 Se fait palir de froid par les pieds demi-nus,
       Se fait Frere ignorant pour plaire à l'ignorance,
       Puis souverain des Rois par poincts de conscience,
       Fait le sçavant, depart aux siecles la vertu,
       Ment le nom de Jesus, de deux robes vestu.

LES FERS

235 Il fait le justicier pour tromper la justice.
  Il se transforme en or pour vaincre l'avarice;
  Du grand temple romain il esleve aux hauts lieux
  Ses esclaves gaignés, les fait rouër des yeux,
  Les precipite au mal; ou cet esprit immonde
240 D'un haut mont leur promet les royaumes du monde.
  Il desploye en marchand à ses jeunes seigneurs,
  Pour traffic de peché, de France les honneurs.
  Cependant, visitant l'ame de maint fidele,
  Il pippe un zelateur de son aveugle zele;
245 Il desploye, piteux, tant de mal-heurs passés,
  En donne un goust amer à ces esprits lassés;
  Il desespere l'un, l'autre il perd d'esperance,
  Il estrangle en son lict la blanche patience,
  Et cette patience il reduit en fureur;
250 Il monstre son pouvoir d'efficace d'erreur,
  Il fait que l'assaillant en audace persiste,
  Et l'autre à la fureur par la fureur resiste.
    Ce project establi, Satan en toutes parts
  Des regnes d'Occident despescha ses soldarts.
255 Les ordes legions d'anges noirs s'envolerent,
  Que les enfers esmeus à ce point decouplerent :
  Ce sont ces esprits noirs qui de subtils pinceaux
  Ont mis au Vatican les excellens tableaux,
  Où l'Antechrist, saoulé de vengeance et de playe,
260 Sur l'effect de ses mains en triomphant s'esgaye.
    Si l'enfer fut esmeu, le ciel le fut aussi.
  Les esprits vigilans qui ont tousjours souci
  De garder leurs agneaux, le camp sacré des Anges
  Destournoit des chrestiens ces accidens estranges :
265 Tels contraires desseins produisirent ça bas
  Des purs et des impurs les assidus combats.
  Chacun des esprits saincts ayant fourni sa tasche,
  Et retourné au ciel comme à prendre relasche,
  Representoit au vif d'un compas mesuré,
270 Dans le large parvis du haut ciel azuré,
  Aux yeux de l'Eternel, d'une science exquise,
  Les hontes de Satan, les combats de l'Eglise.
  Le paradis plus beau de spectacles si beaux
  Aima le parement de tels sacrés tableaux,
275 Si que du vif esclat de couleurs immortelles

Les voutes du beau ciel reluisirent plus belles.
Tels serviteurs de Dieu, peintres ingenieux,
Par ouvrage divin representoyent aux yeux
Des martyrs bien-heureux une autre saison pire
280 Que la saison des feux n'avoit fait le martyre.
En cela fut permis aux esprits triomphans
De voir l'estat piteux ou l'heur de leurs enfans :
Les peres contemployent l'admirable constance
De leur posterité qui, en tendrette enfance,
285 Pressoyent les mesmes pas qu'ils leur avoyent tracés;
Autres voyoyent du ciel leurs portraits effacés
Sur leur race douteuse, en qui l'ame deteste
Les cœurs degenerés, jaçoit qu'il ne leur reste
De passion charnelle, et qu'en ce sacré lieu
290 Il n'y ait zele aucun que la gloire de Dieu.
Encor pour cette gloire à leurs fils ils prononcent
Le redoutable arrest de celuy qu'ils renoncent,
Comme les dons du ciel ne vont de rang en rang
S'attachans à la race, à la chair et au sang.
295 Tantost ils remarquoyent le bras pesant de Moyse,
Et d'Israel fuyant l'enseigne en terre mise :
Puis Dieu leve ses bras et cette enseigne, alors
Qu'afoiblis aux moyens par foy nous sommes forts;
Puis elle deperit quand orgueilleux nous sommes,
300 Sans le secours de Dieu, secourus par les hommes.
  Les zelateurs de Dieu, les citoyens peris
En combattant pour Christ, les loix et le pays,
Remarquoyent aisement les batailles, les bandes,
Les personnes à part et petites et grandes;
305 Ceux qui de tels combats passerent dans les cieux
Des yeux de leurs esprits voyent leurs autres yeux.
Dieu met en cette main la plume pour escrire
Où un jour il mettra le glaive de son ire :
Les conseils plus secrets, les heures et les jours,
310 Les actes et le temps sont par songneux discours
Adjoutés au pinceau; jamais à la memoire
Ne fut si doctement sacré une autre histoire,
Car le temps s'y distingue, et tout l'ordre des faits
Est si parfaitement par les Anges parfaits
315 Escrit, deduit, compté, que par les mains sçavantes
Les plus vieilles saisons encor y sont presentes;

La fureur, l'ignorance, un prince redouté
Ne font en ces discours tort à la verité.
   Les yeux des bien-heureux aux peintures advisent
320 Plus qu'un pinceau ne peut, et en l'histoire lisent
Les premiers fers tirés et les emotions
Qui brusloyent d'un subject diverses nations;
Dans le ciel, desguisé historien des terres,
Ils lisent en leur paix les efforts de nos guerres,
325 Et les premiers objects de ces yeux saincts et beaux
Furent au rencontrer de ces premiers tableaux.
   Le premier vous presente une aveugle Belonne
Qui s'irrite de soy, contre soy s'enfelonne,
Ne souffre rien d'entier, veut tout voir à morceaux :
330 On la void deschirer de ses ongles ses peaux,
Ses cheveux gris, sans loy, sont grouillantes viperes
Qui lui crevent le sein, dos et ventre d'ulceres,
Tant de coups qu'ils ne font qu'une playe en son corps !
La louve boit le sang et fait son pain de morts.
335   Voici de toutes parts du circui de la France,
Du brave Languedoc, de la seche Provance,
Du noble Dauphiné, du riche Lyonnois,
Des Bourguignons testus, des legers Champenois,
Des Picards hazardeux, de Normandie forte,
340 Voici le Breton franc, le Poictou qui tout porte,
Les Xaintongeois heureux, et les Gascons soldarts
Des bords à leur milieu branslent de toutes parts,
Par troupeaux departis, et payés de leurs zeles
Gardent secret et foy en trois mille cervelles :
345 Secret rare aujourd'huy en trois fronts de ce temps,
Et le zele et la foy estoyent en leur printemps,
Ferme entre les soldats, mais sans loy et sans bride
En ceux qui respiroyent l'air de la cour perfide.
   Voici les doux François l'un sur l'autre enragés,
350 D'ame, d'esprit, de sens et courage changés.
   Tel est l'hideux portraict de la guerre civile,
Qui produit sous ses pieds une petite ville,
Pleine de corps meurtris en la place estendus,
Son fleuve de noyés, ses creneaux de pendus.
355 Là, dessus l'eschafaut qui tient toute la place,
Entre les condamnés un esleve sa face
Vers le ciel, luy monstrant le sang fumant et chaud

Des premiers etestés, puis s'escria tout haut,
Haussant les mains du sang des siens ensanglantees :
360 « O Dieu, puissant vengeur, tes mains seront ostees
De ton sein, car ceci du haut ciel tu verras
Et de cent mille morts à poinct te vengeras. »
    Aprés se vient enfler une puissante armee,
Remarquable de fer, de feux et de fumee,
365 Où les reistres couverts de noir et de fureurs
Despartent des François les tragiques erreurs.
Les deux chefs y sont prins, et leur dure rencontre
La desfaveur du ciel à l'un et l'autre monstre.
Vous voyez la victoire, en la plaine de Dreux,
370 Les deux favoriser pour ruyner les deux :
Comme en large chemin le pantelant yvrongne
Ondoye çà et là, s'approchant il s'esloigne,
Ainsi les deux costés heurte et fuit à la fois
La victoire troublee, yvre de sang françois.
375 L'insolente parmi les deux camps se pourmeine,
Les fait vaincre vaincus tout à la Cadmeene ;
C'est le vaisseau noyé qui, versé au profond,
Ne laisse au plus heureux que l'heur d'estre second :
L'un ruine en vainquant sa douteuse victoire,
380 L'autre au debris de soi et des siens prend sa gloire.
    Dieu eut à desplaisir tels moyens pour les siens,
Affoiblit leurs efforts pour monstrer ses moyens :
Comme on void en celui qui prodigua sa vie
Pour tuer Holoferne assiegant Bethulie,
385 Où, quand les abatus succomboyent sous le faix,
La mort des turbulens donne vie à la paix.
    L'homme sage pour soy fait quelque paix en terre,
Et Dieu non satisfait commence une autre guerre ;
L'homme pense eviter les fleaux du ciel vengeur,
390 N'ayant la paix à Dieu ni la paix en son cœur.
    Une autre grand' peinture est plus loin arrangee
Où, pour le second coup, Babel est assiegee.
Un fort petit troupeau, peu de temps, peu de lieu
Font de tres grands effects : celui qui trompoit Dieu,
395 Son Roy et ses amis, son sang et sa patrie,
Perdit l'estat, l'honneur, le combat et la vie.
Là vous voyez comment la chrestienne vertu
Par le doigt du grand Dieu a si bien combattu

Que les meschants, troublés de leurs succés estranges,
400 Penserent, esbahis, faire la guerre aux Anges.
　　Voici renaistre encor des ordres tous nouveaux,
Des guerres ici bas et au ciel des tableaux,
Où s'est peu voir celui qui là doublement prince
Mesprise sous ses pieds le regne et la province.
405 Il remarque Jarnac et contemple, joyeux,
Pour qui, comment, et quel il passe dans les cieux;
Il void comme il perça une troupe pressee,
Brisant encor sa jambe auparavant cassee;
Aillé de sa vertu il volle au ciel nouveau,
410 Et son bourreau demeure à soi-mesme bourreau.
　　Les autres d'autrepart marquent au vif rangees
Mille troupes en feu, les villes assiegees,
Les assauts repoussés, et les saccagemens,
Escarmouches, combats, meurtres, embrazemens.
415 Combat de sainct Yrier, ici tu fais paroistre
Que, quand la pluye eut mis en fange le salpestre,
Le camp royal, aux mains arresté et battu,
Esprouva des chrestiens le fer et la vertu.
　　Puis en grand marge luit, sans qu'un seul trait y faille,
420 Du sanglant Moncontour la tragique bataille :
Là on joüa de sang, là le fer inhumain,
Insolent, besongna dans l'ignorante main,
Plus à souffrir la mort qu'à la donner habile,
Moins propre à guerroyer qu'à la fureur civile.
425 Dieu fit la force vaine et l'appui vain perir
Quand l'Eglise n'eut plus la marque de souffrir,
Connoissant les humains qui n'ont leur esperance
En leur puissant secours que vaincus d'impuissance.
Ainsi d'autres combats, moindres mais violens,
430 Amolissent le cœur des tyrans insolens.
Des camps les plus enflés les rencontres mortelles
Tournent en defaveur et en dueil aux fidelles;
Mais les petits troupeaux favorisés des cieux,
Choisis des Gedeons, chantent victorieux.
435 Aussi Dieu n'a pas mis ses vertus enfermees
Au nombre plus espais des puissantes armees :
Il veut vaincre par soy et rendre consolés
Les camps tout ruinés et les cœurs desolés,
Les tirer du tombeau afin que la victoire

440 De luy, et non de nous, eternise la gloire.
C'est pourquoy Dieu maudit les Rois du peuple hebreu
Qui contoyent leurs soldats, non la force de Dieu.
   Ici prend son tableau la pieuse Renee,
Fille de ce Loys qui par la renommee
445 Fut dit Pere du peuple. Entre ses bras royaux
Estoyent cachés de Dieu les serviteurs loyaux.
Mais le nombre estant creu jusqu'à mille familles,
Du grand puits infernal les puantes chenilles
Infecterent le sein de Charles sans pitié,
450 Lui firent mettre aux pieds l'honneur et l'amitié :
Il perdit le respect d'une tante si saincte,
Un messager de mort lui porta la contrainte
De desgarnir cinq cens ou foyers ou logis,
Et d'en vuider les murs du triste Montargis.
455 Voici femmes, vieillards, et enfans qui n'ont armes
Que des cris vers le ciel, vers la terre des larmes,
Dans le chemin de mort. Telle, qui autresfois
Avoit en grand langueur fait ses couches d'un mois,
Les fait sans s'arrester, heureuse et sans peine ;
460 Une tient d'une main un enfant qu'elle meine,
L'autre lui tient la robe, et le tiers sur les bras,
Le quart s'appuye en vain sur son vieux pere las.
Le malade se traine, ou par ordre se jette
Sur le rare secours d'une ville charrette.
465 Ce troupeau harassé, et de vivre et d'aller,
Vid sur les bords de Loire eslever dedans l'air
De poussiere un grand corps ; et puis dans le nuage
Leur parut des meurtriers le hideux equippage,
Trois cornettes, et sous les funestes drapeaux
470 Brilloyent les coutelas dans les mains des bourreaux.
Mais encor à la gauche une autre moindre troupe
S'avance de plus prés, et tout espoir leur coupe
Horsmis celui du ciel : là vont les yeux de tous,
Qui, ployans cœurs et mains, atterrent les genoux.
475 Et le pasteur Beaumont, comme on fait aux batailles,
Harangua de ces mots un escadron d'oüailles :
« Que fuyons-nous ? la vie ? A quoi cercher ? la mort ?
Cerchons-nous la tempeste, avons-nous peur du port ?
Tendons les mains à Dieu puisqu'il nous les veut tendre,
480 Et luy disons : Mon ame en tes mains je viens rendre,

Car tu m'as racheté, ô Dieu de verité! »
De gauche le troupeau jà s'estoit arresté
Admirant le spectacle, et comme il s'avoisine,
L'un recognoist sa sœur, et l'autre sa cousine.
485 C'estoyent cent chevaliers qui, depuis Moncontour,
Ayant tracé de France un presque demi tour,
Vers leur pays natal à poinct se vindrent rendre
Pour des gorges du loups ces agnelets deffendre.
Leur loisir fut de faire une haye au devant
490 Des prosternés, et puis mettre l'espee au vent.
Bien que l'ennemi fust au double et d'advantage,
Au changer de gibier se fondit leur courage;
Ils s'estoyent apprestés à fendre du couteau
L'estamine linomple et la tendrette peau,
495 Mais ils trouvent du fer qui à peu de defense
Mit en pieces le tout, horsmis un qui s'eslance
Dedans un arbre creux, eschappant de ce lieu
Pour effrayer les siens des merveilles de Dieu.

 Mais je voy Navarrin : sa delivrance estrange
500 Fait sonner de Bearn une voix de loüange.
Le haut ciel aujourd'hui a peint en ses pourpris
Dis mille hommes desfaits, vingt et deux canons pris,
Une ville, un chasteau, dans l'effroy du desordre
Sous trente cavalliers perdre l'honneur et l'ordre.
505 Un beau soleil esclaire à seize cens soldats
Qui, conduits d'un lion, rendent tous ces combats.

 Lusson, tu y es peint avec la troupe heureuse
Qui dés le poinct du jour chante victorieuse :
Tes cinq cens renfermés dans l'estroit de ce lieu
510 Paroissent à genoux, levans les mains à Dieu;
Ils en rompent cinq mil choisis par excellence
Sous les deux drapeaux blancs de Piedmont et de France.

 Ainsi voy-je un combat de plus de dix contre un,
Les Suisses vaincus de la main de Montbrun,
515 Montbrun qui n'a receu du temps et de l'histoire
Que Cesar et François compagnons de victoire.

 Encor ay-je laissé vers le Rosne bruyant
Une ville assiegee et un camp s'enfuyant :
La fleur de l'Italie ayant quitté Sainct-Gille,
520 Là trois cents et les eaux en font perir six mille.

 Qui voudra se sauver de l'Egypte infidelle,

Conquerir Canaan et habiter en elle,
O tribus d'Israël, il faut marcher de rang
Dedans le golfe rouge et dans la mer de sang
525 Et puis à reins troussés passer, grimper habiles
Les deserts sans humeur et les rocs difficiles.
Le pillier du nuage à midi nous conduit,
La colonne de feu nous guidera la nuict.

Nous avons employé iusques ici nos carmes
530 Pour donner gloire à Dieu par le succés des armes ;
Il prend sa gloire encor aux funebres portraits
Où les lions, armés de foudres et de traits,
De la ruse du siecle et sales perfidies,
Combattans sans parti, se sont joüés des vies.
535 Vous vistes opposer les couteaux aux couteaux :
Voyez entre les dents des tigres les aigneaux.
Dieu benit les vertus comme Dieu des armees,
Les forces des meschans par force consumees.

D'un' autrepart au ciel en spectacles nouveaux
540 Luisoyent les cruautés vives en leurs tableaux,
En tableaux eternels, afin que l'ire esmeuë
Du Tout-puissant vengeur fume par telle veuë.
Ce ne sont plus combats : le sang versé plus doux
Est d'odeur plus amere au celeste courroux.
545   On void au bout d'un rang une troupe fidelle
Qui oppose à la peur la pieté, le zele,
Qui, au nez de Satan, voulant loüer son Dieu
Sacrifie en chantant sa vie, au triste lieu
Où la bande meurtriere arrive impitoyable,
550 Farouche de regards et d'armes effroyable,
Deschire le troupeau qui, humble, ne deffend
Sa vie que de cris : l'un perce, l'autre fend
L'estomach et le cœur et les mains et les testes,
Qui n'ont fer que le pleur ni boucliers que requestes ;
555 Les autres de flambeaux embrasent en cent lieux
Le temple, à celle fin que les aveugles feux
Ne sentent la pitié des faces gemissantes
Qui troublent, sans changer, les ames paslissantes.
Là mesme on void flotter un fleuve dont le flanc
560 Du chrestien est la source et le flot est le sang.
Un cardinal sanglant, les trompettes, les prestres,
Aux places de Vassi et au haut des fenestres,

Attisent leur ouvrage, et meurtriers de la voix
Guettent les eschappés pour les montrer aux doigts
565 Les grands, qui autresfois avoyent gravé leurs gloires
Au dos de l'Espagnol, recerchent pour victoires
Les combats sans parti, recevans pour esbats
Des testes, jambes, bras et des corps mis à bas ;
Et de peur que les voix tremblantes, lamentables,
570 Ne tirent la pitié des cœurs impitoyables,
Comme au taureau d'airain du subtil Phalaris
L'airain de la trompette oste l'air à leurs cris.

 Apres, se void encor une grand troupe armee
Sur les agneaux de Dieu qui passe, envenimee,
575 La vieillesse, l'enfant, et les femmes au fil
De leur acier trenchant : celui est plus subtil,
Le plus loüé de tous, qui sans changer de face
Pousse le sang au vent avec meilleure grace,
Qui brise sans courroux la loy d'humanité.
580 L'on void dedans le sein de l'enfant transporté
Le poignard chaud qui sort des poulmons de la mere ;
Le fils d'oppose au plomb, foudroyé pour le pere,
Donne l'ame pour l'ame, et ce trait d'amitié
Des brutaux impiteux est mocqué sans pitié.

585 Et toy, Sens insensé, tu appris à la Seine
Premier à s'engraisser de la substance humaine,
A faire sur les eaux un bastiment nouveau,
Presser un pont de corps : les premiers cheus dans l'eau,
Les autres sur ceux-là ; la mort ingenieuse
590 Froissoit de tests les tests, sa maniere douteuse
Faisoit une dispute aux playes du martyr
De l'eau qui veut entrer, du sang qui veut sortir.

 Agen se monstre là, puante, environnee
Des charongnes des siens, bien plustost estonnee
595 De voir l'air pestifere empoisonné de morts
Qu'elle ne fut puante à estrangler les corps.

 Cahors y represente une insolente audace
D'un peuple desbauché, une nouvelle face
Des ruisseaux cramoisis, la pasle mort courant
600 Qui crie à depescher son foible demeurant ;
Puis Satan, eschauffant la bestise civile
A fouler sous les pieds tout l'honneur de la ville,
N'espargne le couteau sur ceux mesme des leur

Qui mal'heureux cuidoyent moderer le malheur.
605   Mais du tableau de Tours la marque plus hideuse
Effaçoit les premiers, auquel impetueuse
Couroit la multitude aux brutes cruautés,
Dont les Scytes gelés fussent espouvantés.
Là, de l'œil tout puissant brilla la claire veuë
610 Pour remarquer la main et le couteau qui tue.
C'est là qu'on void tirer d'un temple des faux-bourgs
Trois cens liés, mi-morts, affamés par trois jours,
Puis delivrés ainsi, quand la bande bouchere
Les assomma, couplés, au bord de la riviere ;
615 Là les tragiques voix l'air sans pitié fendoyent,
Là les enfans dans l'eau un escu se vendoyent,
Arrachés aux marchans mouroyent, sans conoissance
De noms, erreurs et temps, marques et difference.
Mais quel crime avant vivre ont ils peu encourir ?
620 C'est assez pour mourir que de pouvoir mourir,
Il faut faire gouster les coups de la tuerie
A ceux qui n'avoyent pas encor gousté la vie.
Ainsi bramans, tremblans, trainés dessus le port
Du fleuve et de leurs jours, estalés à la mort,
625 Ils avisoyent percer les tetins de leurs meres,
Embrassoyent les genoux des tueurs de leurs peres ;
Leurs petits pieds fuyoyent le sang, non plus les eaux,
D'un *nenni*, d'un *jamais* ils chantoyent aux bourreaux
Que la verge sans plus, supplice d'un tel aage,
630 Les devoit anoblir du sang et du carnage.
Des meres qu'on fendoit un enfant avorté
S'en alla sur les eaux, et sur elles porté,
Autant que les regards le pouvoyent loin conduire,
Leva un bras au ciel pour appeler son ire.
635 Quelques uns par pitié vont reperçant les corps
Où les esprits et cœurs ont des liens trop forts.
Ces fendans ayant fait rencontre d'un visage
Qui de trop de beauté affligeoit leur courage,
Un moins dur laissa choir son bras et puis son fer,
640 Un autre le releve et, tout plein de l'enfer,
Desfiant la pitié de pouvoir sur sa veuë,
Despouilla la beauté pour la dechirer nuë,
Print plaisir à souïller la naïve couleur
Voyant ternir en mort cette vive blancheur.

645 Les jeunes gens repris autresfois de leur vice
Fouilloyent au ventre vif du chef de la justice
L'or qu'ils pensoyent caché, comme on vid les Romains
Desmesler des Juifs les boyaux de leurs mains.
  Puis on void esclatter, montant cette riviere,
650 Un feu rouge qui peint Loire autresfois si claire ;
L'eau d'Orleans devint un palais embrasé,
Par les cœurs attisés espris et attisé.
Ils brisent leurs prisons, et leurs loix violees,
Pour y faire perir les ames desolees
655 Des plus paisibles cœurs, qui cerchoyent en prison
Logis pour ne se voir tachés de trahison.
Trouvans dedans les bras de la fausse justice,
Pour autel de refuge, autel de sacrifice,
Là vous voyez jetter des eslevés creneaux
660 Par les meres les fils, guettés en des manteaux,
L'arquebusier tirant celle qui prend envie
De laisser aprés soy une orpheline vie,
Puis les piquiers bandés, tellement affustés
Qu'ils recevoyent aux fers les corps precipités.
665   Tout ce que Loire, Seine et que Garonne abreuve
Estoit par rang despeint comme va chaque fleuve ;
Cinquante effects pareils flamboyoyent en leurs lieux,
Attirans jusqu'à soy par la suite les yeux.
Le Rosne n'est exempt, qui par sa fin nous guide
670 A juger quelle beste est un peuple sans bride.
Je laisse à part un pont rempli de condamnés,
Un gouverneur ayant ses amis festinés,
Qui leur donne plaisir de deux cens precipices.
Nous voyons de tels sauts, represailles, justices.
675   En suivant, l'œil arrive où deux divers portraits
Representent un peuple armé de divers traits
Bandés pour deschirer, l'un Mouvant, l'autre Tende :
Il faut que la justice et l'un et l'autre rende
Aux ongles acharnés des affamés mutins.
680 Ceux-là veulent offrir leurs bergers aux mastins,
Mais les chiens, respectans le cœur et les entrailles,
Furent comme chrestiens punis par ces canailles
Qui, en plusieurs endroits, ont rosti et masché,
Savouré, avalé, tels cœurs en plain marché :
685 Si quelqu'un refusoit, c'estoit à son dommage

Qu'il n'estoit pas bien né pour estre antropophage.
　　Point ne sont effacés, encor qu'ils soyent plus vieux,
Les traits de Merindol et Cabriere en feux.
L'œil, suivant les desirs, aux montagnes s'eslongne
690 Qu'il voyoit tapisser des beaux combats d'Angrongne.
　　Il contemploit changer en lions les agneaux.
Quand celuy qui jadis fut berger des troupeaux,
De l'agneau fait lion, Amiral admirable,
Sachant en autrepart la suitte espouvantable
695 Des succés de sa mort, à ce point arriva
Que le troupeau ravi sur ses erres trouva.
Mais il leur fit quitter, pour venir à nos aages,
Tels spectacles entiers qui, d'images en images,
De pas en pas, menoient les celestes bourgeois
700 A voir Zischa, Boheme, en fin les Albigeois.
　　Ils quittent à regret cette file infinie
Des merveilles de Dieu, pour voir la tragedie
Qui efface le reste. Estans arrivés là,
De prophetique voix son ame ainsi parla :
705 « Venez voir comme Dieu chastia son Eglise
Quand sur nous, non sur luy, sa force fut assise,
Quand, devenus prudens, la paix et nostre foy
Eurent pour fondement la promesse du Roy.
Il se montra fidele en l'orde perfidie
710 De nos haineux, et fit, en nous ostant la vie,
Rester si abbatu et foible son troupeau
Qu'en terre il ne trainoit que les os et la peau.
Nous voulions contraster du peuple les finesses,
Nous enfans du royaume, et Dieu mit nos sagesses
715 Comme folie au vent ; encor l'homme obstiné,
Voyant tout ce qui est de l'homme condamné
Et les effects du ciel loin de son esperance,
Ne peut jamais tirer du mortel sa fiance.
O humains insensés ! ô fols entendemens !
720 O decret bien certain des divins jugemens ! »
　　Telle resta l'Eglise aux sangliers eschappee
Que d'un champ tout foullé la face dissipee,
Dont les riches espics tous meurs et jaunissans
Languissent sous les pieds des chevaux fracassans,
725 Ou bien ceux que le vent et la foudre et la gresle
Ont haché à morceaux, paille et grain pesle-mesle :

Rien ne se peut sauver du milieu des seillons,
Mais bien quelques espics levés des tourbillons
Dans les buissons plus forts, sous qui la vive guerre
730 Que leur ont fait les vents les a fichés en terre.
Ceux-ci, dessous l'abri de ces haliers espais,
Prennent vie en la mort, en la guerre la paix,
Se gardent au printemps, puis leurs branches dressees,
Des tuteurs aubepins rudement caressees,
735 Font passer leurs espics par la fascheuse main
Des buissons ennemis, et parvienent en grain;
La branche qui s'oppose au passer de leurs testes
Les fasche et les retient, mais les sauve des bestes.
C'est ainsi que seront gardés des inhumains,
740 Pour resemer l'Eglise, encore quelques grains
Armés d'afflictions, grains que les mains divines
Font naistre à la faveur des poignantes espines,
Moisson de grand espoir : car c'est moisson de Dieu
Qui la fera renaistre en son temps, en son lieu.
745   Jà les vives splendeurs des diversités peintes
Tiroyent, à l'approcher, les yeux des ames sainctes;
L'aspect en arrivant plus fier apparoissoit,
L'esclatante leueur prés de l'œil accroissoit.
Premierement entroit en Paris l'infidelle
750 Une troupe funebre : on void au milieu d'elle
Deux princes, des chrestiens l'humain et foible espoir;
Pour presage et pour marque ils se paroyent de noir,
Sur le coup de poison qui de la tragedie
Joüa l'acte premier, en arrachant la vie
755 A nostre Debora. Aprés est bien depeint
Le somptueux apprest, l'amas, l'appareil feint,
La pompe, les festins des doubles mariages
Qui desguisoyent les cœurs et masquoyent les visages.
La flute qui joüa fut la publique foy;
760 On pipa de la paix et d'amour de son Roy,
Comme un pescheur, chasseur ou oiseleur appelle
Par l'appast, la gaignage ou l'amour de femelle,
Sous l'herbe dans la nasse, aux cordes, aux gluaux,
Le poisson abusé, les bestes, le oiseaux.
765 Voici venir le jour, jour que les destinees
Voyoyent à bas sourcils glisser de deux annees,
Le jour marqué de noir, le terme des appas,

Qui voulut estre nuict et tourner sur ses pas :
Jour qui avec horreur parmi les jours se conte,
770 Qui se marque de rouge et rougit de sa honte.
L'aube se veut lever, aube qui eut jadis
Son teint brunet orné des fleurs du paradis ;
Quand, par son treillis d'or, la rose cramoisie
Esclatoit, on disoit : « Voici ou vent, ou pluye. »
775 Cett' aube, que la mort vient armer et coiffer
D'estincelans brasiers ou de tisons d'enfer,
Pour ne dementir point son funeste visage
Fit ses vents de souspirs, et de sang son orage.
Elle tire en tremblant du monde le rideau,
780 Et le soleil voyant le spectacle nouveau
A regret esleva son pasle front des ondes,
Transi de se mirer en nos larmes profondes,
D'y baigner ses rayons ; oui, le pasle soleil
Presta non le flambeau, mais la torche de l'œil,
785 Encor pour n'y montrer le beau de son visage
Tira le voile en l'air d'un louche, espais nuage.
  Satan n'attendit pas son lever, car voici :
Le front des spectateurs s'advise, à coup transi,
Qu'en paisible minuict, quand le repos de l'homme
790 Les labeurs et le soin en silence consomme,
Comme si du profond des esveillés enfers
Grouillassent tant de feux, de meurtriers et de fers,
La cité où jadis la loy fut reveree,
Qui à cause des loix fut jadis honoree,
795 Qui dispensoit en France et la vie et les droicts,
Où fleurissoyent les arts, la mere de nos Rois,
Vid et souffrit en soy la populace armee
Trepigner la justice, à ses pieds diffamee.
Des brutaux desbridés les monceaux herissés,
800 Des ouvriers mechanics les scadrons amassés
Diffament à leur gré trois mille cheres vies,
Tesmoins, juges et rois et bourreaux et parties.
Ici les deux partis ne parlent que françois.
Les chefs qui redoutés avoyent fait autresfois
805 Le marchant, delivré de la crainte d'Espagne,
Avoir libre au traffic la mer et la campagne,
Par qui les étrangers tant de fois combattus,
Le Roy desprisonné de peur de leurs vertus,

Qui avoyent entamé les batailles rangees,
810 Qui n'avoyent aux combats cœurs ni faces changees,
L'appuy des vrais François, des traistres la terreur,
Moururent delaissés de force et non de cœur,
Ayant pour ceps leurs licts detenteurs de leurs membres
Pour geolier leur hoste, et pour prison leurs chambres.
815 Par les lievres fuyards armés à millions
Qui trembloyent en tirant la barbe à ces lions,
De qui la main poltronne et la craintive audace
Ne les pouvoit, liés, tuer de bonne grace.
Dessous le nom du Roy, parricide des loix,
820 On destruisoit les cœurs par qui les Rois sont Rois.
Le coquin, possesseur de royale puissance,
Dans les fanges trainoit les senateurs de France;
Tout riche estoit proscript; il ne falloit qu'un mot
Pour venger sa rancœur sous le nom d'huguenot.
825 Des procez ennuyeux fut la longueur finie,
La fille oste à la mere et le jour et la vie,
Là le frere sentit de son frere la main,
Le cousin esprouva pour bourreau son germain;
L'amitié fut sans fruit, la cognoissance esteinte,
830 La bonne volonté utile comme feinte.
  D'un visage riant nostre Caton tendoit
Nos yeux avec les siens, et le bout de son doigt,
A se voir transpercé; puis il nous monstra comme
On le coupe à morceaux : sa teste court à Rome,
835 Son corps sert de jouët aux badauds ameutés,
Donnant le bransle au cours des autres nouveautés.
La cloche qui marquoit les heures de justice,
Trompette des voleurs, ouvre aux forfaicts la lice;
Ce grand palais du droict fut contre droict choisi
840 Pour arborer au vent l'estendart cramoisi.
Guerre sans ennemi, où l'on ne trouve à fendre
Cuirasse que la peau ou la chemise tendre.
L'un se deffend de voix, l'autre assaut de la main,
L'un y porte le fer, l'autre y preste le sein :
845 Difficile à juger qui est le plus astorge,
L'un à bien esgorger, l'autre à tendre la gorge.
Tout pendart parle haut, tout equitable craint,
Exalte ce qu'il hait; qui n'a crime le feint.
Il n'est garçon, enfant, qui quelque sang n'espanche

850 Pour n'estre veu honteux s'en aller la main blanche.
Les prisons, les palais, les chasteaux, les logis,
Les cabinets sacrés, les chambres et les licts
Des princes, leur pouvoir, leur secret, leur sein mesme
Furent marqués des coups de la tuerie extreme.
855 Rien ne fut plus sacré quand on vit par le Roy
Les autels violés, les pleiges de la foy.
Les princesses s'en vont de leurs licts, de leurs chambres,
D'horreur, non de pitié, pour ne toucher aux membres
Sanglans et detranchés que le tragique jour
860 Mena cercher la vie au nid du faux amour.
Libitine marqua de ses couleurs son siege,
Comme le sang des fans rouïlle les dents du piege,
Ces licts, pieges fumans, non pas licts, mais tombeaux
Où l'Amour et la Mort troquerent de flambeaux.
865 Ce jour voulut montrer au jour par telles choses
Quels sont les instrumens, artifices et causes
Des grands arrests du ciel. Or des-ja vous voyez
L'eau couverte d'humains, de blessez mi-noyez,
Bruyant contre ses bords la detestable Seine,
870 Qui, des poisons du siecle à ses deux chantiers pleine,
Tient plus de sang que d'eau; son flot se rend caillé,
A tous les coups rompu, de nouveau resouïllé
Par les precipités : le premier monceau noye,
L'autre est tué par ceux que derniers on envoye;
875 Aux accidens meslés de l'estrange forfait
Le tranchant et les eaux debattent qui l'a fait.
Le pont, jadis construit pour le pain de sa ville,
Devint triste eschafaut de la fureur civile :
On void à l'un des bouts l'huis funeste, choisi
880 Pour passage de mort, marqué de cramoisi;
La funeste vallee, à tant d'agneaux meurtriere,
Pour jamais gardera le titre de Misere,
Et tes quatre bourreaux porteront sur leur front
Leur part de l'infamie et de l'horreur du pont,
885 Pont, qui eus pour ta part quatre cens precipices !
Seine veut engloutir, louve, tes edifices :
Une fatale nuict en demande huict cens,
Et veut aux criminels mesler les innocens.
  Qui marche au premier rang des hosties rangees ?
890 Qui prendra le devant des brebis esgorgees ?

LES FERS

    Ton nom demeure vif, ton beau teint est terny,
Piteuse, diligente et devote Yverny,
Hostesse à l'estranger, des pauvres aumoniere,
Garde de l'hospital, des prisons thresoriere,
895 Point ne t'a cet habit de nonnain garenti,
D'un patin incarnat trahi et dementi :
Car Dieu n'approuva pas que sa brebis d'eslite
Devestist le mondain pour vestir l'hypocrite ;
Et quand il veut tirer du sepulchre les siens,
900 Il ne veut rien de sale à conferer ses biens.

    Mais qu'est-ce que je voy ? un chef qui s'entortille,
Par les volans cheveux, autour d'une cheville
Du pont tragique, un mort qui semble encore beau,
Bien que pasle et transi, demi caché en l'eau ;
905 Ses cheveux, arrestans le premier precipice,
Levent le front en haut qui demande justice.
Non, ce n'est pas ce poinct que le corps suspendu
Par un sort bien conduict a deux jours attendu ;
C'est un sein bien aimé, qui traine encor en vie,
910 Ce qu'attend l'autre sein pour chere compagnie.
Aussi voy-je mener le mari condamné,
Percé de trois poignards aussi tost qu'amené,
Et puis poussé en bas, où sa moitié pendue
Receut l'aide de lui qu'elle avoit attendue :
915 Car ce corps en tombant des deux bras l'empoigna,
Avec sa douce prise accouplé se baigna,
Trois cens precipités, droit en la mesme place,
N'ayant peu recevoir ni donner cette grace.
Appren, homme de sang, et ne t'efforce point
920 A desunir les corps que le ciel a conjoint.

    Je voy le vieil Rameau à la fertile branche,
Chappes caduc rougir leur perruque si blanche,
Brion de pieté comme de poil tout blanc,
Son vieil col embrassé par un prince du sang
925 Qui aux coups redoublés s'oppose en son enfance :
On le perce au travers de si foible deffence ;
C'estoit faire perir une nef dans le port,
Desrober le mestier à l'aage et à la mort.

    Or, cependant qu'ainsi par la ville on travaille,
930 Le Louvre retentit, devient champ de bataille,
Sert aprés d'eschafaut, quand fenestres, creneaux

Et terrasses servoyent à contempler les eaux,
Si encores sont eaux. Les dames mi-coiffees
A plaire à leurs mignons s'essayent eschauffees,
935 Remarquent les meurtris, les membres, les beautés,
Bouffonnent salement sur leurs infirmités.
A l'heure que le ciel fume de sang et d'ames,
Elles ne plaignent rien que les cheveux des dames.
C'est à qui aura lieu à marquer de plus prés
940 Celles que l'on esgorge et que l'on jette aprés,
Les unes qu'ils forçoyent avec mortelles pointes
D'elles mesmes tomber, pensant avoir esteintes
Les ames quand et quand, que Dieu ne pouvant voir
Le martyre forcé prendroit pour desespoir
945 Le cœur bien esperant. Nostre Sardanapale
Ridé, hideux, changeant, tantost feu, tantost pasle
Spectateur, par ses cris tous enroüés servoit
De trompette aux maraux; le hasardeux avoit
Armé son lasche corps; sa valeur estonnee
950 Fut, au lieu de conseil, de putains entournee;
Ce Roy, non juste Roy, mais juste harquebusier,
Giboyoit aux passans trop tardifs à noyer!
Vantant ses coups heureux il deteste, il renie
Pour se faire vanter à telle compagnie.
955 On voyoit par l'orchestre, en tragique saison,
Des comiques Gnatons, des Taïs, un Trazon.
La mere avec son train hors du Louvre s'eslongne,
Veut jouir de ses fruicts, estimer la besongne.
Une de son troupeau trotte à cheval trahir
960 Ceux qui sous son secret avoyent pensé fuir.
En tel estat la cour, au jour d'esjouïssance,
Se pourmene au travers des entrailles de France.
    Cependant que Neron amusoit les Romains
Au theatre et au cirque à des spectacles vains,
965 Tels que ceux de Bayonne ou bien des Tuilleries,
De Bloys, de Bar-le-duc, aux forts, aux mommeries,
Aux ballets, carrousels, barrieres et combats,
De la guerre naissant les berceaux, les esbats,
Il fit par boutefeux Rome reduire en cendre;
970 Cet appetit brutal print plaisir à entendre
Les hurlemens divers des peuples affolés,
Rioit sur l'affligé, sur les cœurs desolés,

LES FERS

En attisant tousjours la braise mi-esteinte
Pour, sur les os cendreux, tyranniser sans crainte.
975 Quand les feux, non son cœur, furent saouls de malheurs,
Par les pleurs des martyrs il appaisa les pleurs
Des Romains abusés : car, des prisons remplies
Arrachant les chrestiens, il immola leurs vies,
Holocaustes nouveaux, pour offrir à ses dieux
980 Les saincts expiateurs et cause de ses feux.
Les esbats coustumiers de ces aprés-disnees
Estoyent à contempler les faces condamnees
Des chers tesmoins de Dieu, pour plaisir consumés
Par les feux, par les dents des lions affamés.
985 Ainsi l'embrasement des masures de France
Humilie le peuple, esleve l'arrogance
Du tyran, car au pris que l'impuissance naist,
Au pris peut-il pour loy prononcer : *Il me plaist*.
Le peuple n'a des yeux à son mal; il s'applique
990 A nourrir son voleur en cerchant l'heretique,
Il fait les vrais chrestiens cause de peste et faim,
Changeans la terre en fer et le ciel en airain.
Ceux-là servent d'hostie, injustes sacrifices
Dont il faut expier de nos Princes les vices,
995 Qui, fronçans en ce lieu l'espais de leurs sourcils,
Resistent aux souspirs de tant d'hommes transis :
Comme un Domitian, pourveu de telles armes,
Des Romains qui trembloyent espouvantoit les larmes.
Devoyant la pitië, destournant autrepart
1000 Les yeux à contempler son flamboyant regard.
    Charles tournoit en peur par des regards semblables
De nos princes captifs les regrets lamentables,
Tuoit l'espoir en eux, en leur faisant sentir
Que le front qui menace est loin du repentir.
1005 Aux yeux des prisonniers le fier changea de face,
Oubliant le desdain de sa fiere grimace,
Quand, apres la semaine, il sauta de son lict,
Esveilla tous les siens pour entendre à minuit
L'air abayant de voix, de tel esclat de plaintes
1010 Que le tyran cuydant les fureurs non esteintes
Et qu'aprés les trois jours pour le meurtre ordonnés
Se seroyent les felons encore mutinés,
Il depescha par tout inutiles deffenses :

Il void que l'air seul est l'echo de ses offenses,
1015 Il tremble, il fait trembler par dix ou douze nuicts
Les cœurs des assistans, quels qu'ils fussent, et puis
Le jour effraye l'œil quand l'insensé descouvre
Les corbeaux noircissans le pavillon du Louvre.
　　Catherine au cœur dur par feinte s'esjouït,
1020 La tendre Elizabeth tombe et s'esvanouït;
Du Roy, jusqu'à la mort, la conscience immonde
Le ronge sur le soir, toute la nuict lui gronde,
Le jour siffle en serpent; sa propre ame lui nuit,
Elle mesme se craint, elle d'elle s'enfuit.
1025 　　Toy, Prince prisonnier, tesmoin de ces merveilles,
Tu as de tels discours enseigné nos oreilles;
On a veu à la table, en public, tes cheveux
Herisser en contant tels accidents affreux.
Si un jour, oublieux, tu en perds la memoire,
1030 Dieu s'en souviendra bien à ta honte, à sa gloire.
　　L'homme ne fut plus homme, ains le signe plus grand
D'un excez sans mesure apparut quand et quand :
Car il ne fut permis aux yeux forcés du pere
De pleurer sur son fils; sans parole, la mere
1035 Voyoit trainer le fruict de son ventre et son cœur;
La plainte fut sans voix, muette la douleur.
L'espion attentif, redouté, prenoit garde
Sur celuy qui d'un œil moins furieux regarde;
L'oreille de la mousche espie en tous endroicts
1040 Si quelque bouche preste à son ame la voix.
Si quelqu'un va cercher en la barge commune
Son mort, pour son tesmoin il ne prend que la lune :
Aussi bien au clair jour ces membres destranchés
Ne se discernent plus fidelement cerchés.
1045 Que si la tendre fille ou bien l'espouse tendre
Cerchent pere ou mari, crainte de se mesprendre
En tirent un semblable, et puis disent : « Je tien,
Je baise mon espoux ou du moins un chrestien. »
　　Ce fut crime sur tout de donner sepulture
1050 Aux repoussés des eaux : somme que la nature,
Le sang, le sens, l'honneur, la loy d'humanité,
L'amitié, le devoir et la proximité,
Tout esprit et pitié delaissés par la crainte
Virent l'ame immortelle à cette fois esteinte.

A ce luisant patron, au grand commandement
Pressé par les Amans, porté legerement,
Mille folles cités, à faces desguisees,
Se trouvent aussi tost à tuer embrazees.

Le mesme jour esmeut à mesme chose Meaux
Qui, pour se delecter de quelques traits nouveaux,
Parmi six cens noyés, victimes immolees,
Vid au pas de la mort vingt femmes violees.

On void Loire, inconnu tant farouche, laver
Les pieds d'une cité qui venoit d'achever
Seize cens poignardés, attachés à douzaines;
Le palais d'Orleans en vid les sales pleines,
Dont l'amas fit une isle, une chaussee, un mont,
Lequel fit refouler le fleuve contremont,
Et dessus et dessous; et les mains et les villes,
Qui n'avoyent pas trempé dans les guerres civiles,
Troublent à cette fois Loire d'un teint nouveau,
Chacun' ayant gaigné dans ce rang un tableau.

Lyon, tous tes lions refuserent l'office :
Le vil executeur de la haute justice,
Le soldat, l'estranger, les braves garnisons
Dirent que leur valeur ne s'exerce aux prisons.
Quand les bras et les mains, les ongles detesterent
D'estre les instrumens qui la peau deschirerent,
Ton ventre te donna dequoy percer ton flanc;
L'ordure des boyaux se creva dans ton sang.

Voila Tournon, Viviers et Vienne et Valence
Poussans avec terreur de Lyon l'insolence,
Troublés de mille corps qu'ils esloignent; et puis
Arles, qui n'a chez soy ne fontaines ne puits,
Souffrit mourir de soif, quand du sang le passage
Dix jours leur deffendit du Rosne le breuvage.
Ici, l'Ange troisiesme espandit à son rang
Au Rosne sa fiole, et ce fleuve fut sang.
Ici, l'Ange des eaux cria : « Dieu qu'on adore,
Qui es, qui as esté, et qui seras encore,
Ici tu as le droit pour tes saincts exercé,
Versant le sang à boire à ceux qui l'ont versé. »

Seine le rencherit; ses deux cornes distantes
Ne souffrirent leurs gens demeurer innocentes :
Troye d'un bout, Roüan de l'autre, se font voir

Qui ouvrent leurs prisons pour un funeste espoir,
Et lors, par divers jours et par le rolle, ils nomment
Huict cens testes qu'en ordre et desordre ils assomment.
    Thoulouze y adjousta la foy du parlement,
1100 Fit crier la seurté, pour plus desloyaument
Conserver le renom de royne des cruelles.
    Mais tant d'autres cités jusques alors pucelles,
De qui l'air ou les arts amolissent les cœurs,
De qui la mort bannie haïssoit les douceurs,
1105 N'ont en fin resisté aux dures influences
Qui leur donnent le bransle aux communes cadences.
    Angers, tu l'as senti, mere des escholiers,
Tu l'as senti, courtois et delicat Poictiers;
Favorable Bordeaux, le nom de favorable
1110 Se perdit en suivant l'exemple abominable.
Dax suivit mesme jeu. Leurs voisins belliqueux
Prirent autre patron et autre exemple qu'eux :
Tu as (dis-tu) soldats, et non bourreaux, Bayonne,
Tu as de liberté emporté la couronne,
1115 Couronne de douceur qui, en si dur meschef,
De cloux de diamans est ferme sur ton chef.
    Où voulez-vous, mes yeux, courir ville apres ville,
Pour descrire des morts jusques à trente mille ?
Quels mots trouverez-vous, quel style, pour nommer
1120 Tant de flots renaissans de l'impiteuse mer ?
Oeil, qui as leu ces traits, si tu escoute, oreille,
Encor un peu d'haleine à sçavoir la merveille
De ceux que Dieu tira des ombres du tombeau.
Nous changeons de propos. Voy encor ce tableau
1125 De Bourge : on y conoit la brigade constante
De quelques citoyens, bien contés pour quarante,
Et recontés apres, afin qu'il n'arrivast
Que par mesgarde aucun condamné se sauvast.
Au naistre du soleil, un à un on les tue :
1130 On les met cinq à cinq exposés à la veuë
Du transi magistrat; le conte bien trouvé
Acertena la mort que rien n'estoit sauvé.
Cette injuste justice au tiers jour amassee
Oit le son estouffé, la voix triste et cassee
1135 D'un gosier languissant. Ceux qui par plusieurs fois
Cercherent curieux d'où partoit cette voix

LES FERS

Descouvrent à la fin qu'un vieillard, plein d'envie
D'alonger les travaux, les peines de la vie,
S'estoit precipité dans un profond pertuis :
1140 La faim fit resonner l'abysme de son puits,
Estant un des bouchers despesché en sa place.
Ces juges contemployent avec craintive face.
Du siecle un vray portraict, du malheur le miroir.
Ils luy donnent du pain, pour en luy faire voir
1145 Comment Dieu met la vie au peril plus extreme
Parmi les os et nerfs de la mort pasle et blesme,
Releve l'estonné, affoiblit le plus fort,
Pour donner au meurtrier par son couteau la mort.

Caumont, qui à douze ans eus ton pere et ton frere
1150 Pour cuirasse pesante, appren ce qu'il faut faire,
Quel Prince t'a tiré, quel bras fut ton secours.
Tes pere et frere sont dessus toy tous les jours.
Nature vous forma d'une mesme substance,
La mort vous assembla comme fit la naissance :
1155 Cousu mort avec eux, et vif, tu as dequoy
Tes compagnons de mort faire vivre par toy.
Ton sein est pour jamais teint du sang de tes proches,
Dieu t'a sauvé par grace, ou bien c'est pour reproches :
Grace, en mettant pour luy l'esprit qui t'a remis,
1160 Reproche, en te faisant serf de tes ennemis

De pareille façon on void couché en terre
Celui qu'en trente lieux son ennemi enferre.
Une troupe y accourt, dont chacun fut lassé
De repercer encor le sein des-jà percé;
1165 Puis l'ennemi retourne et, couché face à face,
Il met de son poignard la poincte sur la place
Où il juge le cœur; en redoublant trois fois,
Du gosier blasphemant luy sortit cette voix :
« Va t'en dire à ton Dieu qu'il te sauve à cette heure ! »
1170 Mais, homme, tu mentis, car il faut que tu meure
De la main du meurtri : certes le Dieu vivant
Pour ame luy donna de sa bouche le vent,
Et cette voix qui Dieu et sa force desfie
Donne mort au meurtrier et au meurtri la vie.

1175 Voici, de peur d'Achas, un prophete caché
En un lieu hors d'acces, en vain trois jours cerché.
Une poule le trouve, et sans faillir prend cure

De pondre dans sa main trois jours sa nourriture.
O chrestiens fugitifs, redoutez-vous la faim ?
1180 Le pain est don de Dieu, qui sçait nourrir sans pain :
Sa main depeschera commissaires de vie,
La poule de Merlin ou les corbeaux d'Helie.
    Reniers eut tel secours et vid un corbeau tel
Quand Vesins furieux, son ennemi mortel,
1185 Lui fit de deux cens lieuës escorte et compagnie.
Il attendoit la mort dont il receut la vie,
N'ayant, tout le chemin, ni propos ni devis
Sinon, au separer, ce magnifique avis :
« Je te reprocheray, Reniers, mon assistance
1190 Si du fait de Paris tu ne prens la vengeance. »
    Moy, qui rallie ainsi les eschapés de mort
Pour prester voix et mains au Dieu de leur support,
Qui chante à l'advenir leurs frayeurs et leurs peines,
Et puis leurs libertés, me tairay-je des miennes ?
1195   Parmi ces aspres temps l'esprit, ayant laissé
Aux assassins mon corps en divers lieux percé,
Par l'Ange consolant mes ameres blessures,
Bien qu'impur, fut mené dans les regions pures.
Sept heures me parut le celeste pourpris
1200 Pour voir les beaux secrets et tableaux que j'escris,
Soit qu'un songe au matin m'ait donné ces images,
Soit qu'en la pamoison l'esprit fit ces voyages.
Ne t'enquiers, mon lecteur, comment il vid et fit,
Mais donne gloire à Dieu en faisant ton profit.
1205 Et cependant qu'en luy, exstatic, je me pasme,
Tourne à bien les chaleurs de mon enthousiasme.
    Doncques, le front tourné vers le Midi ardant,
Paroissoyent du zenit, penchant vers l'Occident,
Les spectacles passez qui tournoyent sur la droicte.
1210 Ce qui est au devant est cela qui s'exploite :
Là esclatent encor cent portraits eslongnés,
Où se montrent les fils du siecle embesongnés ;
On void qu'en plusieurs lieux les bourreaux refuserent
Ce que bourgeois, voisins et parens acheverent.
1215 L'esprit lassé, par force advisa le monceau
Des chrestiens condamnés qui, nuds jusqu'à la peau,
Attendent par deux jours quelque main ennemie
Pour leur venir oster la faim avec la vie ;

LES FERS 233

    Puis voici arriver secours aux enfermés,
1220 Les bouchers aux bras nuds, au sang accoustumés,
Armés de leurs couteaux qui apprestent les bestes.
Et ne font qu'un corps mort de bien quatre cens testes.
    Les temples des Baalins estoyent remplis de cris
De ceux de qui les corps, comme vuides d'esprits,
1225 Vivans du seul sentir, par force, par paroles,
Par menaces, par coups s'enclinoyent aux idoles ;
Et, à pas regrettés, les infirmes de cœur
Pour la peur des humains de Dieu perdoyent la peur.
Ces desolés, transis par une aveugle envie
1230 D'un vivre malheureux, quittoyent l'heureuse vie,
La plupart preparans, en se faisant ce tort,
Les ames à la gehenne et les corps à la mort,
Quand Dieu juste permit que ces piteux exemples
N'alongeassent leurs jours que sur le sueil des temples.
1235 Non pourtant que son œil de pitié fust osté,
Que le Saint-Esprit fust blessé d'infirmité :
Sa grace y met la main. Tels estoyent les visages
Des jugemens à terme accomplis en nos aages,
    A la gauche du ciel, au lieu de ces tableaux,
1240 Esblouïssent les yeux les astres clairs et beaux :
Infinis millions de brillantes estoilles,
Que les vapeurs d'embas n'offusquoyent de leurs voiles,
En lignes, poincts et ronds, parfaicts ou imparfaicts,
Font ce que nous lisons aprés dans les effects.
1245 L'Ange m'en fait leçon, disant : « Voila les restes
Des hauts secrets du ciel : là les bourgeois celestes
Ne lisent qu'aux rayons de la face de Dieu ;
C'est de tout l'advenir le registre, le lieu
Où la harpe royalle estoit lors eslevee
1250 Qu'elle en sonna ces mots : *Pour jamais engravee*
Est dedans le haut ciel que tu creas jadis
La vraye eternité de tout ce que tu dis.
C'est le registre sainct des actions secretes,
Fermé d'autant de seaux qu'il y a de planetes.
1255 Le prophete domteur des lions indomptés
Le nomme en ses escrits l'escrit des verités.
Tout y est bien marqué, nul humain ne l'explique ;
Ce livre n'est ouvert qu'à la troupe angelique,
Puis aux esleus de Dieu, quand en perfection

1260 L'ame et le corps goustront la resurrection.
Cependant ces portraits leur mettent en presence
Les biens et maux presens de leur tres chere engeance. »
Je romps pour demander : « Quoy ! les ressuscités
Pourront-ils discerner de leurs proximités
1265 Les visages, les noms, se souvenans encore
De ceux-là que la mort oublieuse devore ? »
L'Ange respond : « L'estat de la perfection
Ravit à l'Eternel toute l'affection;
Mais puis qu'ils sont parfaits, en leur comble faut croire
1270 Parfaite cognoissance et parfaite memoire,
 « Cependant, sur le poinct de ton heureux retour,
Esprit, qui as de Dieu eu le zele et l'amour,
Vois-tu ce rang si beau de luisans caracteres ?
C'est le cours merveilleux du succez de tes freres.
1275 « Voila un camp maudit à son malheur planté
Aux bords de l'Ocean abayant la cité,
La saincte Bethulie, aux agnelets defence,
Des petits le bouclier, des hautains la vengeance.
Là finissent leurs jours, l'espoir et les fureurs,
1280 Tués, mais non au lit, vingt mille massacreurs.
Dieu fit marcher, voulant delivrer sans armee
La Rochelle poudreuse et Sancerre affamee,
Les visages nouveaux des Sarmates rasés,
Secourables aux bons, pour eux mal advisés.
1285 Que vois-je ? l'Ocean à la face incognue,
Qui, en contrefaisant la nourrissiere nue
D'où le desert blanchit par les celestes dons,
Veut blanchir le rivage abrié de sourdons.
Dites, physiciens, qui faites Dieu nature,
1290 Comment la mer, n'ayant mis cette nourriture
Dans ce havre jamais, trouva ce nouveau pain
Au poinct que dans le siege entroit la pasle faim,
Et pourquoi cette manne et pasture nouvelle,
Quand la faim s'en alla, s'enfuit avec elle ?
1295 Le ciel prend à plaisir, Rochelois, vos tableaux,
Memoires du miracle, et en fait de plus beaux.
 « Vois-tu dessous nos pieds une flamme si nette,
Une estoile sans nom, sans cheveux un comete,
Phanal sur Bethleem, mais funeste flambeau
1300 Qui mene par le sang Charle-Herode au tombeau ?

« Jesabel par poisons et par prisons besongne
Pour sur le throne voir le fuitif de Poulongne :
Il trouve, à son retour, non des agneaux craintifs,
Mais des lions trompés, retraite aux fugitifs.
1305 « De la mer, du midi et des Alpes encore
L'esprit va resveiller qui en esprit adore :
Aux costaux de la Clergue, aux Pirenes gelés,
Aux Sevenes d'Auvergne, en voila d'appelés.
Les cailloux et les rocs prennent et forme et vie
1310 Pour guerroyer de Dieu la lignee ennemie,
Pour estre d'Abraham tige continuel,
Et relever sur pieds l'enseigne d'Israel,
Conduits par les bergers, destitués de princes.
Partageant par moitié du regne les provinces,
1315 Contre la vanité les fils des vanités
S'arment : leurs confidens par eux sont tourmentés.
    « Je voy l'amas des Rois et conseillers de terre
Qui changent une paix au progrez d'une guerre,
Un Roy mangeant l'hostie et l'idole, en jurant
1320 D'achever des chrestiens le foible demeurant,
N'y espargner le sang du peuple ni la vie,
Les promesses, les voix, la foy, la perfidie.
    « François, mauvais François, de l'affligé troupeau
Se fait le conducteur et puis, traistre et bourreau,
1325 Porte au Septentrion ses infideles trames.
Vaincu par les agneaux, il engage les ames
Complices des autheurs de ses desseins pervers
A parer en un jour de charongnes Anvers :
Car Dieu fait tout mentir, menaces et injures.
1330 Tant de subtils conseils font tous ces Rois parjures
Frappés d'estonnement, et bien punis dequoy
Ils ont mis en mespris la parole et la foy;
Par la force il les rend perfides à eux-mesmes.
Le vent fit un jouët de leurs braves blasphemes.
1335 « Voila vers le midi trois Rois en pieces mis,
Les ennemis de Dieu pris par ses ennemis.
    « Le venin de la cour preparé s'achemine
Pour mener à Samson Dalila Philistine.
    « Un Roy, cerchant secours parmi les serfs, n'a rien
1340 Que pour rendre vainqueur le grand Iberien.
Celui-là prend de l'or, en fait une semence

Qui contre les François reconjure la France,
Ses peuples tost apres contre lui conjurés,
Par contraintes vertus vangés et delivrés.
1345 Celui qui de regner sur le monde machine
S'engraisse pour les poux, curee à la vermine.
 « Voy deux camps, dont l'un prie et souspire en s'ar-
L'autre presomptueux menace en blasphemant. [mant,
O Coutras! combien tost cette petite plaine
1350 Est de cinq mille morts et de vengeance pleine !
 « Voici Paris armé sous les loix du Guisard;
Il chasse de sa cour l'hypocrite renard,
Qui tire son chasseur apres en sa tasniere.
Les noyeurs n'ont tombeau que la trouble riviëre,
1355 Les maistres des tueurs perissent de poignards,
Les supports des brusleurs par les brusleurs sont ards :
Loire qui fut bourrelle aura le soin de rendre
Les brins esparpillés de leur infame cendre.
Aussi tost leur boucher, de ses bouchers pressé,
1360 Des proscripts secouru, se void des siens laissé.
Son procureur, jadis des martyrs la partie,
Procure et mene au Roy le trencheur de sa vie,
Au mois, jour et logis, à la chambre et au lieu
Où à mort il jugea la famille de Dieu :
1365 Fait gibier d'un cagot vilain porte-bezace,
Il quitte au condamné ses fardeaux et sa place.
 « Arques n'est oublié, ni le succez d'Ivry.
Conois par qui tu fus victorieux, Henry;
Tout ploye sous ton heur, mais il est predit comme
1370 Ce qu'on devoit à Dieu fut pour le Dieu de Rome.
 « Paris, tu es reduite à digerer l'humain :
Trois cens mille des tiens perissent par la faim
Dans le tour des dix lieus qu'à chaque paix frivole
Tu donnois pour limite au pain de la parole.
1375 « Si tu pouvois conoistre, ainsi que je conois,
Combien je voy lier de Princes et de Rois
Par les venins subtils de la bande hypocrite,
Par l'arsenic qu'espand l'engeance Loyolite!
O Suede! ô Mosco! Poulongne, Austriche, helas !
1380 Quels changemens, premier que vous en soyez las !
 « Que te diray-je plus ? Ces estoiles obscures
Escrivent à regret les choses plus impures.

LES FERS 237

O qu'aprés long travail, long repos, longue nuict
La lassitude en France et à ses bords produict!
1385 Que te profitera, mon enfant, que tu voye
Quelque peu de fumee au fond de la Savoye,
Un sursaut de Geneve, un catharreux sommeil,
Venise voir du jour un'aube sans soleil ?
Quoy plus ? la main de Dieu douce, docte et puis rude
1390 A parfaire trente ans l'entiere ingratitude,
Et puis à la punir : ô funestes appresꞇs!
Flambeau luisant esteint! Ne voy rien de plus prés.
« Tu verrois bien encor, apres un tour de sphere,
Un double dueil forcé, le fils de l'adultere,
1395 Berceau, tombeau captifs, gouster tout et vomir,
Albion desireux, non puissant de dormir.
Je voy jetter, des bords de l'infidele terre,
La planche aux assassins aux costes d'Angleterre :
La peste des esprits qui arrive à ses bords
1400 Pousse devant la mort, et la peste des corps.
Revolte en l'Occident, au plus loin de la terre,
Les François impuissans et de paix et de guerre.
Un Prince Apollyon, un Pericle en sermens,
Fait voir au grand soleil les anciens fondemens
1405 De ses nobles cités qu'il reduit en masures,
Roy de charbons, de cendre et morts sans sepulture.
Les Bataves font faute; Ottoman combatu,
Les Allemans contraints à l'ancienne vertu.
Quoy ! la porque Italie à son rang fume, et souffre
1410 L'odeur qui lui faschoit de la meche et du soufre,
Et l'Europe d'un coup peut porter et armer
Trente armees sur terre et sept dessus la mer.
Voy de Jerusalem la nation remise,
L'Antechrist abattu, en triomphe l'Eglise.
1415 Hola! car le Grand Juge en son throsne est assis
Si tost que l'aere joinct à nos mille trois six.
« Retourne à ta moitié, n'attache plus ta veuë
Au loisir de l'Eglise, au repos de Capue.
Il te faut retourner satisfaict en ton lieu,
1420 Employer ton bras droict aux vengeances de Dieu.
Je t'ay guidé au cours du celeste voyage,
Escrits fidellement : que jamais autre ouvrage,
Bien que plus delicat, ne te semble plaisant

Au prix des hauts secrets du firmament luisant.
1425 Ne chante que de Dieu, n'oubliant que lui mesme
T'a retiré : voilà ton corps sanglant et blesme
Recueilly à Thalcy, sur une table, seul,
A qui on a donné pour suaire un linceul.
Rapporte luy la vie en l'amour naturelle
1430 Que, son masle, tu dois porter à ta femelle. »
  Tu m'as monstré, ô Dieu, que celuy qui te sert
Sauve sa vie alors que pour toy il la perd :
Ta main m'a delivré, je te sacre la mienne,
Je remets en ton sein cette ame qui est tienne.
1435 Tu m'as donné la voix, je te loüerai, mon Dieu,
Je chanteray ton los et ta force au milieu
De tes sacrés parvis, je feray tes merveilles,
Ta deffence et tes coups retentir aux oreilles
Des Princes de la terre, et si le peuple bas
1440 Sçaura par moy comment les tyrans tu abas.
  Mais premier que d'entrer au prevoir et descrire
Tes derniers jugemens, les arrets de ton ire,
Il faut faire une pose et finir ces discours
Par une vision qui couronne ces jours,
1445 L'esprit ayant encor congé par son extase
De ne suivre, escrivant du vulgaire la phrase.
  L'Ocean donc estoit tranquille et sommeillant
Au bout du sein breton, qui s'enfle en recueillant
Tous les fleuves françois : la tournoyante Seine,
1450 La Gironde, Charante et Loire et la Vilaine.
Ce vieillard refoulloit ses cheveux gris et blonds
Sur un lict relevé, dans un paisible fonds
Marqueté de coral et d'unions exquises,
Les sachets d'ambre gris dessous ses tresses grises.
1455 Les vents les plus discrets luy chatoüilloyent le dos.
Les Lymphes de leurs mains avoyent fait ce repos,
La paillasse de mousse et le matras d'esponge.
Mais ce profond sommeil fut resveillé d'un songe.
La lame de la mer estant comme du laict,
1460 Les nids des alcions y nageoyent à souhait.
Entre les flots sallés et les ondes de terre
S'esmeut par accidens une subite guerre :
Le dormant pense ouïr un contraste de vents
Qui, du haut de la mer jusqu'aux sables mouvants,

LES FERS 239

1465 Troubloyent tout son royaume et, sans qu'il le consente,
Vouloyent à son desceu ordonner la tourmente.
« Comment! dit le viellard, l'air volage et leger
Ne sera-t-il jamais lassé de m'outrager,
De ravager ainsi mes provinces profondes?
1470 Les ondes font les vents comme les vents les ondes,
Ou bien l'air pour le moins ne s'anime en fureurs
Sans le consentement des corps superieurs :
Je pousse les vapeurs causes de la tourmente;
L'air soit content de l'air, l'eau de l'eau est contente. »
1475 Le songe le trompoit, comme quand nous voyons
Un soldat s'affuster aussi tost nous oyons
Le bruit d'une fenestre ou celuy d'une porte,
Quand l'esprit va devant les sens : en mesme sorte
Le songeur print les sons de ces flots mutinés
1480 Encontre d'autres flots jappans, enfelonnés,
Pour le trouble de l'air et le bruit de tempeste.
Il esleve en frottant sa venerable teste :
Premier un fer pointu paroist, et puis le front,
Ses cheveux regrissez par sa colere en rond;
1485 Deux testes de dauphins et les deux balais sortent
Qui nagent à fleur d'eau, et sur le dos le portent.
Il trouva cas nouveau, lors que son poil tout blanc
Ensanglanta sa main; puis voyant à son flanc
Que l'onde refuyant laissoit sa peau rougie :
1490 « A moy! dit-il, à moy! pour me charger d'envie,
A moy! qui dans mon sein ne souffre point les morts,
La charongne, l'ordure, ains la jette à mes bords!
Bastardes de la terre et non filles des nues,
Fievres de la nature! Allons, testes cornues
1495 De mes beliers armés, repoussez les, hurtez,
Qu'ils s'en aillent ailleurs purger leurs cruautez. »
  Ainsi la mer alloit, faisant changer de course
Des gros fleuves à mont vers la coulpable source,
D'où sortoit par leurs bords un deluge de sang.
1500 A la teste des siens, l'Ocean au chef blanc
Vid les cieux s'entrouvrir, et les Anges à troupes
Fondre de l'air en bas, ayans en main des coupes
De precieux rubis, qui, plongés dedans l'eau,
En chantant rapportoyent quelque present nouveau.
1505 Ces messagers ailés, ces Anges de lumiere

Trioyent le sang meurtri d'avec l'onde meurtriere
Dans leurs vases remplis, qui prenoyent heureux lieu
Aux plus beaux cabinets du palais du grand Dieu.
Le soleil, qui avoit mis un espais nuage
1510 Entre le vilain meurtre et son plaisant visage,
Ores de chauds rayons exhale à soy le sang
Qu'il faut qu'en rouge pluye il renvoye à son rang.
L'Ocean, du soleil et du troupeau qui vole
Ayant prins sa leçon, change avis et parole :
1515 « Venez, enfans du ciel, s'escria le vieillard,
Heritiers du royaume, à qui le ciel depart
Son champ pour cemitiere. O saincts que je repousse !
Pour vous, non contre vous, juste je me courrouce. »
Il s'advance dans Loire, il rencontre les bords,
1520 Les sablons cramoisis bien tapissés de morts :
Curieux il assemble, il enleve, il endure
Cette chere despouille au rebours de nature.
Ayant tout arrangé, il tourne avec les yeux
Et le front serené ces paroles aux cieux :
1525 « Je garderay ceux-ci, tant que Dieu me commande
Que les fils du bon heur à leur bon heur je rende.
Il n'y a rien d'infect, ils sont purs, ils sont nets :
Voici les paremens de mes beaux cabinets.
Terre qui les trahis, tu estois trop impure
1530 Pour des saincts et des purs estre la sepulture. »
   A tant il plonge au fond, l'eau rid en mille rais,
Puis, ayant fait cent ronds, crache le sable aprés.
   Ha ! que nos cruautés fussent ensevelies
Dans le centre du monde ! ha ! que nos ordes vies
1535 N'eussent empuanti le nez de l'estranger !
Parmi les estrangers nous irions sans danger :
L'œil gay, la teste haut, d'une brave asseurance
Nous porterions au front l'honneur ancien de France.
   Estrangers irrités, à qui sont les François
1540 Abomination, pour Dieu ! faictes le choix
De celui qu'on trahit et de celui qui tue ;
Ne caressez chez vous d'une pareille veuë
Le chien fidelle et doux et le chien enragé,
L'atheiste affligeant, le chrestien affligé.
1545 Nous sommes pleins de sang, l'un en perd, l'autre en tire,
L'un est persecuteur, l'autre endure martyre :

Regardez qui reçoit ou qui donne le coup,
Ne criez sur l'agneau quand vous criez au loup.
Venez, justes vengeurs, viene toute la terre
1550 A ces Caïns françois, d'une immortelle guerre,
Redemander le sang de leurs freres occis ;
Qu'ils soyent conus par tout aux visages transis,
Que l'œil lousche, tremblant, que la grace estonnee
Par tout produise en l'air leur ame empoisonee.
1555   Estourdis, qui pensez que Dieu n'est rigoureux,
Qu'il ne sçait foudroyer que sur les langoureux,
Respirez d'une pause en souspirant, pour suivre
La rude catastrophe et la fin de mon livre.
Les fers sont mis au vent : venez sçavoir comment
1560 L'Eternel fait à poinct vengeance et jugement ;
Vous sçaurez que tousjours son rire ne sommeille,
Vous le verrez debout pour rendre la pareille,
Partager sa vervaine et sa barre de fer,
Aux uns arres du ciel, aux autres de l'enfer.

# VENGEANCES

LIVRE SIXIÈME

Ouvre tes grands thresors, ouvre ton sanctuaire,
Ame de tout, Soleil qui aux astres esclaire,
Ouvre ton temple sainct à moy, Seigneur, qui veux
Ton sacré, ton secret enfumer de mes vœux.
5 Si je n'ay or ne myrrhe à faire mon offrande
Je t'apporte du laict : ta douceur est si grande
Que de mesme œil et cœur tu vois et tu reçois
Des bergers le doux laict et la myrrhe des Rois.
Sur l'autel des chetifs ton feu pourra descendre
10 Pour y mettre le bois et l'holocauste en cendre,
Tournant le dos aux grands, sans oreilles, sans yeux
A leurs cris esclatans, à leurs dons precieux.
   Or soyent du ciel riant les beautés descouvertes,
Et à l'humble craintif ses grand's portes ouvertes.
15 Comme tu as promis, donne en ces derniers ans
Songes à nos vieillards, visions aux enfans.
Fay paroistre aux petits les choses inconues,
Du vent de ton esprit trousse les noires nues,
Ravi-nous de la terre au beau pourpris des cieux,
20 Commençant de donner autre vie, autres yeux
A l'aveugle mortel : car sa masse mortelle
Ne pourroit vivre et voir une lumiere telle.
   Il faut estre vieillard, caduc, humilié,
A demi mort au monde, à luy mortifié,
25 Que l'ame recommence à retrouver sa vie
Sentant par tous endroits sa maison desmolie,
Que ce corps ruiné de breches en tous lieux
Laisse voler l'esprit dans le chemin des cieux,
Quitter jeunesse et jeux, le monde et les mensonges,

30 Le vent, la vanité, pour songer ces beaux songes.
Or je suis un enfant sans aage et sans raison,
Ou ma raison se sent de sa neuve prison;
Le mal bourgeonne en moy, en moy fleurit le vice,
Un printemps de pechés, espineux de malice :
35 Change-moy, refai-moy, exerce ta pitié,
Rens moy mort en ce monde, oste la mauvaistié
Qui possede à son gré ma jeunesse premiere;
Lors je songeray songe et verray ta lumiere.
    Puis il faut estre enfant pour voir des visions,
40 Naistre, et renaistre aprés, net de pollutions,
Ne sçavoir qu'un sçavoir, se sçavoir sans science
Pour consacrer à Dieu ses mains en innocence;
Il faut à ses yeux clairs estre net, pur et blanc,
N'avoir tache d'orgueil, de rapine et de sang :
45 Car nul n'heritera les hauts cieux desirables
Que ceux-là qui seront à ces petits semblables,
Sans fiel et sans venin; donc qui sera-ce, ô Dieu,
Qui en des lieux si laids tiendra un si beau lieu ?
Les enfans de ce siecle ont Sathan pour nourrice,
50 On berce en leurs berceaux les enfans et le vice,
Nos meres ont du vice avec nous accouché,
Et en nous concevant ont conceu le peché.
    Que si d'entre les morts. Pere, tu as envie
De m'esveiller, il faut mettre à bas l'autre vie :
55 Par la mort, d'un exil fay moy revivre à toy
Separé des meschans, separe-moy de moi;
D'un sainct enthousiasme appelle aux cieux mon ame,
Mets au lieu de ma langue une langue de flamme,
Que je ne sois qu'organe à la celeste voix
60 Qui l'oreille et le cœur anime des François;
Qu'il n'y ait sourd rocher qui entre les deux poles
N'entende clairement magnifiques paroles
Du nom de Dieu. J'escris à ce nom triomphant
Les songes d'un vieillard, les fureurs d'un enfant :
65 L'esprit de verité despouille de mensonges
Ces fermes visions, ces veritables songes;
Que le haut ciel s'accorde en douces unissons
A la saincte fureur de mes vives chansons.
    Quand Dieu frappe l'oreille, et l'oreille n'est preste
70 D'aller toucher au cœur, Dieu nous frappe la teste :

Qui ne fremit au son des tonnerres grondans
Fremira quelque jour d'un grincement de dents.
 Ici le vain lecteur desjà en l'air s'esgare,
L'esprit mal preparé fantastic se prepare
75 A voir quelques discours de monstres inventés,
Un spectre imaginé aux diverses clartés
Qu'un nuage conçoit quand un rayon le touche
Du soleil cramoisi qui bizarre se couche ;
Ou bien il cuide ici rassasier son cœur
80 D'une vaine cabale, et ces esprits d'erreur
Ici ne saouleront l'ignorance maligne.
Ainsi dit le Sauveur : Vous n'aurez point de signe,
Vous n'aurez de nouveau (friands de nouveauté)
Que des abysmes creux Jonas ressuscité.
85 Vous y serez trompés : la fraude profitable
Au lieu du desiré donne le desirable.
Et comme il renvoya les scribes, amassés
Pour voir des visions, aux spectacles passez,
Ainsi les visions qui seront ici peintes
90 Seront exemples vrais de nos histoires sainctes :
Le roolle des tyrans de l'Ancien Testament,
Leur cruauté sans fin, leur infini tourment ;
Nous verrons deschirer d'une couleur plus vive
Ceux qui ont deschiré l'Eglise primitive ;
95 Nous donnerons à Dieu la gloire de nos ans
Où il n'a pas encor espargné les tyrans.
 Puis une pause aprés, clairons de sa venue,
Nous les ferons ouïr dans l'esclair de la nue.
 Encor faut-il Seigneur, ô Seigneur qui donnas
100 Un courage sans peur à la peur de Jonas,
Que le doigt qui esmeut cet endormi prophete
Resveille en moy le bien qu'à demi je souhaite,
Le zele qui me fait du fer de verité
Fascher avec Sathan le fils de vanité.
105 J'ay fuy tant de fois, j'ay desrobé ma vie
Tant de fois, j'ay suivi la mort que j'ay fuye,
J'ay fait un trou en terre et caché le talent,
J'ay senti l'esguillon, le remors violent
De mon ame blessee, et ouy la sentence
110 Que dans moy contre moy chantoit ma conscience.
Mon cœur vouloit veiller, je l'avois endormi ;

Mon esprit estoit bien de ce siecle ennemi,
Mais, au lieu d'aller faire au combat son office,
Satan le destournoit au grand chemin du vice.
115 Je m'enfuyois de Dieu, mais il enfla la mer,
M'abysma plusieurs fois sans du tout m'abysmer.
J'ay veu des creux enfers la caverne profonde;
J'ay esté balancé des orages du monde;
Aux tourbillons venteux des guerres et des cours,
120 Insolent, j'ay usé ma jeunesse et mes jours;
Je me suis pleu au fer, David m'est un exemple
Que qui verse le sang ne bastit pas le temple;
J'ay adoré les Rois, servi la vanité,
Estouffé dans mon sein le feu de verité;
125 J'ay esté par les miens precipité dans l'onde,
Le danger m'a sauvé en sa panse profonde,
Un monstre de labeurs à ce coup m'a craché
Aux rives de la mer tout souïllé de peché;
J'ay fait des cabinets sous esperances vertes,
130 Qui ont esté bien tost mortes et descouvertes
Quand le ver de l'envie a percé de douleurs
Le quicajon seché pour m'envoyer ailleurs :
Tousjours tels Semeis font aux Davids la guerre
Et sortent des vils creux d'une trop grasse terre
135 Pour, d'un air tout pourri, d'un gosier enragé
Infecter le plus pur, sauter sur l'affligé.
Le doigt de Dieu me leve et l'ame encore vive
M'anime à guerroyer la puante Ninive,
Ninive qui n'aura sac ne gemissement
140 Pour changer le grand Dieu qui n'a de changement.
 Voici l'Eglise encor en son enfance tendre :
Satan ne faillit pas d'essayer à surprendre
Ce berceau consacré, il livra mille assaux
Et fit dès sa jeunesse à l'enfant mille maux.
145 Les Anges la gardoyent en ces peines estranges;
Elle ne fut jamais sans que le camp des Anges
La conduisit par tout, soit lors que dessus l'eau
L'arche d'eslection lui servit de berceau,
Soit lors qu'elle espousa la race de Dieu saincte,
150 Ou soit lors que de luy elle fuyoit enceinte
Aux lieux inhabitez, aux effroyans deserts,
Chassee, et non vaincue, en despit des enfers;

La mer la circuit, et son espoux luy donne
La lune sous les pieds, le soleil pour couronne.
155   O bien-heureux Abel, de qui premier au cœur
Cette vierge esprouva sa premiere douleur!
De Caïn fugitif et d'Abel je veux dire
Que le premier bourreau et le premier martyre,
Le premier sang versé on peut voir en eux deux :
160 L'estat des agneaux doux, des loups outrecuideux.
En eux deux on peut voir (beau pourtrait de l'Eglise)
Comme l'ire et le feu des ennemis s'attise
De bien fort peu de bois et s'augmente beaucoup.
Satan fit ce que fait en ce siecle le loup
165 Qui querelle l'agneau beuvant à la riviere,
Luy au haut vers la source et l'agneau plus arriere.
L'Antechrist et ses loups reprochent que leur eau
Se trouble au contreflot par l'innocent agneau;
La source des grandeurs et des biens de la terre
170 Decoule de leurs chefs, et la paix et la guerre
Balancent à leur gré dans leurs impures mains :
Et toutefois, alors que les loups inhumains
Veulent couvrir de sang le beau sein de la terre,
Les pretextes communs de leur injuste guerre
175 Sont nos autels sans fard, sans feinte, sans couleurs.
Que Dieu aime d'enhaut l'offerte de nos cœurs,
Cela leur croist la soif du sang de l'innocence.
    Ainsi Abel offroit en pure conscience
Sacrifices à Dieu, Caïn offroit aussi :
180 L'un offroit un cœur doux, l'autre un cœur endurci,
L'un fut au gré de Dieu, l'autre non agreable.
Caïn grinça les dents, palit, espouvantable,
Il massacra son frere, et de cet agneau doux
Il fit un sacrifice à son amer courroux.
185 Le sang fuit de son front, et honteux se retire
Sentant son frere sang que l'aveugle main tire;
Mais, quand le coup fut fait, sa premiere pasleur
Au prix de la seconde estoit vive couleur :
Ses cheveux vers le ciel herissés en furie,
190 Le grincement de dents en sa bouche flestrie,
L'œil sourcillant de peur descouvroit son ennuy.
Il avoit peu de tout, tout avoit peur de luy :
Car le ciel s'affeubloit du manteau d'une nue

Si tost que le transi au ciel tournoit la veuë;
195 S'il fuyoit au desert, les rochers et les bois
Effrayés abbayoyent au son de ses abois.
Sa mort ne peut avoir de mort pour recompense,
L'enfer n'eut point de morts à punir cette offense,
Mais autant que de jours il sentit de trespas :
200 Vif il ne vescut point, mort il ne mourut pas.
Il fuit d'effroi transi, troublé, tremblant et blesme,
Il fuit de tout le monde, il s'enfuit de soy-mesme.
Les lieux plus asseurés luy estoyent des hazards,
Les fueilles, les rameaux et les fleurs des poignards,
205 Les plumes de son lict des esguilles piquantes,
Ses habits plus aisez des tenailles serrantes,
Son eau jus de ciguë, et son pain des poisons;
Ses mains le menaçoyent de fines trahisons :
Tout image de mort, et le pis de sa rage
210 C'est qu'il cerche la mort et n'en voit que l'image.
De quelqu'autre Caïn il craignoit la fureur,
Il fut sans compagnon et non pas sans frayeur,
Il possedoit le monde et non une asseurance,
Il estoit seul par tout, hors mis sa conscience :
215 Et fut marqué au front afin qu'en s'enfuyant
Aucun n'osast tuer ses maux en le tuant.

    Meurtriers de vostre sang, apprehendez ce juge,
Apprehendez aussi la fureur du deluge,
Superbes esventés, tiercelets de geants,
220 Du monde espouvantaux, vous braves de ce temps,
Outrecuidés galans, ô fols à qui il semble
Qu'en regardant le ciel, que le ciel de vous tremble !
Jadis vos compagnons, compagnons en orgueil
(Car vous estes moins forts), virent venir à l'œil
225 Leur salaire des cieux, les cieux dont les ventailles
Sans se forcer gaignoyent tant de rudes batailles.
Babylon qui devoit mipartir les hauts cieux,
Aller baiser la lune et se perdre des yeux
Dans la voute du ciel ! Babel de qui les langues
230 Firent en mesme jour tant de sottes harangues !
Sa hauteur n'eust servi, ni les plus forts chasteaux,
Ni les cedres gravis, ni les monts les plus hauts.
L'eau vint, pas aprés pas, combattre leur stature,
Va des pieds aux genoux, et puis à la ceinture.

235 Le sein, enflé d'orgueil, souspire au submerger,
Ses bras, roides meurtriers, se lassent de nager :
Il ne reste sur l'eau que le visage blesme,
La mort entre dedans la bouche qui blaspheme.
Et cependant que l'eau s'enfle sur les enflés,
240 En un petit troupeau les petits assemblés
Se jouënt sur la mort, pilotés par les Anges,
Quand les geants hurloyent, ne chantoyent que loüanges,
Disans : « Les mesmes flots qui, en executant
La sentence du ciel, s'en vont precipitant
245 Les geans aux enfers, aux abysmes les noyent,
Ceux là qui aux bas lieux ces charongnes convoyent
Sont les mesmes qui vont dans le haut se mesler,
Mettre l'arche et les siens au supreme de l'air,
Laissent la nue en bas, et si haut les attirent
250 Qu'ils vont baiser le ciel, le ciel où ils aspirent. »
    Dieu fit en son courroux pleuvoir des mesmes cieux,
Comme un deluge d'eaux, un deluge de feux :
Cet arsenal d'en haut, où logent de la guerre
Les celestes outils, couvrit toute une terre
255 D'artifices de feu pour punir des humains,
Par le feu le plus net, les pechés plus vilains.
Un pays abruti, plein de crimes estranges,
Vouloit, apres tout droict, violer jusqu'aux Anges,
Ils pensoyent souïller Dieu : ces hommes desreiglés
260 Pour un aveugle feu moururent aveuglés.
Contr'eux s'esmeust la terre encores non esmeuë,
Si tost qu'elle eut appris sa leçon de la nue :
Elle fondit en soy et cracha en un lieu,
Pour marquer à jamais la vengeance de Dieu,
265 Un lac de son bourbier; là mit à la mesme heure
La mer par ses conduicts ce qu'elle avoit d'ordure;
Et, pour faire sentir la mesme ire de l'air,
Les oiseaux tombent morts quand ils pensent voler
Sur ces noires vapeurs, dont l'espesse fumee
270 Monstre l'ire celeste encores allumee.
    Venez, celestes feux, courez, feux eternels,
Volez : ceux de Sodome oncques ne furent tels.
Au jour du jugement ils leveront la face
Pour condamner le mal du siecle qui les passe,
275 D'un siecle plus infect. Notamment il est dit

Que Dieu de leurs pechez tout le comble attendit :
Empuantissez l'air, ô vengeances celestes,
De poisons, de venins et de volantes pestes;
Soleil, baille ton char aux jeunes Phaëtons,
280 N'anime rien çà bas si ce n'est des Pithons;
Vent, ne purge plus l'air; brise, renverse, escrase,
Noye au lieu d'arrouser, sans eschaufer embrase !
Nos pechés sont au comble et, jusqu'au ciel montés,
Par dessus le boisseau versent de tous costés.
285 Terre, qui sur ton dos porte à peine nos peines,
Change en cendre et en os tant de fertiles plaines,
En bourbe nos gazons, nos plaisirs en horreurs,
En soulfre nos guerets, en charongne nos fleurs.
Deluges, retournez : vous pourrez par vostre onde
290 Noyer, non pas laver, les ordures du monde.

    Mais ce fut vous encor, ô justicieres eaux,
Qui sceustes distinguer les lions des agneaux.
Moyse l'esprouva qui, pour arche seconde,
En un tissu de joncs de joüa dessus l'onde,
295 Se joüa sur la mort, pour se joüer encor
Des joyaux d'un grand Roy, de la couronne d'or
Que dessus ce beau front par essai il fit mettre.
Dans le poing de l'enfant fut adjousté le sceptre,
Que l'innocente main mit par terre à morceaux.
300 Vous rappristes bientost, ô devorantes eaux,
La leçon de noyer par le deluge apprise;
Vous l'oubliastes lors que vous portiez Moyse.
Eaux qui devinstes sang et changeastes de lieu,
Eaux qui oyez tres-clair quand on parle de Dieu,
305 Ce fut vous puis aprés, lors que les maladies,
Les gresles et les poux et les bestes choisies,
Pour de petits moyens abbattre les plus grands,
Quand la peste, l'obscur et les eschecs sanglants
De l'Ange foudroyant n'eurent mis repentance
310 Aux cœurs des Pharaons poursuivans l'innocence,
Ce fut vous, sainctes eaux, eaux qui fistes de vous
Un pont pour les agneaux, un piege pour les loups.

    Le Jordain, vostre fils, entr'ouvrit ses entrailles
Et fit à vostre exemple au peuple des murailles.
315   Les hommes sont plus sourds à entendre la voix
Du Seigneur des Seigneurs, du Monarque des Rois,

Que la terre n'est sourde et n'est dure à se fendre,
Pour dans ses gouffres noirs les faux parjures prendre;
Le feu est bien plus prompt à partir de son lieu
320 Pour mettre à rien le rien des rebelles à Dieu :
Dathan et Abiron donnerent tesmoignage
De leur obeissance et de leur prompt ouvrage.
L'air fut obeissant à changer ses douceurs
En poison, respiree aux braves ravisseurs
325 De la chere alliance; et Dieu en toute sorte
Par tous les elemens a monstré sa main forte.
 Quoy ! mesme les demons, quoy que grinçans les dents,
A la voix du grand Dieu logerent au dedans
De Saül l'enragé : quelles rouges tenailles
330 Sont telles que l'enfer qui fut en ses entrailles ?
 Princes, un tel enfer est logé dedans vous
Quand un cœur de caillou, d'un fusil de courroux,
Vous fait persecuter d'une haine mutine
Vos Davids triomphans de la gent philistine.
335 Absalon qui faisoit delices de cheveux,
Par eux enorgueilli et puis pendu par eux,
Et son Achitophel, renommé en prudence,
Par elle s'est acquis une infame potence.
 Dans le champ de Nabot Achab monstre à son rang
340 Que tout sang va tirant aprés soi d'autre sang;
Jezabel marche aprés et de prés le veut suivre,
Bruslant en soif de sang encor qu'elle en fust yvre,
Jezabel vif miroir des ames de nos grands,
Portrait des coups du ciel, salaire des tyrans.
345 Flambeau de ton pays, piege de la noblesse,
Peste des braves cœurs, que servit ta finesse,
Tes ruses, tes conseils et tes tours florentins ?
Les chiens se sont soulés des superbes tetins
Que tu enflois d'orgueil, et cette gorge unie,
350 Et cette tendre peau fut des mastins la vie.
De ton sein sans pitié ce chaud cœur fut ravi,
Lui qui n'avoit esté de meurtres assouvi
Assouvit les meurtriers, de ton fiel le carnage
Aux chiens osta la faim et leur donna la rage :
355 Vivante tu n'avois aimé que le combat,
Morte tu attisois encore du debat
Entre les chiens grondans, qui donnoyent des batailles

Au butin dissipé de tes vives entrailles.
Le dernier appareil de ta feinte beauté
360 Mit l'horreur sur ton front et fut precipité.
Aussi bien que ton corps, de ton haut edifice,
Ton ame et ton estat d'un mesme precipice.

Quand le baston qui sert pour attiser le feu
Travaille à son mestier, il brusle peu à peu ;
365 Il vient si noir, si court qu'il n'y a plus de prise,
On le jette en la braise et un autre l'attise :
Athalia suivit le train de cette-ci,
Elle attisa le feu, et fut bruslee aussi.

Aprés, de ce troupeau je sacre à la memoire
370 L'effroyable discours, la veritable histoire
De cet arbre eslevé, refoulé par les cieux,
De qui les rameaux longs s'estendoyent ombrageux
D'orient au couchant, du midi à la bise ;
La terre large estoit en son ombre comprise.
375 Et fut ce pavillon de superbes rameaux
Des bestes le grand parc, le grand nid des oiseaux :
Ce tronc est esbranché, ce monstre est mis à terre,
Ce qui logeoit dedans miserablement erre
Sans logis, sans retraitte. Un Roy victorieux,
380 De cent princes l'idole, enflammé, glorieux,
Ne cognoissant plus rien digne de sa conqueste
Levoit contre le ciel son orgueilleuse teste :
Dieu ne daigna lancer un des mortels esclats
De ses foudres volans, mais ploya contre bas
385 Ce visage eslevé ; ce triomphant visage
Perdit la forme d'homme et de l'homme l'usage.
Nos petits geanteaux par vanité, par vœux
Font un bizarre orgueil d'ongles et de cheveux,
Et Dieu sur cettui-ci pour une peine dure
390 Mit les ongles crochus et la grand chevelure.
Apprenez de luy, Rois, princes et potentats,
Quelle peine a le ciel à briser vos Estats.
Ce Roy n'est donc plus Roy, de prince il n'est plus prince,
Un desert solitaire est toute sa province ;
395 De noble il n'est plus noble, et en un seul moment
L'homme, des hommes Roy, n'est homme seulement ;
Son palais est le souïl d'une puante bouë,
La fange est l'oreiller parfumé pour sa jouë ;

Ses chantres, les crapaux compagnons de son lict
400 Qui de cris enroüés le tourmentent la nuict;
Ses vaisseaux d'or ouvrez furent les ordes fentes
Des rochers serpenteux, son vin les eaux puantes;
Les phaisans, qu'on faisoit galoper de si loin,
Furent les glans amers, la racine et le foin;
405 Les orages du ciel roulent sur sa peau nue,
Il n'a daix, pavillon, ni tente que la nue,
Les loups en ont pitié, il est de leur troupeau,
Et il envie en eux la durté de la peau;
Au bois, où pour plaisir il se mettoit en queste
410 Pour se joüer au sang d'une innocente beste,
Chasseur il est chassé; il fit fuir, il fuit;
Tel qu'il a poursuyvi maintenant le poursuit;
Il fut Roy, abruti il n'est plus rien en somme,
Il n'est homme ne beste et craint la beste et l'homme;
415 Son ame raisonnable irraisonnable fut.
Dieu refit cette beste un Roy quand il luy pleut.
Merveilleux jugement et merveilleuse grace
De l'oster de son lieu, le remettre en sa place!
   Le doigt qui escrivit, devant les yeux du fils
420 De ce Roy abesti, que Dieu avoit prefix
Ses vices et ses jours sceut l'advenir escrire,
Luy mesme executant ce qu'il avoit pu dire.
   O tyrans, apprenez, voyez, resolvez vous
Que rien n'est difficile au celeste courroux;
425 Apprenez, abbatus, que le Dieu favorable,
Qui verse l'eslevé, hausse le miserable;
Qu'il fait fondre de l'air d'un Cherub le pouvoir
De qui on sent le fer et la main sans la voir
(L'œil d'un Sennacherib void la lame enflammee
430 Qui fait en se joüant un hachis d'une armee);
Que c'est celui qui fait, par secrets jugemens,
Vaincre Ester en mespris les favoris Amans :
Sur le sueil de la mort et de la boucherie
La chetive receut le throne avec la vie;
435 L'autre, mignon d'un Roy, tout à coup s'est trouvé
Enlevé au gibet qu'il avoit eslevé,
Comme le fol malin journellement appreste
Pour la teste d'autruy ce qui frappe sa teste.
Ainsi le doigt de Dieu avoit couppé les doigts

440 D'un Adonibesec, comme à septante Rois
Il les avoit tranchés. J'ay laissé les vengeances
Que ce doigt exerça par les foibles puissances
Des femmes, des enfans, des vallets desreglés,
Des Gedeons choisis, des Samsons aveuglés,
445 Le desespoir d'Antioch et sa prompte charongne.
Mon vol impetueux d'un chaud desir s'eslongne
A la seconde Eglise et l'outrageuse main
Que luy a fait sentir le grand siege romain.
   Sortez, persecuteurs de l'Eglise premiere,
450 Et marchez enchainés au pied de la banniere
De l'Agneau triomphant; vos sourcils indomptés,
Vos fronts, vos cœurs si durs, ces fieres majestés
Du Lion de Juda honorent la memoire,
Trainés au chariot de l'immortelle gloire.
455   Hausse du bas enfer l'aigreur de tes accents,
Hurle en grinçant les dents, des enfans innocens
Herode le boucher; leve ta main impure
Vers le ciel, du profond de ta demeure obscure.
Aujourd'huy comme toy les abusez tyrans,
460 Pour blesser l'Eternel, massacrent ses enfans
Et sont imitateurs de ta forcenerie,
Qui pensois ployer Dieu parmi la boucherie.
Les cheveux arrachés, les effroyables cris
Des meres qui pressoyent à leurs sein leurs petits,
465 Ces petits bras liés aux gorges de leurs meres,
Les tragiques horreurs et les raisons des peres,
Les voix non encor voix, bramantes en tous lieux,
Ne sonnoyent la pitié dans les cœurs impiteux.
Des tueurs resolus point ne furent ouyes
470 Ces petites raisons qui demandoyent leurs vies
Ainsi qu'elles pouvoyent; quand ils tendoyent leurs mains,
Ces menottes monstroyent par signe aux inhumains :
Cela n'a point peché, cette main n'a ravie
Jamais le bien, jamais nulle rançon ni vie.
475 Mais ce cœur sans oreille et ce sein endurci,
Que l'humaine pitié, que la tendre merci
N'avoyent sçeu transpercer, fut transpercé d'angoisses;
Ses cris, son hurlement, son souci, ses adresses
Ne servirent de rien : ces indomptés esprits
480 Qui n'oyent point crier en vain jettent des cris.

Il fit tuer son fils et par luy fut esteinte
Sa noblesse, de peur qu'il ne mourust sans plainte :
Sa douleur fut sans pair. L'autre Herode, Antipas,
Aprés ses cruautés, et avant son trespas,
485 Souffrit l'exil, la honte, une crainte caïne,
La pauvreté, la fuite et la fureur divine.

Puis le tiers triomphant, eslevé sur le haut
D'un peuple adorateur et d'un brave eschafaut
Au poinct que l'on cria : O voix de Dieu, non d'homme !
490 Un gros de vers et poux l'attaque et le consomme.
La terre qui eut honte esventa tous les creux
Où elle avoit les vers, l'air lui creva les yeux;
Lui mesme se pourrit et sa peau fut changee
En bestes, dont la chair de dessous fut mangee;
495 Et comme les demons, d'un organe enroüé,
Ont le Sainct et Sauveur par contrainte avoüé,
Cettui-ci s'escria au fonds de ses miseres :
« Voici celui que Dieu vous adoriez n'agueres. »
Somme, au lieu de ce corps idolatré de tous,
500 Demeurent ses habits un gros amas de poux,
Tout regrouïlle de vers; le peuple esmeu s'eslongne,
On adoroit un Roy, on fuit une charongne.

Charongnes de tyrans balancés en haut lieu,
Fantastiques rivaux de la gloire de Dieu,
505 Que ferez-vous des mains puis que vos foibles veuës
Ne sceurent onc passer la region des nuës ?
Vous ne disposez pas, magnifiques mocqueurs,
Ni de vos beaux esprits, ni de vos braves cœurs;
Ces dons ne sont que prests, que Dieu tient par sa longe;
510 Si vous en abusez, vous n'en usez qu'en songe.
Quand l'orgueil va devant, suivez le bien à l'œil,
Vous verrez la ruine aux talons de l'orgueil.
Vous estes tous sujects, ainsi que nous le sommes,
A repaistre les vers des delices des hommes.

515 Paul, Pape incestueux, premier inquisiteur,
S'est veu mangé de vers, sale persecuteur.
Philippe, incestueux et meurtrier, cette peste
T'en veut, puisqu'elle en veut au parricide inceste.

Neron, tu mis en poudre et en cendre et en sang
520 Le venerable front et la gloire et le flanc
De ton vieux precepteur, ta patrie et ta mere,

Trois que ton destin fit avorter en vipere :
Chasser le docte esprit par qui tu fus sçavant,
Mettre en cendre ta ville et puis la cendre au vent,
525 Arracher la matrice à qui tu dois la vie !
Tu devois à ces trois la vie aux trois ravie,
Miroir de cruauté, duquel l'infame nom
Retentira cruel quand on dira Neron.
Homme tu ne fus point à qui t'avoit fait homme;
530 Tu ne fus pas Romain envers ta belle Rome;
D'où l'ame tu receus, l'ame tu fis sortir :
Si ton sens ne sentoit, le sang devoit sentir.
Mais ton cœur put vouloir, et put ta main meurtriere
Tuer, brusler, meurtrir precepteur, ville et mere.
535 Bourreau de tes amis, du meurtre seul ami,
Ta mort n'a sçeu trouver ami ni ennemi :
Il falut que ta main, à ta fureur extreme,
Aprés tout violé, te violast toy-mesme.
    Domitian morgueur, qui pris plaisir à voir
540 Combien la cruauté peut contre Dieu pouvoir,
Quand tu oyois gemir le peuple pitoyable
Spectateur des mourans, tu ridois, effroyable,
Les sillons de ton front, tu fronçois les sourcis
Aux yeux de ta fureur : les visages transis
545 Laissoyent là le supplice, et les tremblantes faces
Adoroyent la terreur de tes fieres grimaces.
Subtil, tu desrobois la pitié par la peur.
On te nommoit le Dieu, le souverain Seigneur !
Où fut ta deité quand tu te vis, infame,
550 Dejetté par les tiens, condamné par ta femme,
Ton visage foulé des pieds de tes valets ?
Le peuple despouïlla tes superbes palais
De tes infames noms, et ta bouche et ta jouë
Et l'œil adoré n'eut de tombeau que la bouë.
555   Tu sautois de plaisir, Adrian, une fois
A remplir de chrestiens jusqu'à dix mille croix :
Dix mille croix aprés, dessus ton cœur plantees,
Te firent souhaiter les peines inventees.
Sanglant, ton sang coula; tu recerchas en vain
560 Les moyens de finir les douleurs par ta main;
Tu criois, on rioit; la pitié t'abandonne :
Nul ne t'en avoit fait, tu n'en fis à personne.

Sans plus, on delaissa les ongles à ta peau;
Alteré de poison, tu manquas de couteau;
565 On laissa dessus toy jouër la maladie,
On refusa la mort ainsi que toy la vie.
    Severe fut en tout successeur d'Adrian,
En forfait et en mort. Aprés, Herminian,
Armé contre le ciel, sentit en mesme sorte
570 La vermine d'Herode encores n'estre morte.
Perissant mi-mangé, de son dernier trespas
Les propos les derniers furent : « Ne dites pas
La façon de mes maux à ceux qui Christ avouënt;
Que Dieu, mon ennemi, mes ennemis ne louënt. »
575   Tyrans, vous dresserez sinon au ciel les yeux,
Au moins l'air sentira herisser vos cheveux,
Si quelqu'un d'entre vous à quelque heure contemple
Du vieux Valerian le specieux exemple,
N'agueres Empereur d'un Empire si beau,
580 Aussi tost marchepied, la fangeux escabeau
Du Perse Saporés. Quand cet abominable
Avoit sa face en bas, au montoir de l'estable,
Se souvenoit-il point qu'il avoit tant de fois
Des chrestiens prosternés mesprisé tant de voix,
585 Que son front eslevé, si voisin de la terre,
Contre le fils de Dieu avoit ozé la guerre,
Que ces mains, ores pieds, n'avoyent fait leur devoir
Lors qu'elles employoyent contre Dieu leur pouvoir?
Princes, qui maniez dedans vos mains impures
590 Au lieu de la justice une fange d'ordures,
Ou qui, s'il faut ouvrer, les ployez dans vos seins,
Voyez de quel mestier devindrent ces deux mains :
Elles changeoyent d'usage en traictant l'injustice,
La justice de Dieu a changé leur office.
595 Plus lui devoit peser sang sur sang, mal sur mal,
Que ce Roy sur son dos qui montoit à cheval,
Qui en fin l'escorcha vif, le despouïllant, comme
Vif il fut despouïllé des sentimens de l'homme.
    Le haut ciel t'avertit, pervers Aurelian,
600 Le tonnerre parla, ô Diocletian;
Ce trompette enroüé de l'effroyant tonnerre,
Avant vous guerroyer, vous denonça la guerre;
Ce heraut vous troubla et ne vous changea pas,

Il vous fit chanceler mais sans tourner vos pas,
605 Avant que se venger le ciel cria vengeance,
   Il vous causa la peur et non la repentance.
      Aurelian traittoit les hommes comme chiens :
   Ce qu'il fit envers Dieu il le receut des siens.
   Et quel prince à bon droit se pourra plaindre d'estre
610 Mescognu par les siens, s'il mescognoit son maistre ?
   Mesmes mains ont meurtri et servi cettui-ci ;
   Le second fut vaincu d'un trop ardent souci,
   L'impuissant se tua, abattu de la rage
   De n'avoir peu dompter des chrestiens le courage.
615   Maximian, les feux de vingt mille enfermés,
   La ville et les bourgeois, en un tas consumés,
   Firent un si grand feu que l'espaisse fumee
   Dans les nareaux de Dieu esmeut l'ire enflammee :
   Des citoyens meurtris la charongne et les corps
620 Empuantirent tout de l'amas de ces morts,
   L'air estant corrompu te corrompit l'haleine
   Et le flanc respirant la vengeance inhumaine,
   Ta puanteur chassa tes amis au besoin,
   Chassa tes serviteurs, qui fuïrent si loin
625 Que nul n'oyoit tes cris, et faut que ta main torde
   L'infame nœud, le tour d'une vilaine corde.
      Aussi puant que toy, Maximin frauduleux,
   Forgeur de fausses paix, sentit saillir des yeux
   Sa prunelle eschappee, et commença par celle
630 Qui ne vid onc pitié : la part la plus cruelle
   La premiere perit ; on saoula de poisons
   Le cœur qui ne fut onc saoulé de trahisons.
      Ces bourreaux furieux eurent des mains fumantes
   Du sang tiede versé. Mais voici des mains lentes,
635 Voici un froid meurtrier, un arsenic si blanc
   Qu'on le gousta pour sucre, et, sans tache de sang,
   L'ingenieux tyran de qui la fraude a mise
   A plus d'extremités la primitive Eglise.
   Il ne tacha de sang sa robe de sa main,
640 Il avoit la main pure, et le cœur fut si plein
   De meurtres desrobés ! Il n'allumoit les flammes,
   Ses couteaux et ses feux n'attaquoyent que les ames ;
   Il n'entamoit les corps, mais privoit les esprits
   De pasture de vie ; il semoit le mespris

645 Aux plus volages cœurs, estouffant par la crainte
La saincte Deité dedans les cœurs esteinte.
Le Chevalier du ciel au milieu des combats
Descendit de si haut pour le verser à bas ;
L'apostat Julian son sang fuitif empoigne,
650 Le jette vers le ciel, l'air de cette charongne
Empoisonné fuma, puis l'infidelle chien
Cria : « Je suis vaincu, par toi, Nazarien ! »
  Tu n'as point eu de honte, impudent Libanie,
De donner à ton Roy tel patron pour sa vie,
655 Exaltant et nommant cet exemple d'erreurs
Des philosophes Roy, maistre des Empereurs.
  Pacifiques meurtriers, Dieu descouvre sa guerre
Et ne fait comme vous qui cuidez de la terre
L'estouffer sans saigner, et de traistres appas
660 Empoisonner l'Eglise et ne la blesser pas.
  Je laisse arriere-moy les actes de Commode
Et Valantinian, qui de pareille mode
Depouïllerent sur Christ leurs courroux aveuglés,
Pareils en morts, tous deux par valets estranglés ;
665 Galerian aussi rongé par les entrailles,
Et Decius qui trouve au milieu des batailles
Un Dieu qui avoit pris le contraire parti,
Puis le gouffre tout prest dont il fut englouti.
  Je laisse encore ceux qu'un faux nom catholique
670 A logés dans Sion, un Zenon Izaurique
Vif enterré des siens, Honorique pervers
Qui eschauffoit sa mort en nourrissant les vers ;
Constant, par trop constant à suivre la doctrine
D'Arius qui versa en une orde latrine
675 Ventre et vie à la fois : et lui, en pareil lieu
En blasphemes pareils, creva par le milieu.
Tous ceux-là sont peris par des pestes cachees,
Comme ils furent aussi des pestes embuschees
Que le Sinon d'enfer establit par moyens,
680 En cheval duratee, au rempar des Troyens.
  Quand Satan guerroyoit d'une ouverte puissance
Contre le monde jeune et encor en enfance,
Il trompoit cette enfance. Or ses traits descouverts
A ce siecle plus fin descouvrent les enfers
685 Dés la premiere veuë, et faut que la malice

D'un plus espais manteau cache le fond du vice.
    Nous verrons ci-aprés les effects moins sanglants,
Mais des coups bien plus lourds et bien plus violants
En ce troisiesme rang d'ennemis de l'Eglise
690 Masquans l'amer courroux d'une douce feintise,
Satans vestus en Anges et serpens enchanteurs,
De Julian le fin subtils imitateurs.
    Ils n'ont pas trompé Dieu ; leurs frivoles excuses,
La nuict qui les couvroit, les frauduleuses ruses,
695 Leur feinte pieté et masque ne put pas
Rendre seche leur mort, ni heureux leur trespas.
    Il faut que nous voyons si les hautes vengeances
S'endorment au giron des celestes puissances,
Et si, comme jadis le veritable Dieu
700 Distingua du Gentil son heritage hebrieu,
S'il separe aujourd'huy par les couleurs anciennes
Des troupes de l'enfer l'eslection des siennes.
    O martyres aimez ! ô douce affliction !
Perpetuelle marque à la saincte Sion,
705 Tesmoignage secret que l'Eglise en enfance
Eut au front et au sein, à sa pauvre naissance,
Pour choisir du troupeau de ses bastardes sœurs
L'heritiere du ciel au milieu des mal' heurs !
    Qui a leu aux romans les fatales miseres
710 Des enfans exposés de peur des belles meres,
Nourris par les forests, gardez par les mastins,
A qui la louve ou l'ourse ont porté leurs tetins,
Et les pasteurs aprés du laict de leurs oüailles
Nourrissent, sans sçavoir, un prince et des merveilles ?
715 Au milieu des troupeaux on en va faire choix,
Le valet des bergers va commander aux Rois :
Une marque en la peau, ou l'oracle descouvre
Dans le parc des brebis l'heritier du grand Louvre.
    Ainsi l'Eglise, ainsi accouche de son fruict,
720 En fuyant aux deserts le dragon la poursuit,
L'enfant chassé des Rois est nourri par les bestes :
Cet enfant brisera de ces grands Rois les testes
Qui l'on proscript, banni, outragé, dejetté,
Blessé, chassé, battu de faim, de pauvreté.
725 Or ne t'adviennne point, espouse et chere Eglise,
De penser contre Christ ce que dit sur Moyse

La simple Sephora qui, voyant circoncir
Ses enfans, estima qu'on les vouloit occir :
« Tu m'es mari de sang », ce dit la mere fole.
730 Temeraire et par trop blasphemante parole!
Car cette effusion, qui lui desplaist si fort,
Est arre de la vie, et non pas de la mort.

Venez donc pauvreté, faim, fuittes et blessures,
Bannissemens, prison, proscriptions, injures;
735 Vienne l'heureuse mort, gage pour tout jamais
De la fin de la guerre et de la douce paix!
Fuyez, triomphes vains, la richesse et la gloire,
Plaisirs, prosperité, insolente victoire,
O pieges dangereux et signes evidens
740 Des tenebres, du ver, et grincement de dents!

Entrons dans une piste et plus vive et plus fresche,
Du temps qu'au monde impur la pureté se presche,
Où le siecle qui court nous offre et va contant
Autant de cruautés, de jugemens autant
745 Qu'aux trois mille ans premiers de l'enfance du monde,
Qu'aux quinze cens aprés de l'Eglise seconde.
Que si les derniers traicts ne semblent à nos yeux
Si hors du naturel ne si malicieux
Que les plus esloignés, voyons que les oracles
750 Des vives voix de Dieu, les monstrueux miracles
N'ont plus esté frequents dés que l'Eglise prit
En des langues de feu la langue de l'Esprit :
Si les pauvres Juifs les eurent en grand nombre
Trés à-propos, à eux qui esperoyent en ombre
755 Ces ombres profitoyent; nous vivons en clarté,
Et à l'œil possedons le corps de verité.
Ou soit que la nature en jeunesse, en enfance,
Fust plus propre à souffrir le change et l'inconstance
Que quand ces esprits vieux, moins prompts, moins violens,
760 Jeunes, n'avortoyent plus d'accidens insolens.
Ou soit que nos esprits, tous abrutis de vices,
Les malices de l'air surpassent en malices,
Ou trop meslez au corps, ou de la chair trop pleins,
Susceptibles ne soyent d'enthousiasmes saincts.
765 Encores trouvons-nous les exprés tesmoignages
Que nature ne peut avouër pour ouvrages,
Encores le chrestien aura ici dedans

Pour chanter ; l'atheiste en grincera les dents.
Archevesque Arondel, qui en la Cantorbie
770 Voulus tarir le cours des paroles de vie,
Ton sein encontre Dieu enflé d'orgueil souffla :
Ta langue blasphemante encontre toy s'enfla,
Et lors qu'à verité le chemin elle bousche
Au pain elle ferma le chemin et la bouche ;
775 Tu fermois le passage au subtil vent de Dieu,
Le vent de Dieu passa, le tien n'eut point de lieu.
Au ravisseur de vie en ce poinct fut ravie
Par l'instrument de vivre et l'une et l'autre vie :
L'Eglise il affama, Dieu luy osta le pain.
780   Voici d'autres effects d'une bizarre faim :
L'affamé, qui voulut saouler sa brutte rage
Du nez d'un bon pasteur, l'arracher du visage,
Le casser de ses dents et l'avaller aprés,
Fut puni comme il faut ; car il sortit exprés
785 Des bois les plus secrets un loup qui du visage
Luy arracha le nez et lui cracha la rage ;
Il fut seul qui sentit la vengeance et le coup
Et qui seul irrita la fureur de ce loup.
C'est faire son profit de ces leçons nouvelles
790 De voir que tous pechez ont les vengeances telles
Que merite le faict, et que les jugemens
Dedans nous, contre nous, trouvent les instrumens,
De voir comme Dieu peint par juste analogie
Du crayon de la mort les couleurs de la vie.
795   Quand le comte Felix (nom sans felicité),
De colere et de vin yvre, se fut vanté
Qu'au lendemain ses pieds prenans couleurs nouvelles
Rougiroyent les esprons dans le sang des fidelles,
Dieu entreprit aussi et jura à son rang :
800 Ce sanglant dés la nuict estouffa dans son sang.
    Le stupide Mesnier, ministre d'injustice,
Tout pareil en desirs sentit pareil supplice,
Supplice remarquable. Et pleust au juste Dieu
Ne me sentir contrainct d'attacher en ce lieu
805 Deux semblables portraict des princes de nostre aage,
Princes qui comme jeu ont aimé le carnage,
Encontre qui Paris et Anvers tous sanglans
Solicitent le ciel de courroux violans !

Leur rouge mort aussi fut marque de leur vie,
810 Leur puante charongne et l'ame empuantie
Partagerent, sortans de l'impudique flanc,
Une mer de forfaicts et un fleuve de sang.
    Aussi bien qu'Adrian aux morts ils s'esjouïrent,
Comme Maximian aux villes ils permirent
815 Le sac : leur sang coula ainsi que d'Adrian,
Ils ont eu des parfums du faux Maximian.
Quel songe ou vision trouble ma fantasie
A prevoir de Paris la fange cramoisie
Trainer le sang d'un Roy à la merci des chiens,
820 Roy qui eut en mespris le sang versé des siens ?
    Qui veut sçavoir comment la vengeance divine
A bien sçeu où dormoit d'Herode la vermine
Pour en persecuter les vers persecuteurs,
Qu'il voye le tableau d'un des inquisiteurs
825 De Merindol en feu. Sa barbarie extreme
Fut en horreur aux Rois, aux persecuteurs mesme :
Il fut banni; les vers suivirent son exil,
Et ne peut inventer cet inventeur subtil
Armes pour empescher cette petite armee
830 D'empoisonner tout l'air de puante fumee.
Ce chasseur deschassa ses compagnons au loin,
Si qu'un seul d'enterrer ce demi-mort eut soin,
Luy jetta un crochet et entraina le reste
Des diables et des vers, allumettes de peste,
835 En un trou : la terre eut horreur de l'estouffer,
Cette terre à regret fut son premier enfer.
    Ce ver sentit les vers. La vengeance divine
N'employa seulement les vers sur la vermine :
Du Prat fut le gibier des mesmes animaux,
840 Le ver qui l'esveilloit, qui luy contoit ses maux,
Le ver qui de long temps picquoit sa conscience
Produisit tant de vers qu'ils percerent sa panse.
    Voici un ennemi de la gloire de Dieu
Qui s'esleve en son rang, qui occupe ce lieu.
845 L'Aubepin, qui premier, d'une ambition fole,
Cuida fermer le cours à la vive parole,
Et qui, bridant les dents par des baillons de bois,
Aux mourans refusa le soulas de la voix,
Voyant en ses costés cette petite armee

850 Grouïller, l'ire de Dieu en son corps animee,
Choisit pour ses parrains les ongles de la faim.
Lié par ses amis de l'une et l'autre main,
Comme il grinçoit les dents contre la nourriture,
Ses amis d'un baillon en firent ouverture :
855 Mais, avec les coulis, dans sa gorge coula
Un gros amas de vers qui à coup l'estrangla.
Le celeste courroux luy parut au visage.
Nul pour le deslier n'eut assez de courage;
Chacun trembla d'horreur, et chacun estonné
860 Quitta ce baillonneur et mort et baillonné.
   Petits soldats de Dieu, vous renaistrez encore
Pour destruire bien-tost quelque prince mi-more.
O Roy, mespris du ciel, terreur de l'univers,
Herode glorieux, n'attens rien que les vers.
865 Espagnol triomphant, Dieu vengeur à sa gloire
Peindra de vers ton corps, de mes vers ta memoire.
   Ceux dont le cœur brusloit de rages au dedans,
Qui couvoyent dans leur sein tant de flambeaux ardens,
En attendant le feu préparé pour leurs ames
870 Ces enflammés au corps ont resenti des flammes.
Bellomente, bruslant des infernaux tisons,
Eut pour jeu les procés, pour palais les prisons,
Cachots pour cabinets, pour passetemps les geinnes.
Dans les crotons obscurs, au contempler les peines,
875 Aux yeux des condamnez prenoit ses repas;
Hors le sueil de la geole il ne faisoit un pas.
Le jour luy fut tardif et la nuict trop hastive
Pour haster les procés : la vengeance tardive
Contenta sa langueur par la severité.
880 Un petit feu l'atteint par une extremité.
Et au bout de l'orteil ce feu estoit visible.
Cet insensible aux pleurs ne fut pas insensible,
Et luy tarda bien plus que cette vive ardeur
N'eust fait le long chemin du pied jusques au cœur
885 Que les plus longs procés longs et fascheux ne furent.
Tous les membres de rang ce feu vengeur receurent,
Ce hastif à la mort se mourut peu à peu,
Cet ardent au brusler fit espreuve du feu.
   Pour un peché pareil mesme peine evidente
890 Brusla Pontcher, l'ardent chef de la chambre ardente.

L'ardeur de cettui-ci se vid venir à l'œil :
La mort entre le cœur et le bout de l'orteil
Fit sept divers logis, et comme par tranchees
Partage l'assiegé; ses deux jambes hachees,
895 Et ses cuisses aprés servirent de sept forts;
En repoussant la mort il endura sept morts.

    L'evesque Castelan qui, d'une froideur lente,
Cachoit un cœur bruslant de haine violente,
Qui sans colere usoit de flammes et de fer,
900 Qui pour dix mille morts n'eust daigné s'eschaufer,
Ce fier, doux en propos, cet humble de col roide
Jugeoit au feu si chaud d'une façon si froide :
L'une moitié de luy se glaça de froideur,
L'autre moitié fuma d'une mortelle ardeur.

905   Voyez quels justes poids, quelles justes balances
Balancent dans les mains des celestes vengeances,
Vengeances qui du ciel descendent à propos,
Qui entendent du ciel, qui ouïrent les mots
De l'imposteur Picard, duquel à la semonce
910 La mort courut soudain pour lui faire responce :
« Vien mort, vien prompte mort (ce disoit l'effronté)
Si j'ay rien prononcé que saincte verité,
Venge ou approuve, Dieu, le faux ou veritable. »
La mort se resveilla, frappa le detestable
915 Dans la chaire d'erreur. Quatre mille auditeurs,
De ce grand coup du ciel abrutis spectateurs,
N'eurent pas pour ouïr de fidelles oreilles,
Et n'eurent de vrais yeux pour en voir les merveilles.

    Lambert, inquisiteur, ainsi en blasphemant
920 Demeura bouche ouverte; emporté au couvent,
Fut trouvé, sans sçavoir l'autheur du faict estrange,
Aux fosses du couvent noyé dedans la fange.

    Maint exemple me cerche, et je ne cerche pas
Mille nouvelles morts, mille estranges trespas
925 De nos persecuteurs : ces exemples m'ennuient,
Ils poursuyvent mes vers et mes yeux qui les fuyent.

    Je suis importuné de dire comme Dieu
Aux Rois, aux ducs, aux chefs, de leur camp au milieu,
Rendit, exerça, fit, droict, vengeance et merveille,
930 Crevant, poussant, frappant, l'œil, l'espaule et l'oreille;
Mais le trop long discours de ces notables morts

Me fait laisser à part ces vengeances des corps
Pour m'envoler plus haut, et voir ceux qu'en ce monde
Dieu a voulu arrer de la peine seconde,
935 De qui l'esprit frappé de la rigueur de Dieu
Des-jà sentit l'enfer au partir de ce lieu.
La justice de Dieu par vous sera louëe,
Vous donnerez à Dieu vostre voix enrouëe,
Demons desesperez, par qui, victorieux,
940 Le cruel desespoir fut vainqueur dessus eux.
Le desespoir, le plus des peines eternelles
Ennemi de la foy, vainquit les infidelles.

    Le Rhosne en a sonné, alors qu'en hurlemens
Renialme et Revet desgorgeoyent leurs tourmens :
945 « J'ay (dict l'un) condamné le sang et l'innocence. »
Ce n'estoit repentir, c'estoit une sentence
Qu'il prononçoit enflé et gros du mesme esprit
Du demon qui, par force, avoüa Jesus Christ.

    Ce mesme esprit, preschant en la publique chaire,
950 Fit escrier Latome à sa fureur derniere :
« Le grand Dieu m'a frappé en ce publique lieu,
Moy qui publiquement blasphemois contre Dieu. »

    Nos yeux mesmes ont veu, en ces derniers orages,
Où cet esprit immonde a semé de ses rages.
955 C'est lui qui a ravi le sens aux insolens,
A Bezigny, Cosseins, à Tavanes sanglans.
Le premier de ces trois a galoppé la France
Monstrant ses mains au ciel, bourrelles d'innocence :
« Voici, ce disoit-il, l'esclave d'un bourreau
960 Qui a sur les agneaux desployé son couteau :
Mon ame pour jamais en sa memoire tremble,
L'horreur et la pitié la deschirent ensemble. »

    Le second fut frappé aux murs des Rochelois.
On a caché le fruict de ses dernieres voix :
965 La verité pressee a trouvé la lumiere,
Car on n'a peu celer sa sentence dernière
Du style du premier, et pour mesme action
Il prononça mourant sa condamnation.

    Le tiers, qui fut cinquiesme au conseil des coulpables,
970 Bavoit plus abruti; il a semé ses fables
A l'entour de Paris, et, le changement d'air
Ne le faisant jamais qu'en condamné parler,

Il fut lié : mais plus geinné de conscience,
Satan fut son conseil, l'enfer son esperance.
975 Le cardinal Polus, plein de mesmes demons,
Fut jadis le miroir de ces trois compagnons.
Nous en sçavons plusieurs que nos honteuses veuës
Ont veus nuds et bavans et hurlans par les rues,
Prophetes de leur mort, confesseurs de leurs maux,
980 Des nostres presageurs, enseignemens tres-beaux.
 Il ne faut point penser que vers, couteaux ni flames
Soyent tels que les flambeaux qui attaquent les ames.
Rien n'est si grand que l'ame : il est tres-evident
Qu'à l'esgard du suject s'augmente l'accident,
985 Comme selon le bois la flamme est perdurable.
Ces barbares avoyent au lieu d'une ame un diable,
Duquel la bouche pleine a par force annoncé
Les crimes de leurs mains, le sang des bons versé.
Le desespoir minant qui leur tient compagnie
990 Rongeant cœur et cerveau jusqu'en fin de la vie.
 Que tu viens à regret charlatan florentin,
Qui de France a succé, puis mordu le tetin
Comme un cancer mangeur et meurtrier insensible :
Un cancer de sept ans, à toy, aux tiens horrible,
995 T'oste esprit, sens et sang, un traistre et lent effort.
Traistre, lent, te faisant charongne avant ta mort,
Empuanti de toy ; et t'atteint la vengeance
Au poinct que le repos donna treve à la France.
Excellente duchesse, ici la verité
1000 A forcé les liens de la proximité :
Dans mon sein allié tu as versé tes plaintes
Du malheur domestic, qui ne seront esteintes,
Non plus que la clameur qui donna gloire à Dieu
Lors que le condamné publioit par adveu
1005 Qu'en lui, cinquiesme autheur de l'inique journee,
La vengeance de Dieu s'en alloit terminee.
 Mais voici les derniers sur lesquels on a veu
Du Dieu fort et jaloux le courroux plus esmeu,
Quand de ses jugemens les principes terribles
1010 A ces cœurs endurcis se sont rendus visibles.
 Crescence, cardinal, qui à ton pourmenoir
Te vis accompagné du funebre chien noir,
Chien qu'on ne put chasser, tu conus ce chien mesme

Qui t'abayoit au cœur de rage si extreme
1015 Au concile de Trente : et ce mesme demon
Dont tu ne sçavois pas la ruze, bien le nom,
Ce chien te fit prevoir non pourvoir à ta perte.
Ta maladie fut en santé descouverte.
Il ne te quitta plus du jour qu'il t'eut fait voir
1020 Ton mal, le mal la mort, la mort le desespoir.
    Je me haste à porter dans le fond de ce temple
D'Olivier, chancelier, le tableau et l'exemple.
Cettui-ci, visité du cardinal sans pair,
Sans pair en trahison, sentit saillir d'enfer
1025 Les hostes de Saül, ou du cardinal mesme,
Dans son corps plus changé que n'estoit la mort blesme :
Ce corps sec, si caduc qu'il ne levoit la main
De l'estomac au front, aussi tost qu'il fut plein
Des dons du cardinal, du bas jusques au faiste,
1030 Enlevoit les talons aussi tost que la teste,
Tomboit, se redressoit, mit en pieces son lict,
S'escria de deux voix : « ô cardinal maudit,
Tu nous fais tous damner ! » Et, à cette parole,
Cette peste s'en va et cette ame s'envole.
1035   Cette force inconue et ces bonds violens
Eurent mesme moteur que ces grands mouvemens
Que sent encor la France, ou que ceux qui parurent
Quand dans ce cardinal tant de diables moururent :
Au moins eussent plustost supporté le tombeau
1040 Que de perdre en ce monde un organe si beau.
On a celé sa mort et caché la fumee
Que ce puant flambeau de la France allumee,
Esteint, aura rendu ; mais le courroux des cieux
Donna de ce spectacle une idee à nos yeux.
1045 L'air, noirci de demons ainsi que de nuages,
Creva des quatre parts d'impetueux orages ;
Les vents, les postillons de l'ire du grand Dieu,
Troublés de cet esprit retroublerent tout lieu ;
Les desluges espais des larmes de la France
1050 Rendirent l'air tout eau de leur noire abondance.
Cet esprit boutefeu, au bondir de ces lieux,
De foudres et d'esclairs mit le feu dans les cieux.
De l'enfer tout fumeux la porte desserree
A celui qui l'emplit prepara cette entree ;

VENGEANCES

1055 La terre s'en creva, la mer enfla ses monts,
Ses monts et non ses flots, pour couler par ses fonds
Mille morts aux enfers, comme si par ces vies
Satan goustoit encor des vieilles inferies
Dont l'odeur lui plaisoit, quand les anciens Romains
1060 Sacrifioyent l'humain aux cendres des humains.
L'enfer en triompha, l'air et la terre et l'onde
Refaisant le cahos qui fut avant le monde.
Le combat des demons à ce butin fut tel
Que des chiens la curee au corps de Jezabel,
1065 Ou d'un prince françois qui, d'un clas de la sorte,
Fit sonner le maillet de l'infernalle porte.

    Scribes, qui demandez aux tesmoignages saincts
Qu'ils fascinent vos yeux de vos miracles feints,
Si vous pouvez user des yeux et des oreilles
1070 Voyez ces monstres hauts, entendez ces merveilles.
Y a-t-il rien de commun, trouvez-vous de ces tours
De la sage Nature en l'ordinaire cours ?

    Le meurtrier sent le meurtre, et le paillard attise
En son sang le venin, fruict de sa paillardise;
1075 L'irrité contre Dieu est frappé de courroux;
Les eslevez d'orgueil sont abbatus de poux;
Dieu frappe de frayeur le fendant temeraire,
De feu le bouttefeu, de sang le sanguinaire.

    Trouvez vous ces raisons en la chaine du sort,
1080 Telle proportion de la vie à la mort ?
Est-il vicissitude ou fortune qui puisse,
Fausse et folle, trouver si à poinct la justice ?
Tels jugemens sont-ils d'un esgaré cerveau
A qui vos peintres font un ignorant bandeau ?
1085 Sont-ce là des arrests d'une femme qui roule
Sans yeux, au gré des vents, sur l'inconstante boule :

    Troubler tout l'univers pour ceux qui l'ont troublé,
D'un diable emplir le corps d'un esprit endiablé,
A qui espere au mal arracher l'esperance,
1090 Aux prudens contre Dieu la vie et la prudence ?
Oster la voix à ceux qui blasphemoyent si fort,
S'ils adjuroyent la mort leur envoyer la mort ?
Trancher ceux à morceaux qui detranchoyent l'Eglise,
Aux exquis inventeurs donner la peine exquise,
1095 Frapper les froids meschans d'une froide langueur,

Embrazer les ardens d'une bouillante ardeur ?
Brider ceux qui bridoyent la loüange divine,
La vermine du puits estouffer de vermine,
Rendre dedans le sang les sanglans submergés,
1100 Livrer le loup aux loups, le fol aux enragez ?
Pour celui qui enfloit le cours d'une harangue
Contre Dieu, l'estouffer d'une enflure de langue ?

J'ay crainte, mon lecteur, que tes esprits lassez
De mes tragiques sens ayent dit : C'est assez !
1105 Certes ce seroit trop si nos ameres plaintes
Vous contoyent des romans les charmeresses feintes.
Je n'escris point à vous, serfs de la vanité,
Mais recevez de moy, enfans de verité,
Ainsi qu'en un faisseau les terreurs demi-vives,
1110 Testamens d'Antioch, repentances tardives :
Le sçavoir prophané, les souspirs de Spera
Qui sentit ses forfaits et s'en desespera ;
Ceux qui dans Orleans, sans chiens et sans morsures,
Furent frappez de rage, à qui les mains impures
1115 Des peres, meres, sœurs et freres, et tuteurs
Ont apporté la fin, tristes executeurs ;
De Lizet l'orgueilleux la rude ignominie,
De lui, de son Simon la mortelle manie,
La lepre de Roma, et celle qu'un plus grand
1120 Pour les siens et pour soi perpetuelle prend ;
Le despoir des Morins, dont l'un à mort se blesse,
Les foyers de Ruzé et de Faye d'Espesse.

Ici le haut tonnant sa voix grosse hors met,
Et gresle et souffre et feu sur la terre transmet,
1125 Fait la charge sonner par l'airain du tonnerre ;
Il a la mort, l'enfer, soudoyez pour sa guerre.
Monté dessus le dos des Cherubins mouvans,
Il vole droit, guindé sur les ailes des vents.
Un temps, de son Eglise il soustint l'innocence,
1130 Ne marchant qu'au secours et non à la vengeance ;
Ores aux derniers temps, et aux plus rudes jours,
Il marche à la vengeance et non plus au secours.

JUGEMENT

LIVRE SEPTIÈME

BAISSE donc, ETERNEL, tes hauts cieux pour descendre,
Frappe les monts cornus, fay-les fumer et fendre;
Loge le pasle effroy, la damnable terreur
Dans le sein qui te hait et qui loge l'erreur;
5 Donne aux foibles agneaux la salutaire crainte,
La crainte, et non la peur, rende la peur esteinte.
Pour me faire instrument à ces effects divers
Donne force à ma voix, efficace à mes vers;
A celui qui t'avoue, ou bien qui te renonce,
10 Porte l'heur ou malheur, l'arrest que je prononce.
Pour neant nous semons, nous arrosons en vain,
Si l'esprit de vertu ne porte de sa main
L'heureux accroissement. Pour les hautes merveilles
Les Pharaons ferrés n'ont point d'yeux, point d'oreilles,
15 Mais Paul et ses pareils à la splendeur d'enhaut
Prennent l'estonnement pour changer comme il faut.
Dieu veut que son image en nos cœurs soit empreinte,
Estre craint par amour et non aimé par crainte;
Il hait la pasle peur d'esclaves fugitifs,
20 Il aime ses enfans amoureux et craintifs.
   Qui seront les premiers sur lesquels je desploye
Ce pacquet à malheurs ou de parfaicte joye ?
Je viens à vous, des deux fidelle messager,
De la gehenne sans fin à qui ne veut changer,
25 Et à qui m'entendra, comme Paul Ananie,
Ambassadeur portant et la veuë et la vie.
   A vous la vie, à vous qui pour Christ la perdez,
Et qui en la perdant trés-seure la rendez,
La mettez en lieu fort, imprenable, en bonn' ombre,

    30 N'attachans la victoire et le succez au nombre ;
       A vous, soldats sans peur, qui presque en toutes parts
       Voyez vos compagnons par la frayeur espars,
       Ou, par l'espoir de l'or, les frequentes revoltes,
       Satan qui prend l'yvroye et en fait ses recoltes.
    35 Dieu tient son van trieur pour mettre l'aire en point
       Et consumer l'esteule au feu qui ne meurt point.
       Ceux qui à l'eau d'Oreb feront leur ventre boire
       Ne seront point choisis compagnons de victoire.
       Le Gedeon du ciel, que ses freres vouloyent
    40 Mettre aux mains des tyrans, alors qu'ils les fouloyent,
       Destruisans par sa mort un angeliqu' ouvrage,
       Aymans mieux estre serfs que suivre un haut courage,
       Le grand Jerubaal n'en tria que trois cens,
       Prenant les diligens pour dompter les puissans,
    45 Veinqueur maugré les siens, qui, par poltronnerie,
       Refusoyent à son heur l'assistance et la vie.
       Quand vous verrez encor les asservis mastins
       Dire : « Nous sommes serfs des princes philistins »,
       Vendre à leurs ennemis leurs Sansons et leurs braves,
    50 Sortez trois cens choisis, et de cœurs non esclaves,
       Sans conter Israel ; lappez en haste l'eau,
       Et Madian sera desfait par son couteau.
       Les trente mille avoyent osté l'air à vos faces :
       A vos fronts triomphans ils vont quitter leurs places.
    55 Vos grands vous estouffoyent, magnanimes guerriers :
       Vous leverez en haut la cime à vos lauriers.
       Du fertil champ d'honneur Dieu cercle ces espines
       Pour en faire succer l'humeur à vos racines.
       Si mesmes de vos troncs vous voyez assecher
    60 Les rameaux vos germains, c'est qu'ils souloyent cacher
       Et vos fleurs et vos fruits et vos branches plus vertes,
       Qui plus rempliront l'air estant plus descouvertes.
         Telle est du sacré mont la generation
       Qui au sein de Jacob met son affection.
    65 Le jour s'approche auquel auront ces debonnaires
       Fermes prosperités, victoires ordinaires ;
       Voire dedans leurs licts il faudra qu'on les oye
       S'esgayer en chantant de tressaillante joye.
       Ils auront tout d'un temps à la bouche leurs chants
    70 Et porteront au poing un glaive à deux tranchans

JUGEMENT

Pour fouler à leurs pieds, pour destruire et desfaire
Des ennemis de Dieu la canaille adversaire,
Voire pour empoigner et mener prisonniers
Les Empereurs, les Rois, et princes les plus fiers,
75 Les mettre aux ceps, aux fers, punir leur arrogance
Par les effects sanglans d'une juste vengeance;
Si que ton pied vainqueur tout entier baignera
Dans le sang qui du meurtre à tas regorgera,
Et dedans le canal de la tuerie extreme
80 Les chiens se gorgeront du sang de leur chef mesme.

Je retourne à la gauche, ô esclaves tondus,
Aux diables faux marchands et pour neant vendus!
Vous leur avez vendu, livré, donné en proye
Ame, sang, vie, honneur : où en est la monnoye ?
85 Je vous voy là cachés, vous que la peur de mort
A fait si mal choisir l'abysme pour le port,
Vous dans l'esprit desquels une frivole crainte
A la crainte de Dieu et de l'enfer esteinte,
Que l'or faux, l'honneur vain, les serviles estats
90 Ont rendu revoltés, parjures, apostats;
De qui les genoux las, les inconstances molles
Ployent, au gré des vents, aux pieds de leurs idoles;
Les uns qui de souspirs monstrent ouvertement
Que le fourneau du sein est enflé de tourment;
95 Les autres, devenus stupides par usance,
Font dormir, sans tuer, la pasle conscience,
Qui se resveille et met, forte par son repos,
Ses esguillons crochus dans les moëlles des os.

Maquignons de Satan, qui, par espoirs et craintes,
100 Par feintes pietés et par charités feintes,
Diligens charlatans, pipez et maniez
Nos rebelles fuitifs, nos excommuniés,
Vous vous esjouïssez estans retraits de vices
Et puants excremens : gardez nos immondices,
105 Nos rongneuses brebis, les pestes du troupeau,
Ou galles que l'Eglise arrache de sa peau.

Je vous en veux à vous, apostats degeneres,
Qui leschez le sang frais tout fumant de vos peres
Sur les pieds des tueurs, serfs qui avez servi
110 Les bras qui ont la vie à vos peres ravi!
Vos peres sortiront des tombeaux effroyables,

Leurs images au moins paroistront venerables
A vos sens abbatus, et vous verrez le sang
Qui mesle sur leur chef les touffes de poil blanc,
115 Du poil blanc herissé de vos poltronneries :
Ces morts reprocheront le present de vos vies.
En lavant pour disner avec ces inhumains,
Ces peres saisiront vos inutiles mains,
En disant : « Vois-tu pas que tes mains fayneantes
120 Lavent sous celles-là qui, de mon sang gouttantes,
Se purgent dessus toy et versent mon courroux
Sur ta vilaine peau, qui se lave dessous ?
Ceux qui ont retranché les honteuses parties,
Les oreilles, les nez, en triomphe des vies,
125 En ont fait les cordons des infames chapeaux,
Les enfans de ceux-là caressent tels bourreaux !
O esclave coquin, celui que tu salues
De ce puant chapeau espouvante les rues,
Et te salue en serf : un esclave de cœur
130 N'acheteroit sa vie à tant de deshonneur !
Fai pour ton pere, au moins, ce que fit pour son maistre
Un serf (mais vieux Romain), qui se fit mesconoistre
De coups en son visage, et fit si bel effort
De venger son Posthume et puis si belle mort ! »
135   Vous armez contre nous, vous aimez mieux la vie
Et devenir bourreaux de vostre compagnie,
Vilains marchands de vous qui avez mis à prix
Le libre respirer de vos puants esprits,
Assassins pour du pain, meurtriers pasles et blesmes,
140 Couppe-jarrests, bourreaux d'autrui et de vous mesmes !
Vous cerchez de l'honneur, parricides bastards,
Or courez aux assauts et volez aux hazards.
Vous baverez en vain le vin de vos bravades ;
Cerchez, gladiateurs, en vain les estocades.
145 Vous n'auriez plus d'honneur n'osant vous ressentir
Ou d'un soufflet receu ou d'un seul desmentir ?
Desmentir ne soufflet ne sont tel vitupere
Que d'estre le valet du bourreau de son pere.
Vos peres ont changé en retraits les hauts lieux,
150 Ils ont foulé aux pieds l'hostie et les faux dieux :
Vous apprendrez, valets, en honteuse vieillesse
A chanter au lestrain et respondre à la messe.

Trois Bourbons, autresfois de Rome la terreur,
Pourroyent-ils voir du ciel, sans ire et sans horreur,
155 Leur ingrat successeur quitter leur trace et estre
A rincer la canette, humble valet d'un prestre,
Luy retordre la queuë, et d'un cierge porté
Faire amende honnorable à Satan redouté ?
Bourbon, que dirois-tu de ta race honteuse ?
160 Tu dirois, je le sçai, que ta race est douteuse.
    Ils ressusciteront ces peres triomphans,
Vous ressusciterez, detestables enfans :
Et honteux, condamnés sans fuites ni refuges,
Vos peres de ce temps alors seront vos juges.
165   Vrai est que les tyrans avec inique soin
Vous mirent à leurs pieds, en rejettant au loin
La veritable voix de tous cliens fideles,
Avec art vous privant de leurs seures nouvelles.
Ils vous ont empesché d'apprendre que Louys,
170 Et comment il mourut pour Christ et son pays ;
Ils vous ont desrobé de vos ayeuls la gloire,
Imbu vostre berceau de fables pour histoire,
Choisi, pour vous former en moines et cagots,
Ou des galans sans Dieu ou des pedans bigots.
175   Princes, qui vomissans la salutaire grace
Tournez au ciel le dos et à l'enfer la face,
Qui, pour regner ici, esclaves vous rendez
Sans mesurer le gain à ce que vous perdez,
Vous faittes esclatter aux temples vos musiques :
180 Vostre cheute fera hurler vos domestiques.
Au jour de vostre change on vous pare de blanc :
Au jour de son courroux Dieu vous couvre de sang.
Vous avez pris le pli d'atheistes prophanes,
Aimé pour paradis les pompes courtisanes ;
185 Nourris d'un laict esclave, ainsi assujettis,
Le sens vainquit le sang et vous fit abrutis.
    Ainsi de Scanderbeg l'enfance fut ravie
Sous de tels precepteurs, sa nature asservie
En un serrail coquin ; de delices friant,
190 Il huma pour son laict la grandeur d'Orient,
Par la voix des muphtis on emplit ses oreilles
Des faits de Mahomet et miracles de vieilles.
Mais le bon sang vainquit l'illusion des sens,

Luy faisant mespriser tant d'arborés croissans,
195 Les armes qui faisoyent courber toute la terre,
Pour au grand Empereur oser faire la guerre
Par un petit troupeau ruïné, mal en poinct;
Se fit chef de ceux qui ne le conoissoyent point.
De là tant de combats, tant de faits, tant de gloire
200 Que chacun les peut lire et nul ne les peut croire.
Le ciel n'est plus si riche à nos nativités,
Il ne nous depart plus de generosités,
Ou bien nous trouverions de ces engeances hautes
Si les meres du siecle y faisoyent moins de fautes :
205 Ces œufs en un nid ponds, et en l'autre couvés,
Se trouvent œufs d'aspic quand ils sont esprouvés;
Plustost ne sont esclos que ces mortels viperes
Fichent l'ingrat fiçon dans le sein des faux peres.
Ou c'est que le regne est à servir condamné,
210 Ennemi de vertu et d'elle abandonné.
Quand le terme est escheu des divines justices,
Les cœurs abastardis sont infectés de vices;
Dieu frappe le dedans, oste premierement
Et retire le don de leur entendement;
215 Puis, sur le coup qu'il veut nous livrer en servage,
Il fait fondre le cœur et secher le courage.
  Or cependant, voici que promet seurement,
Comme petits portraits du futur jugement,
L'Eternel aux meschans, et sa colere ferme
220 N'oublie, ains par rigueur se payera du terme.
Il n'y a rien du mien ni de l'homme en ce lieu,
Voici les propres mots des organes de Dieu :
  « Vous qui persecutez par fer mon heritage,
Vos flancs ressentiront le prix de vostre ouvrage,
225 Car je vous frapperay d'espais aveuglemens,
Des playes de l'Egypte et de forcenemens.
Princes, qui commettez contre moy felonnie,
Je vous arracheray le sceptre avant la vie;
Vos filles se vendront, à vos yeux impuissans
230 On les violera : leurs effrois languissans
De vos bras enferrés n'auront point d'assistance.
Vos valets vous vendront à la brute puissance
De l'avare achepteur, pour tirer en sueurs
De vos corps, goutte à goutte, autant ou plus de pleurs

235 Que vos commandemens n'en ont versé par terre.
Vermisseaux impuissans, vous m'avez fait la guerre,
Vos mains ont chastié la famille de Dieu,
O verges de mon peuple, et vous irez au feu.
Vous, barbares citez, quittez le nom de France
240 Attendants les esprits de la haute vengeance,
Vous qui de faux parfums enfumastes l'ether,
Qui de si bas avez pu le ciel irriter;
Il faut que ces vengeurs en vous justice rendent,
Que pour les recevoir vos murailles se fendent,
245 Et, comme en Hiericho, vos bastions soient mis
En poudre, aux yeux, aux voix des braves ennemis;
Vous, sanglantes cités, Sodomes aveuglees,
Qui, d'aveugles courroux contre Dieu desreglees,
N'avez transi d'horreur aux visages transis,
250 Puantes de la chair, du sang de mes occis.
  « Entre toutes, Paris, Dieu en son cœur imprime
Tes enfans qui crioyent sur la Hierosolime,
A ce funeste jour que l'on la destruisoit.
L'Eternel se souvient que chacun d'eux disoit :
255 A sac, l'Eglise ! à sac ! qu'elle soit embrazee
Et jusqu'au dernier pied des fondemens rasee !
Mais tu seras un jour labouree en seillons,
Babel, où l'on verra les os et les charbons,
Restes de ton palais et de ton marbre en cendre.
260 Bien-heureux l'estranger qui te sçaura bien rendre
La rouge cruauté que tu as sçeu cercher;
Juste le reistre noir, volant pour arracher
Tes enfans acharnés à ta mamelle impure,
Pour les froisser brisés contre la pierre dure;
265 Maudit sera le fruict que tu tiens en tes bras,
Dieu maudira du ciel ce que tu beniras;
Puante jusqu'au ciel, l'œil de Dieu te deteste,
Il attache à ton dos la devorante peste,
Et le glaive et la faim, dont il fera mourir
270 Ta jeunesse et ton nom pour tout jamais perir
Sous toy, Hierusalem meurtriere, revoltee,
Hierusalem qui es Babel ensanglantee.
  « Comme en Hierusalem diverses factions
Doubleront par les tiens tes persecutions,
275 Comme en Hierusalem de tes portes rebelles

Tes mutins te feront prisons et citadelles;
Ainsi qu'en elle encor tes bourgeois affolés,
Tes bouttefeux prendront le faux nom de zelés.
Tu mangeras comme elle un jour la chair humaine,
280 Tu subiras le joug pour la fin de ta peine,
Puis tu auras repos : ce repos sera tel
Que reçoit le mourant avant l'accez mortel.
Juifs parisiens, tres-justement vous estes
Comme eux traistres, comme eux massacreurs des pro-
285 Je voy courir ces maux, approcher je les voy   [phetes :
Au siege languissant, par la main de ton Roy.

  « Cités yvres de sang, et encor alterees,
Qui avez soif de sang et de sang enyvrees,
Vous sentirez de Dieu l'espouvantable main :
290 Vos terres seront fer, et vostre ciel d'airain,
Ciel qui au lieu de pluye envoye sang et poudre,
Terre de qui les bleds n'attendent que le foudre.
Vous ne semez que vent en steriles sillons,
Vous n'y moisonnerez que volans tourbillons,
295 Qui à vos yeux pleurans, folle et vaine canaille,
Feront piroüetter les espics et la paille.
Ce qui en restera et deviendra du grain
D'une bouche estrangere estanchera la faim.
Dieu suscite de loin, comme une espaisse nue,
300 Un peuple tout sauvage, une gent inconue,
Impudente du front, qui n'aura, triomphant,
Ni respect du vieillard ni pitié de l'enfant,
A qui ne servira la piteuse harangue :
Tes passions n'auront l'usage de la langue.
305 De tes faux citoyens les detestables corps
Et les chefs traineront, exposez au dehors :
Les corbeaux esjouïs, tous gorgez de charongne,
Ne verront à l'entour aucun qui les esloigne.
Tes ennemis feront, au milieu de leur camp,
310 Foire de tes plus forts, qui vendus à l'ancan
Ne seront encheris. Aux villes assiegees
L'œil have et affamé des femmes enragees
Regardera la chair de leurs maris aimés;
Les maris forcenés lanceront affamés
315 Les regards allouvis sur les femmes aimées,
Et les deschireront de leurs dents affamees.

Quoi plus ? celles qui lors en dueil enfanteront
Les enfans demi-nez du ventre arracheront,
Et du ventre à la bouche, afin qu'elles survivent,
320 Porteront l'avorton et les peaux qui le suyvent. »
    Ce sont du jugement à venir quelques traicts,
De l'enfer preparé les debiles portraicts ;
Ce ne sont que miroirs des peines eternelles :
O quels seront les corps dont les ombres sont telles !
325   Atheistes vaincus, vostre infidelité
N'amusera le cours de la Divinité ;
L'Eternel jugera et les corps et les ames,
Les benis à la gloire et les autres aux flammes.
Le corps cause du mal, complice du peché,
330 Des verges de l'esprit est justement touché.
Il est cause du mal : du juste la justice
Ne versera sur l'un de tous deux le supplice.
De ce corps les cinq sens ont esmeu les desirs ;
Les membres, leurs valets, ont servi aux plaisirs :
335 Encor plus criminels sont ceux là qui incitent.
Or, s'il les faut punir, il faut qu'ils ressuscitent.
Je dis plus, que la chair par contagion rend
Violence à l'esprit qui long temps se deffend :
Elle, qui de raison son ame pille et prive,
340 Il faut que pour sentir la peine elle revive.
    N'apportez point ici, Sadduciens pervers,
Les corps mangés des loups : qui les tire des vers
Des loups les tirera. Si on demande comme
Un homme sortira hors de la chair de l'homme
345 Qui l'aura devoré, quand l'homme par la faim
Aux hommes a servi de viande et de pain,
En vain vous avez peur que la chair devoree
Soit en dispute à deux : la nature ne cree
Nulle confusion parmi les elemens,
350 Elle sçait distinguer d'entre les excremens
L'ordre qu'elle se garde ; ainsi elle demande
A l'estomac entiere et pure la viande,
La nourriture impropre est sans corruption
Au feu de l'estomac par l'indigestion.
355 Et Nature, qui est grand principe de vie,
N'a-t-elle le pouvoir qu'aura la maladie ?
Elle, qui du confus de tout temperament

    Fait un germe parfait tiré subtilement,
Ne peut-elle choisir de la grande matiere
La naissance seconde ainsi que la premiere ?
    Enfans de vanité, qui voulez tout poli,
A qui le stile sainct ne semble assez joli,
Qui voulez tout coulant, et coulez perissables
Dans l'eternel oubli, endurez mes vocables
Longs et rudes ; et, puis que les oracles saints
Ne vous esmeuvent pas, aux philosophes vains
Vous trouverez encor, en doctrine cachee,
La resurrection par leurs escrits preschee.
    Ils ont chanté que quand les esprits bien-heureux
Par la voye de laict auront fait nouveaux feux,
Le grand moteur fera, par ses metamorphoses,
Retourner mesmes corps au retour de leurs causes.
L'air, qui prend de nouveau tousjours de nouveaux corps,
Pour loger les derniers met les premiers dehors ;
Le feu, la terre et l'eau en font de mesme sorte.
Le despart esloigné de la matiere morte
Fait son rond et retourne encor en mesme lieu,
Et ce tour sent tousjours la presence de Dieu.
Ainsi le changement ne sera la fin nostre,
Il nous change en nous mesme et non point en un autre.
Il cerche son estat, fin de son action :
C'est au second repos qu'est la perfection.
Les elemens, muans en leurs regles et sortes,
Rappellent sans cesser les creatures mortes
En nouveaux changemens : le but et le plaisir
N'est pas là, car changer est signe de desir.
Mais quand le ciel aura achevé la mesure.
Le rond de tous ses ronds, la parfaicte figure,
Lors que son encyclie aura parfait son cours
Et ses membres unis pour la fin de ses tours,
Rien ne s'engendrera : le temps, qui tout consomme,
En l'homme amenera ce qui fut fait pour l'homme ;
Lors la matiere aura son repos, son plaisir,
La fin du mouvement et la fin du desir.
    Quant à tous autres corps qui ne pourront renaistre,
Leur estre et leur estat estoit de ne plus estre.
L'homme, seul raisonnable, eut l'ame de raison ;
Cet ame unit à soy, d'entiere liaison,

Ce corps essentié du pur de la nature
400 Qui doit durer autant que la nature dure.
Les corps des bestes sont de nature excrement,
Desquels elle se purge et dispose autrement,
Comme materielle estant leur forme, et pource
Que de matiere elle a sa puissance et sa source,
405 Cette puissance mise en acte par le corps.
Mais l'ame des humains toute vient du dehors ;
Et l'homme, qui raisonne une gloire eternelle,
Hoste d'eternité, se fera tel comme elle.
L'ame, toute divine, eut inclination
410 A son corps, et cette ame, à sa perfection,
Pourra-t-elle manquer de ce qu'elle souhaite,
Oublier ou changer sans se faire imparfaite ?
Ce principe est trés vray que l'instinct naturel
Ne souffre manquement qui soit perpetuel.
415 Quand nous considerons l'airain qui s'achemine
De la terre bien cuitte en metal, de la mine
Au fourneau ; du fourneau on l'affine ; l'ouvrier
Le mene à son dessein pour fondre un chandelier :
Nul de tous ces estats n'est la fin, sinon celle
420 Qu'avoit l'entrepreneur pour but en sa cervelle.
Nostre efformation, nostre dernier repos
Est selon l'exemplaire et le but et propos
De la cause premiere : ame qui n'est guidee
De prototype, estant soy-mesme son idee.
425 L'homme à sa gloire est fait : telle creation
Du but de l'Eternel prend efformation.
Ce qui est surceleste et sur nos cognoissances,
Partage du trés pur et des intelligences,
(Si lieu se peut nommer) sera le sacré lieu
430 Annobli du changer, habitacle de Dieu ;
Mais ce qui a servi au monde sousceleste,
Quoy que trés excellent, suivra l'estat du reste.
L'homme, de qui l'esprit et penser est porté
Dessus les cieux des cieux, vers la Divinité,
435 A servir, adorer, contempler et cognoistre,
Puis qu'il n'y a mortel que l'abject du bas estre,
Est exempt de la loy qui sous la mort le rend
Et de ce privilege a le ciel pour garant.
  Si aurez vous, payens, pour juges vos pensees,

440 Sans y penser au vent par vous mesmes poussees
En vos laborieux et si doctes escrits,
Où entiers vous voulez, compagnons des esprits,
Avoir droit quelque jour : de vos sens le service,
Et vos doigts auroyent-ils fait un si haut office
445 Pour n'y participer ? Nenni, vos nobles cœurs,
Pour des esprits ingrats n'ont semé leurs labeurs.
Si vos sens eussent creu s'en aller en fumee
Ils n'eussent tant sué pour la grand renommee.
Les poinctes de Memphis, ses grands arcs triomphaux,
450 Obelisques logeants les cendres aux lieux hauts,
Les travaux sans utile eslevés pour la gloire
Promettoyent à vos sens part en cette memoire.
 Qu'ai-je dict de la cendre eslevee en haut lieu ?
Ajoustons que le corps n'estoit mis au milieu
455 Des bustes ou buchers, mais en cime à la pointe,
Et, pour monstrer n'avoir toute esperance esteinte,
La face descouverte, ouverte vers les cieux,
Vuide d'esprit, pour soy esperoit quelque mieux.
Mais à quoy pour les corps ces despenses estranges,
460 Si ces corps n'estoyent plus que cendres et que fanges ?
A quoy tant pour un rien ? à quoy les rudes loix
Qui arment les tombeaux de franchises et droicts
Dont vous aviez orné les corps morts de vos peres ?
Appelez-vous en vain sacrés vos cemitieres !
465 Ces portraits excellens, gardés de pere en fils,
De bronze pour durer, de marbre, d'or exquis,
Ont-ils portrait les corps, ou l'ame qui s'envole ?
La Royne de Carie a mis pour son Mausole
Tant de marbre et d'ivoire, et, qui plus est encor
470 Que l'yvoire et le marbre, ell' a pour son thresor
En garde à son cher cœur cette cendre commise :
Son sein fut un sepulchre; et la brave Artemise
A de l'antiquité les proses et les vers.
Elle a fait exalter par tout cet univers
475 Son ouvrage construit d'estoffe nom-pareille,
Vous en avez dressé la seconde merveille :
Vos sages auroyent-ils tant escrit et si bien
A chanter un erreur, à exalter un rien ?
 Vous appelez divins les deux où je veux prendre
480 Ces axiomes vrais : oyez chanter Pymandre,

Apprenez dessous lui les secrets qu'il apprend
De Mercure, par vous nommé trois fois trés grand.
    De tout la gloire est Dieu; cette essence divine
Est de l'universel principe et origine;
485 Dieu, Nature et pensee, est en soy seulement
Acte, necessité, fin, renouvellement.
A son poinct il conduict astres et influences
En cercles moindres, grands sous leurs intelligences,
Ou anges par qui sont les esprits arrestés
490 Dés la huictiesme sphere à leur corps apprestés,
Demons distributeurs des renaissantes vies
Et des arrests qu'avoyent escrit les encyclies.
Ces officiers du ciel, diligens et discrets,
Administrent du ciel les mysteres secrets,
495 Et insensiblement mesnagent en ce monde
De naistre et de finir toute cause seconde.
Tout arbre, graine, fleur, et beste tient dequoy
Se resemer soi-mesme et revivre par soy.
Mais la race de l'homme a la teste levee,
500 Pour commander à tout cherement reservee :
Un tesmoin de Nature à discerner le mieux,
Augmenter, se mesler dans les discours des dieux,
A cognoistre leur estre et nature et puissance,
A prononcer des bons et mauvais la sentence.
505 Cela se doit resoudre et finir hautement
En ce qui produira un ample enseignement.
Quand des divinités le cercle renouvelle,
Le monde a conspiré que Nature eternelle
Se maintienne par soi, puisse pour ne perir
510 Revivre de sa mort et seche refleurir.
Voyez dedans l'ouvroir du curieux chimicque :
Quand des plantes l'esprit et le sel il praticque,
Il reduit tout en cendre, en faict lessive, et faict
De cette mort revivre un ouvrage parfaict.
515 L'exemplaire secret des idees encloses
Au sepulchre ranime et les lis et les roses,
Racines et rameaux, tiges, fueilles et fleurs
Qui font briller aux yeux les plus vives couleurs,
Ayant le feu pour pere, et pour mere la cendre.
520 Leur resurrection doibt aux craintifs apprendre
Que les bruslez, desquels on met la cendre au vent,

Se relevent plus vifs et plus beaux que devant.
Que si Nature faict tels miracles aux plantes
Qui meurent tous les ans, tous les ans renaissantes,
525 Elle a d'autres secrets et thresors de grand prix
Pour le prince estably au terrestre pourpris.
Le monde est animant, immortel; il n'endure
Qu'un de ses membres chers autant que lui ne dure :
Ce membre de haut prix, c'est l'homme raisonnant,
530 Du premier animal le chef d'œuvre eminent;
Et quand la mort dissout son corps, elle ne tue
Le germe non mortel qui le tout restitue.
La dissolution qu'ont soufferte les morts
Les prive de leurs sens, mais ne destruit les corps;
535 Son office n'est pas que ce qui est perisse,
Bien que tout le caduc renaisse et rajeunisse.
Nul esprit ne peut naistre, il paroist de nouveau;
L'esprit n'oublie point ce qui reste au tombeau.

Soit l'image de Dieu l'eternité profonde,
540 De cette eternité soit l'image le monde,
Du monde le soleil sera l'image et l'œil,
Et l'homme est en ce monde image du soleil.

Payens, qui adorez l'image de Nature,
En qui la vive voix, l'exemple et l'Escriture
545 N'authorise le vrai, qui dites : « Je ne croi
Si du doigt et de l'œil je ne touche et ne voi »,
Croyez comme Thomas, au moins aprés la veuë.
Il ne faut point voler au dessus de la nuë,
La terre offre à vos sens dequoy le vray sentir,
550 Pour vous convaincre assez, sinon vous convertir.

La terre en plusieurs lieux conserve sans dommage
Les corps, si que les fils marquent de leur lignage,
Jusques à cent degrés, les organes parés
A loger les esprits qui furent separés;
555 Nature ne les veut frustrer de leur attente.
Tel spectacle en Aran à qui veut se presente.
Mais qui veut voir le Caire, et en un lieu prefix
Le miracle plus grand de l'antique Memphis,
Justement curieux et pour s'instruire prenne
560 Autant, ou un peu moins de peril et de peine
Que le bigot seduit, qui de femme et d'enfans
Oublie l'amitié, pour abreger ses ans

Au labeur trop ingrat d'un sot et long voyage.
Si de Syrte et Charibde il ne tombe au naufrage,
565 Si de peste il ne meurt, du mal de mer, du chaut,
Si le corsaire turc le navire n'assaut,
Ne le met à la chiorme, et puis ne l'endoctrine
A coups d'un roide nerf à ployer sur l'eschine,
Il void Jerusalem et le lieu supposé
570 Où le Turc menteur dit que Christ a reposé,
Rid et vend cher son ris : les sottes compagnies
Des pelerins s'en vont, affrontés de vanies.
Ce voyage est fascheux, mais plus rude est celuy
Que les faux mussulmans font encore aujourd'huy,
575 Soit des deux bords voisins de l'Europe et d'Asie,
Soit de l'Archipelage ou de la Natolie,
Ceux qui boivent d'Euphrate ou du Tygre les eaux,
Ausquels il faut passer les perilleux monceaux
Et percer les brigands d'Arabie deserte,
580 Ou ceux de Tripoli, de Panorme, Biserte,
Le riche Ægyptien et les voisins du Nil.
Ceux là vont mesprisans tout labeur, tout peril
De la soif sans liqueur, des tourmentes de sables
Qui enterrent dans soy tous vifs les miserables;
585 Qui à pied, qui sur l'asne, ou lié comme un veau
A ondes va pelant les bosses d'un chameau,
Pour voir le Meque, ou bien Talnaby de Medine.
Là cette caravanne et bigote et badine
Adore Mahomet dans le fer estendu,
590 Que la voute d'aimant tient en l'air suspendu;
Là se creve les yeux la bande musulmane
Pour, aprés lieu si sainct, ne voir chose prophane.
   Je donne moins de peine aux curieux payens,
Des chemins plus aisez, plus faciles moyens.
595 Tous les puissans marchands de ce nostre hemisphere
Content pour pourmenoir le chemin du grand Caire :
Là prez est la coline où vont de toutes parts
Au point de l'equinoxe, au vingte-cinq de Mars,
La gent qui comme un camp loge dessous la tente,
600 Quand la terre paroist verte, ressuscitante,
Pour voir le grand tableau qu'Ezechiel depeint,
Merveille bien visible et miracle non feint,
La resurrection; car de ce nom l'appelle

Toute gent qui court là, l'un pour chose nouvelle,
605 L'autre pour y cercher avec la nouveauté
Un bain miraculeux, ministre de santé.
　L'œil se plait en ce lieu, et puis des mains l'usage
Redonne aux yeux troublez un ferme tesmoignage.
On void les os couverts de nerfs, les nerfs de peau,
610 La teste de cheveux; on void, à ce tombeau,
Percer en mille endroits les arenes bouillantes
De jambes et de bras et de testes grouillantes.
D'un coup d'œil on peut voir vingt mille spectateurs
Soupçonner ce qu'on void, muets admirateurs;
615 Peu ou point, eslevans ces œuvres nompareilles,
Levent le doigt en haut vers le Dieu des merveilles.
Quelqu'un, d'un jeune enfant, en ce troupeau, voyant
Les cheveux crespelus, le teint frais, l'œil riant,
L'empoigne, mais, oyant crier un barbe grise
620 *Ante matharafde kali*, quitte la prise.
　De pere en fils, l'Eglise a dit qu'au temps passé
Un troupeau de chrestiens, pour prier amassé,
Fut en pieces taillé par les mains infideles
Et rendit en ce lieu les ames immortelles,
625 Qui, pour donner au corps gage de leurs amours,
Leur donnent tous les ans leur presence trois jours.
Ainsi, le ciel d'accord uni à vostre mere,
Ces deux, fils de la terre, en ce lieu veulent faire
Vostre leçon, daignans en ce point s'approcher
630 Pour un jour leur miracle à vos yeux reprocher.
　Doncques chacun de vous, pauvres payens, contemple,
Par l'effort des raisons ou celui de l'exemple,
Ce que jadis sentit le troupeau tant prisé
Des escrits où Nature avoit thesaurisé,
635 Bien que tu sens la taye eust occupé leur veuë,
Qu'il y ait tousjours eu le voile de la nuë
Entr'eux et le soleil : leur manque, leur defaut
Vous face desirer de vous lever plus haut.
Haussez vous sur les monts que le soleil redore,
640 Et vous prendrez plaisir de voir plus haut encore.
Ces hauts monts que je di sont prophetes, qui font
Demeure sur les lieux où les nuages sont;
C'est le cayer sacré, le palais des lumieres;
Les sciences, les arts ne sont que chambrieres.

JUGEMENT

645 Suyvez, aimez Sara, si vous avez dessein
D'estre fils d'Abraham, retirés en son sein :
Là les corps des humains et les ames humaines,
Unis aux grands triomphes aussi bien comme aux peines,
Se rejoindront ensemble, et prendront en ce lieu
650 Dans leurs fronts honorés l'image du grand Dieu.
    Resjouïssez-vous donc, ô vous ames celestes ;
Car vous vous referez de vos piteuses restes ;
Resjouïssez-vous donc, corps gueris du mespris,
Heureux vous reprendrez vos plus heureux esprits.
655 Vous voulustes, esprits, et le ciel et l'air fendre
Pour aux corps preparés du haut du ciel descendre,
Vous les cerchastes lors : ore ils vous cercheront,
Ces corps par vous aimez encor vous aimeront.
Vous vous fistes mortels pour vos pauvres femelles,
660 Elles s'en vont pour vous et par vous immortelles.
    Mais quoy ! c'est trop chanté, il faut tourner les yeux
Esblouis de rayons dans le chemin des cieux.
C'est fait, Dieu vient regner ; de toute prophetie
Se void la periode à ce poinct accomplie.
665 La terre ouvre son sein, du ventre des tombeaux
Naissent des enterrés les visages nouveaux :
Du pré, du bois, du champ, presque de toutes places
Sortent les corps nouveaux et les nouvelles faces.
Ici les fondemens des chasteaux rehaussés
670 Par les ressuscitans promptement sont percés ;
Ici un arbre sent des bras de sa racine
Grouïller un chef vivant, sortir une poictrine ;
Là l'eau trouble bouillonne, et puis s'esparpillant
Sent en soy des cheveux et un chef s'esveillant.
675 Comme un nageur venant du profond de son plonge,
Tous sortent de la mort comme l'on sort d'un songe.
Les corps par les tyrans autresfois deschirés
Se sont en un moment en leurs corps asserrés,
Bien qu'un bras ait vogué par la mer escumeuse
680 De l'Afrique bruslee en Tyle froiduleuse.
Les cendres des bruslés volent de toutes parts ;
Les brins plustots unis qu'ils ne furent espars
Viennent à leur posteau, en cette heureuse place,
Rians au ciel riant d'une agreable audace.
685   Le curieux s'enquiert si le vieux et l'enfant

Tels qu'ils sont joüiront de l'estat triomphant,
Leurs corps n'estant parfaicts, ou desfaicts en vieillesse ?
Sur quoi la plus hardie ou plus haute sagesse
Ose presupposer que la perfection
690 Veut en l'aage parfait son eslevation,
Et la marquent au poinct des trente trois annees
Qui estoyent en Jesus clauses et terminees
Quand il quitta la terre et changea, glorieux,
La croix et le sepulchre au tribunal des cieux.
695   Venons de cette douce et pieuse pensee
A celle qui nous est aux saincts escrits laissee.
  Voici le Fils de l'homme et du grand Dieu le Fils,
Le voici arrivé à son terme prefix.
Des-jà l'air retentit et la trompette sonne,
700 Le bon prend asseurance et le meschant s'estonne.
Les vivans sont saisis d'un feu de mouvement,
Ils sentent mort et vie en un prompt changement,
En une periode ils sentent leurs extremes ;
Ils ne se trouvent plus eux mesmes comme eux mesmes,
705 Une autre volonté et un autre sçavoir
Leur arrache des yeux le plaisir de se voir,
Le ciel ravit leurs yeux : des yeux premiers l'usage
N'eust peu du nouveau ciel porter le beau visage.
L'autre ciel, l'autre terre ont cependant fuï,
710 Tout ce qui fut mortel se perd esvanouï.
Les fleuves sont sechés, la grand mer se desrobe,
Il faloit que la terre allast changer de robe.
Montagnes, vous sentez douleurs d'enfantemens ;
Vous fuyez comme agneaux, ô simples elemens !
715 Cachez vous, changez vous ; rien mortel ne supporte
Le front de l'Eternel ni sa voix rude et forte.
Dieu paroist : le nuage entre luy et nos yeux
S'est tiré à l'escart, il s'est armé de feux ;
Le ciel neuf retentit du son de ses louanges ;
720 L'air n'est plus que rayons tant il est semé d'Anges,
Tout l'air n'est qu'un soleil ; le soleil radieux
N'est qu'une noire nuict au regard de ses yeux,
Car il brusle le feu, au soleil il esclaire,
Le centre n'a plus d'ombre et ne fuit sa lumiere.
725   Un grand Ange s'escrie à toutes nations :
« Venez respondre ici de toutes actions,

L'Eternel veut juger. » Toutes ames venuës
Font leurs sieges en rond en la voute des nuées,
Et là les Cherubins ont au milieu planté
730 Un throne rayonnant de saincte majesté.
Il n'en sort que merveille et qu'ardente lumiere,
Le soleil n'est pas fait d'une estoffe si claire;
L'amas de tous vivans en attend justement
La desolation ou le contentement.
735 Les bons du Sainct Esprit sentent le tesmoignage,
L'aise leur saute au cœur et s'espand au visage :
Car s'ils doivent beaucoup, Dieu leur en a fait don;
Ils sont vestus de blanc et lavés de pardon.
O tribus de Juda! vous estes à la dextre;
740 Edom, Moab, Agar tremblent à la senestre.
Les tyrans abatus, pasles et criminels,
Changent leurs vains honneurs aux tourmens eternels;
Ils n'ont plus dans le front la furieuse audace,
Ils souffrent en tremblant l'imperieuse face,
745 Face qu'ils ont frappee, et remarquent assez
Le chef, les membres saincts qu'ils avoyent transpercés :
Ils le virent lié, le voici les mains hautes,
Ses severes sourcils viennent conter leurs fautes;
L'innocence a changé sa crainte en majestés,
750 Son roseau en acier trenchant des deux costés,
Sa croix au tribunal de presence divine;
Le ciel l'a couronné, mais ce n'est plus d'espine.
Ores viennent trembler à cet acte dernier
Les condamneurs aux pieds du juste prisonnier.

755   Voici le grand heraut d'une estrange nouvelle,
Le messager de mort, mais de mort eternelle.
Qui se cache, qui fuit devant les yeux de Dieu?
Vous, Caïns fugitifs, où trouverez-vous lieu?
Quand vous auriez les vents collés sous vos aisselles,
760 Ou quand l'aube du jour vous presteroit ses aisles,
Les monts vous ouvriroyent le plus profond rocher,
Quand la nuict tascheroit en sa nuict vous cacher,
Vous enceindre la mer, vous enlever la nuë,
Vous ne fuirez de Dieu ni le doigt ni la veuë.
765 Or voici les lions de torches aculés,
Les ours à nez percé, les loups emmuzelés.
Tout s'esleve contr'eux; les beautés de Nature,

      Que leur rage troubla de venin et d'ordure,
      Se confrontent en mire et se levent contr'eux :
770 « Pourquoy, dira le feu, avez-vous de mes feux
      Qui n'estoyent ordonnez qu'à l'usage de vie
      Fait des bourreaux, valets de vostre tyrannie ? »
      L'air encor une fois contr'eux se troublera,
      Justice au Juge sainct, trouble, demandera,
775 Disant : « Pourquoi, tyrans et furieuses bestes,
      M'empoisonnastes-vous de charongnes, de pestes,
      Des corps de vos meurtris ? » — « Pourquoi, diront les eaux,
      Changeastes-vous en sang l'argent de nos ruisseaux ? »
      Les monts qui ont ridé le front à vos supplices :
780 « Pourquoy nous avez-vous rendus vos precipices ? »
      « Pourquoy nous avez-vous, diront les arbres, faits
      D'arbres delicieux execrables gibets ? »
      Nature blanche, vive et belle de soy-mesme,
      Presentera son front ridé, fascheux et blesme
785 Aux peuples d'Italie, et puis aux nations
      Qui les ont enviés en leurs inventions
      Pour, de poison meslé aux milieu des viandes,
      Tromper l'amere mort en ses liqueurs friandes,
      Donner au meurtre faux le mestier de nourrir,
790 Et sous les fleurs de vie embuscher le mourir.
         La terre, avant changer de lustre, se vient plaindre
      Qu'en son ventre l'on fit ses chers enfans esteindre
      En les enterrans vifs, l'ingenieux bourreau
      Leur dressant leur supplice en leur premier berceau.
795 La mort tesmoignera comment ils l'ont servie,
      La vie preschera comment ils l'ont ravie,
      L'enfer s'esveillera, les calomniateurs
      Cette fois ne seront faux prevaricateurs :
      Les livres sont ouverts, là paroissent les roolles
800 De nos sales pechés, de nos vaines paroles,
      Pour faire voir du Pere aux uns l'affection
      Aux autres la justice et l'execution.
         Condui, trés sainct Esprit, en cet endroict ma bouche,
      Que par la passion plus exprés je ne touche
805 Que ne permet ta regle, et que, juge leger,
      Je n'attire sur moi jugement pour juger.
      Je n'annoncerai donc que ce que tu annonce,
      Mais je prononce autant comme ta loy prononce;

Je ne marque de tous que l'homme condamné
810 A qui mieux il vaudroit n'avoir pas esté né.
    Voici donc, Antechrist, l'extraict des faits et gestes :
Tes fornications, adulteres, incestes,
Les pechés où nature est tournee à l'envers,
Le bestialité, les grands bourdeaux ouvers,
815 Le tribut exigé, la bulle demandee
Qui a la sodomie en esté concedée;
La place de tyran conquise par le fer,
Les fraudes qu'exerça ce grand tison d'enfer,
Les empoisonnemens, assassins, calomnies,
820 Les degats des païs, des hommes et des vies
Pour attraper les clefs; les contracts, les marchés
Des diables stipulans subtilement couchés;
Tous ceux-là que Satan empoigna dans ce piege,
Jusques à la putain qui monta sur le siege.
825   L'aisné fils de Satan se souviendra, maudit,
De son throsne eslevé d'avoir autresfois dit :
« La gent qui ne me sert, ains contre moy conteste,
Perira de famine et de guerre et de peste.
Rois et Roines viendront au siege où je me sieds,
830 Le front embas, lescher la poudre sous mes pieds.
Mon regne est à jamais, ma puissance eternelle,
Pour monarque me sert l'Eglise universelle;
Je maintiens le Papat tout-puissant en ce lieu
Où, si Dieu je ne suis, pour le moins vice-Dieu. »
835   Fils de perdition, il faut qu'il te souvienne
Quand le serf commandeur de la gent rhodienne,
Veautré, baisa tes pieds, infame serviteur,
Puis chanta se levant : « Or laisse, createur. »
    Apollyon, tu as en ton impure table
840 Prononcé, blasphemant que, Christ est une fable;
Tu as renvoyé Dieu comme assez empesché
Aux affaires du ciel, faux homme de peché.
    Or faut-il à ses pieds ces blasphemes et titres
Poser, et avec eux les tiares, les mitres,
845 La banniere d'orgueil, fausses clefs, fausses croix,
Et la pantoufle aussi qu'ont baisé tant de Rois.
Il se void à la gauche un monceau qui esclatte
De chappes d'or, d'argent, de bonnets d'escarlate :
Prelats et cardinaux là se vont despouïller

850 Et d'inutiles pleurs leurs despouïlles mouïller.
Là faut representer la mitre hereditaire,
D'où Jules tiers ravit le grand nom de mystere
Pour, mentant, et cachant ces titres blasphemans,
Y subroger le sien escrit en diamans.
855 A droicte, l'or y est une despouïlle rare :
On y void un monceau des haillons du Lazare.
Enfans du siecle vain, fils de la vanité,
C'est à vous à trainer la honte et nudité,
A crier enroüez, d'une gorge embrasee,
860 Pour une goutte d'eau l'aumosne refusee :
Tous vos refus seront payés en un refus.
 Les criminels adonc par ce procés confus,
La gueule de l'enfer s'ouvre en impatience,
Et n'attend que de Dieu la derniere sentence,
865 Qui, à ce point, tournant son œil benin et doux,
Son œil tel que le monstre à l'espouse l'espoux,
Se tourne à la main droicte, où les heureuses veuës
Sont au throsne de Dieu sans mouvement tenduës,
Extatiques de joye et franches de souci.
870 Leur Roy donc les appelle et les fait rois ainsi :
 « Vous qui m'avez vestu au temps de la froidure,
Vous qui avez pour moy souffert peine et injure,
Qui à ma seche soif et à mon aspre faim
Donnastes de bon cœur vostre eau et vostre pain,
875 Venez, race du ciel, venez esleus du Pere ;
Vos pechés sont esteints, le Juge est vostre frere ;
Venez donc, bien-heureux, triompher pour jamais
Au royaume eternel de victoire et de paix. »
 A ce mot tout se change en beautés eternelles.
880 Ce changement de tout est si doux aux fidelles !
Que de parfaicts plaisirs ! O Dieu, qu'ils trouvent beau
Cette terre nouvelle et ce grand ciel nouveau !
 Mais d'autre part, si tost que l'Eternel fait bruire
A sa gauche ces mots, les foudres de son ire,
885 Quand ce Juge, et non Pere, au front de tant de Rois
Irrevocable pousse et tonne cette voix :
 « Vous qui avez laissé mes membres aux froidures,
Qui leur avez versé injures sur injures,
Qui à ma seche soif et à mon aspre faim
890 Donnastes fiel pour eau et pierre au lieu de pain,

JUGEMENT

Allez, maudits, allez grincer vos dents rebelles
Au gouffre tenebreux des peines eternelles ! »
Lors, ce front qui ailleurs portoit contentement
Porte à ceux-ci la mort et l'espouvantement.
895 Il sort un glaive aigu de la bouche divine,
L'enfer glouton, bruyant, devant ses pieds chemine.
D'une laide terreur les damnables transis,
Mesmes dés le sortir des tombeaux obscurcis
Virent bien d'autres yeux le ciel suant de peine,
900 Lors qu'il se preparoit à leur peine prochaine ;
Et voici de quels yeux virent les condamnés
Les beaux jours de leur regne en douleurs terminés.

   Ce que le monde a veu d'effroyables orages,
De gouffres caverneux et de monts de nuages
905 De double obscurité, dont, au profond milieu,
Le plus creux vomissoit des aiguillons de feu,
Tout ce qu'au front du ciel on vid onc de coleres
Estoit serenité. Nulles douleurs ameres
Ne troublent le visage et ne changent si fort,
910 La peur, l'ire et le mal, que l'heure de la mort :
Ainsi les passions du ciel autresfois veuës
N'ont peint que son courroux dans les rides des nuës ;
Voici la mort du ciel en l'effort douloureux
Qui lui noircit la bouche et fait saigner les yeux.
915 Le ciel gemit d'ahan, tous ses nerfs se retirent,
Ses poulmons prés à prés sans relasche respirent.
Le soleil vest de noir le bel or de ses feux,
Le bel œil de ce monde est privé de ses yeux ;
L'ame de tant de fleurs n'est plus espanouïe,
920 Il n'y a plus de vie au principe de vie :
Et, comme un corps humain est tout mort terracé
Dés que du moindre coup au cœur il est blessé,
Ainsi faut que le monde et meure et se confonde
Dés la moindre blessure au soleil, cœur du monde.
925 La lune perd l'argent de son teint clair et blanc,
La lune tourne en haut son visage de sang ;
Toute estoile se meurt : les prophetes fideles
Du destin vont souffrir eclipses eternelles.
Tout se cache de peur : le feu s'enfuit dans l'air,
930 L'air en l'eau, l'eau en terre ; au funebre mesler
Tout beau perd sa couleur. Et voici tout de mesmes

A la pasleur d'enhaut tant de visages blesmes
Prennent l'impression de ces feux obscurcis.
Tels qu'on void aux fourneaux paroistre les transis.
935 Mais plus, comme les fils du ciel ont au visage
La forme de leur chef, de Christ la vive image,
Les autres de leur pere ont le teint et les traits,
Du prince Belzebub veritables portraits.
A la premiere mort ils furent effroyables,
940 La seconde redouble, où les abominables
Crient aux monts cornus : « O monts, que faites-vous ?
Esbranlez vos rochers et vous crevez sur nous;
Cachez nous, et cachez l'opprobre et l'infamie
Qui, comme chiens, nous met hors la cité de vie;
945 Cachez nous pour ne voir la haute majesté
De l'Aigneau triomphant sur le throsne monté. »
Ce jour les a pris nuds, les estouffe de craintes
Et de pires douleurs que les femmes enceintes.
Voici le vin fumeux, le courroux mesprisé
950 Duquel ces fils de terre avoyent thesaurizé.
De la terre, leur mere, ils regardent le centre :
Cette mere en douleur sent mi-partir son ventre
Où les serfs de Satan regardent fremissans
De l'enfer abayant les tourmens renaissans,
955 L'estang de souffre vif qui rebrusle sans cesse,
Les tenebres espais plus que la nuict espaisse.
Ce ne sont des tourmens inventés des cagots
Et presentés aux yeux des infirmes bigots;
La terre ne produict nul crayon qui nous trace
960 Ni du haut paradis ni de l'enfer la face.
   Vous avez dit, perdus : « Nostre nativité
N'est qu'un sort; nostre mort, quand nous aurons esté,
Changera nostre haleine en vent et en fumee.
Le parler est du cœur l'estincelle allumee :
965 Ce feu esteint, le corps en cendre deviendra,
L'esprit comme air coulant parmi l'air s'espandra.
Le temps avalera de nos faicts la memoire,
Comme un nuage espais estend sa masse noire,
L'esclaircit, la despart, la desrobe à notre œil;
970 C'est un brouillard chassé des rayons du soleil :
Nostre temps n'est rien plus qu'un ombrage qui passe. »
Le seau de tel arrest n'est point suject à grace.

Vous avez dit, brutaux : « Qu'y a-il en ce lieu
Pis que d'estre privé de la face de Dieu ? »
975 Ha ! vous regretterez bien plus que vostre vie
La perte de vos sens, juges de telle envie ;
Car, si vos sens estoyent tous tels qu'ils ont esté,
Ils n'auroyent un tel goust, ni l'immortalité :
Lors vous sçaurez que c'est de voir de Dieu la face,
980 Lors vous aurez au mal le goust de la menace.
    O enfans de ce siecle, ô abusez mocqueurs,
Imployables esprits, incorrigibles cœurs,
Vos esprits trouveront en la fosse profonde
Vrai ce qu'ils ont pensé une fable en ce monde.
985 Ils languiront en vain de regret sans merci,
Vostre ame à sa mesure enflera de souci.
Qui vous consolera ? l'ami qui se desole
Vous grincera les dents au lieu de la parole.
Les Saincts vous aimoyent-ils ? un abysme est entr'eux ;
990 Leur chair ne s'esmeut plus, vous estes odieux.
Mais n'esperez-vous point fin à vostre souffrance ?
Point n'esclaire aux enfers l'aube de l'esperance.
Dieu auroit-il sans fin esloigné sa merci ?
Qui a peché sans fin souffre sans fin aussi ;
995 La clemence de Dieu fait au ciel son office,
Il desploye aux enfers son ire et sa justice.
Mais le feu ensouffré, si grand, si violent,
Ne destruira-il pas les corps en les bruslant ?
Non : Dieu les gardera entiers à sa vengeance,
1000 Conservant à cela et l'estofe et l'essence ;
Et le feu qui sera si puissant d'operer
N'aura de faculté d'esteindre et d'alterer,
Et servira par loy à l'eternelle peine.
L'air corrupteur n'a plus sa corrompante haleine,
1005 Et ne fait aux enfers office d'element ;
Celui qui le mouvoit, qui est le firmament,
Ayant quitté son bransle et motives cadances
Sera sans mouvement, et de là sans muances.
Transis, desesperés, il n'y a plus de mort
1010 Qui soit pour vostre mer des orages le port.
Que si vos yeux de feu jettent l'ardente veuë
A l'espoir du poignard, le poignard plus ne tue.
Que la mort, direz-vous, estoit un doux plaisir !

La mort morte ne peut vous tuer, vous saisir.
1015 Voulez-vous du poison ? en vain cet artifice.
Vous vous precipitez ? en vain le precipice.
Courez au feu brusler : le feu vous gelera;
Noyez vous : l'eau est feu, l'eau vous embrasera.
La peste n'aura plus de vous misericorde.
1020 Estranglez vous : en vain vous tordez une corde.
Criez aprés l'enfer : de l'enfer il ne sort
Que l'eternelle soif de l'impossible mort.
Vous vous peigniez des feux : combien de fois vostre ame
Desirera n'avoir affaire qu'à la flamme !
1025 Dieu s'irrite en vos cris, et au faux repentir
Qui n'a peu commencer que dedans le sentir.
Vos yeux sont des charbons qui embrasent et fument,
Vos dents sont des cailloux qui en grinçant s'allument.
Ce feu, par vos costés ravageant et courant,
1030 Fera revivre encor ce qu'il va devorant.
Le chariot de Dieu, son torrent et sa gresle
Meslent la dure vie et la mort pesle mesle.
Abbayez comme chiens, hurlez en vos tourmens !
L'abysme ne respond que d'autres hurlemens.
1035 Les Satans decouplés d'ongles et dents tranchantes,
Sans mort, deschireront leurs proyes renaissantes;
Ces demons tourmentans hurleront tourmentés,
Leurs fronts seillonneront ferrés de cruautés;
Leurs yeux estincelans auront la mesme image
1040 Que vous aviez baignans dans le sang du carnage;
Leurs visages transis, tyrans, vous transiront,
Ils vengeront sur vous ce qu'ils endureront.
O malheur des malheurs, quand tels bourreaux mesurent
La force de leurs coups aux grands coups qu'ils endurent !
1045 Mais de ce dur estat le poinct plus ennuyeux
C'est sçavoir aux enfers ce que l'on faict aux cieux,
Où le camp triomphant gouste l'aise indicible,
Connoissable aux meschans mais non pas accessible,
Où l'accord trés parfaict des douces unissons
1050 A l'univers entier accorde ses chansons,
Où tant d'esprits ravis esclattent de loüanges.
La voix des Saincts unis avec celle des Anges,
Les orbes des neuf cieux, des trompettes le bruit
Tiennent tous leur partie à l'hymne qui s'ensuit :

[armees,
1055 « Sainct, sainct, sainct le Seigneur ! O grand Dieu des
De ces beaux cieux nouveaux les voutes enflammees,
Et la nouvelle terre, et la neufve cité,
Jerusalem la saincte, annoncent ta bonté !
Tout est plein de ton nom. Sion la bien-heureuse
1060 N'a pierre dans ses murs qui ne soit precieuse,
Ni citoyen que Sainct, et n'aura pour jamais
Que victoire, qu'honneur, que plaisir et que paix.
 « Là nous n'avons besoin de parure nouvelle,
Car nous sommes vestus de splendeur eternelle.
1065 Nul de nous ne craint plus ni la soif ni la faim,
Nous avons l'eau de grace et des Anges le pain ;
La pasle mort ne peut accourcir cette vie,
Plus n'y a d'ignorance et plus de maladie.
Plus ne faut de soleil, car la face de Dieu
1070 Est le soleil unique et l'astre de ce lieu :
Le moins luisant de nous est un astre de grace,
Le moindre a pour deux yeux deux soleils à la face.
L'Eternel nous prononce et cree de sa voix
Rois, nous donnant encor plus haut nom que de Rois :
1075 D'estrangers il nous fait ses bourgeois, sa famille,
Nous donne un nom plus doux que de fils et de fille. »
 Mais aurons-nous le cœur touché de passions
Sur la diversité ou choix des mansions ?
Ne doit-on point briguer la faveur demandee
1080 Pour la droicte ou la gauche aux fils de Zebedee ?
Non, car l'heur d'un chacun en chacun accompli
Rend de tous le desir et le comble rempli ;
Nul ne monte trop haut, nul trop bas ne devale,
Pareille imparité en difference esgale.
1085 Ici bruit la Sorbonne, où les docteurs subtils
Demandent : « Les esleus en leur gloire auront-ils,
Au contempler de Dieu, parfaite cognoissance
De ce qui est de lui et toute son essence ? »
Ouy de toute, et en tout, mais non totalement.
1090 Ces termes sont obscurs pour nostre enseignement ;
Mais disons simplement que cette essence pure
Comblera de chascun la parfaicte mesure.
 Les honneurs de ce monde estoyent hontes au prix
Des grades eslevez au celeste pourpris ;

1095 Les thresors de là haut sont bien d'autre matiere
Que l'or, qui n'estoit rien qu'une terre estrangere.
Les jeux, les passetemps et les esbats d'ici
N'estoyent qu'amers chagrins, que colere et souci,
Et que geinnes au prix de la joye eternelle
1100 Qui, sans trouble, sans fin, sans change renouvelle.
Là sans tache on verra les amitiez fleurir :
Les amours d'ici bas n'estoyent rien que haïr
Au prix des hauts amours dont la saincte harmonie
Rend une ame de tous en un vouloir unie,
1105 Tous nos parfaicts amours reduits en un amour
Comme nos plus beaux jours reduits en un beau jour.
 On s'enquiert si le frere y connoistra le frere,
La mere son enfant et la fille son pere,
La femme le mari : l'oubliance en effect
1110 Ne diminuera point un estat si parfaict.
Quand le Sauveur du monde en sa vive parole
Tire d'un vrai subject l'utile parabole,
Nous presente le riche, en bas precipité,
Mendiant du Lazare aux plus hauts lieux monté,
1115 L'abysme d'entre deux ne les fit mesconoistre,
Quoi que l'un fust hideux, enluminé pour estre
Seché de feu, de soif, de peines et d'ahan,
Et l'autre rajeuni dans le sein d'Abraham.
Mais plus ce qui nous fait en ce royaume croire
1120 Un sçavoir tout divin surpassant la memoire,
D'un lieu si excellent il parut un rayon,
Un portrait raccourci, un exemple, un crayon
En Christ transfiguré : sa chere compagnie
Conut Moyse non veu et sceut nommer Elie;
1125 L'extase les avoit dans le ciel transportés,
Leurs sens estoyent changés, mais en felicités.
 Adam, ayant encor sa condition pure,
Conut des animaux les noms et la nature,
Des plantes le vray suc, des metaux la valeur,
1130 Et les esleus seront en un estre meilleur.
Il faut une aide en qui cet homme se repose :
Les Saincts n'auront besoin d'aide ni d'autre chose.
Il eut un corps terrestre et un corps sensuel :
Le leur sera celeste et corps spirituel.
1135 L'ame du premier homme estoit ame vivante :

Celle des triomphans sera vivifiante.
Adam pouvoit pecher et du peché perir :
Les Saincts ne sont sujects à pecher ni mourir.
Les Saincts ont tout; Adam receut quelque deffense,
1140 Satan put le tenter, il sera sans puissance.
Les esleus sçauront tout, puis que celui qui n'eut
Un estre si parfait toutes choses conut,
   Diray-je plus ? A l'heur de cette souvenance
Rien n'ostera l'acier des ciseaux de l'absence;
1145 Ce triomphant estat sera franc annobli
Des larrecins du temps, des ongles de l'oubli :
Si que la conoissance et parfaite et seconde
Passera de beaucoup celle qui fut au monde.
Là sont frais et presens les bienfaits, les discours,
1150 Et les plus chauds pensers, fusils de nos amours.
Mais ceux qui en la vie et parfaite et seconde
Cerchent les passions et les storges du monde
Sont esprits amateurs d'espaisse obscurité,
Qui regrettent la nuict en la vive clarté;
1155 Ceux là, dans le banquet où l'espoux nous invite,
Redemandent les auls et les oignons d'Egypte,
Disans comme bergers : « Si j'estois Roy, j'aurois
Un aiguillon d'argent plus que les autres Rois. »
   Les apostres ravis en l'esclair de la nuë
1160 Ne jettoyent plus ça bas ni memoire ni veuë;
Femmes, parens, amis n'estoyent pas en oubli,
Mais n'estoyent rien au prix de l'estat annobli
Où leur chef rayonnant de nouvelle figure
Avoir haut enlevé leur cœur et leur nature,
1165 Ne pouvant regretter aucun plaisir passé
Quand d'un plus grand bon-heur tout heur fut effacé.
Nul secret ne leur peut estre lors secret, pource
Qu'ils puisoyent la lumiere à sa premiere source :
Ils avoyent pour miroir l'œil qui fait voir tout œil,
1170 Ils avoyent pour flambeau le soleil du soleil.
Il faut qu'en Dieu si beau toute beauté finisse,
Et comme on feint jadis les compagnons d'Ulisse
Avoir perdu le goust de tous frians appas
Ayant fait une fois de lothos un repas,
1175 Ainsi nulle douceur, nul pain ne fait envie
Après le Man, le fruict du doux arbre de vie.

L'ame ne souffrira les doutes pour choisir,
Ni l'imperfection que marque le desir.
Le corps fut vicieux qui renaistra sans vices,
1180 Sans tache, sans porreaux, rides et cicatrices.
  En mieux il tournera l'usage des cinq sens.
Veut-il souëfve odeur ? il respire l'encens
Qu'offrit Jesus en croix, qui en donnant sa vie
Fut le prestre, l'autel et le temple et l'hostie.
1185 Faut-il des sons ? le Grec qui jadis s'est vanté
D'avoir ouï les cieux, sur l'Olympe monté,
Seroit ravi plus haut quand cieux, orbes et poles
Servent aux voix des Saincts de luths et de violes.
Pour le plaisir de voir les yeux n'ont point ailleurs
1190 Veu pareilles beautés ni si vives couleurs.
  Le goust, qui fit cercher des viandes estranges,
Aux nopces de l'Agneau trouve le goust des Anges,
Nos mets delicieux tousjours prests sans apprets,
L'eau du rocher d'Oreb, et le Man tousjours frais :
1195 Nostre goust, qui à soy est si souvent contraire,
Ne goustra l'amer doux ni la douceur amere.
Et quel toucher peut estre en ce monde estimé
Au prix des doux baisers de ce Fils bien aimé ?
Ainsi dedans la vie immortelle et seconde
1200 Nous aurons bien les sens que nous eusmes au monde
Mais, estans d'actes purs, ils seront d'action
Et ne pourront souffrir infirme passion :
Purs en subjects trés purs, en Dieu ils iront prendre
Le voir, l'odeur, le goust, le toucher et l'entendre.
1205 Au visage de Dieu seront nos saincts plaisirs,
Dans le sein d'Abraham fleuriront nos desirs,
Desirs, parfaits amours, hauts desirs sans absence,
Car les fruicts et les fleurs n'y font qu'une naissance.
  Chetif, je ne puis plus approcher de mon œil
1210 L'œil du ciel; je ne puis supporter le soleil.
Encor tout esbloüi, en raisons je me fonde
Pour de mon ame voir la grand' ame du monde,
Sçavoir ce qu'on ne sçait et qu'on ne peut sçavoir,
Ce que n'a ouï l'oreille et que l'œil n'a peu voir;
1215 Mes sens n'ont plus de sens, l'esprit de moy s'envole,
Le cœur ravi se taist, ma bouche est sans parole :
Tout meurt, l'ame s'enfuit, et reprenant son lieu
Exstatique se pasme au giron de son Dieu.

GLOSSAIRE

Abécher : donner la becquée.
Aboi : point extrême.
Abrier : couvrir.
Acertener : garantir.
Acravanter : briser.
Acroche : retardement.
Adiaphoriste : sceptique.
Advenement : arrivée.
Aequanime : impartial.
Aere : ère.
Affaité : rusé.
Affecter : préférer.
Affronteur : trompeur.
Ahan : fatigue.
Ains : mais.
Allouvi : affamé comme un loup.
Amas : rassemblement.
Anange : nécessité.
Anatomie : squelette.
Animé : indigné.
Anoblir : exempter.
Apophétie : prédiction après coup.
Appareiller : préparer.
Ardeur : brûlure.
Arée : labour.
Argolet : argoulet.
Arre : garantie.
Asserrer : rassembler.
Astorge : rude.
Aumônière : charitable.
Autochire : qui se donne la mort de sa propre main.

Balai : queue.
Barge : berge.
Bauger : rentrer dans sa bauge.
Baume secoux : baume qu'on secoue sur la tête.
Belistre : mendiant.
Berlan : brelan.
Besson : jumeau.
Bouche : boucle.
Bourde : béquille.
Bourgeois : citoyen.
Brave : élégant.
Brayer : ceinture.
Buste : bûcher.

Carmes : vers.
Carquant : collier.
Caut : rusé.
Cep : entrave.
Chaire : chaise.
Chappeau : couronne.
Chere : visage.
Chevaistre : chevêtre.
Chime : chyle.
Chimicque : chimiste.
Cimois : cordons.
Circoncire : retrancher.
Circui : entouré.
Clas : glas.
Connaître : reconnaître.
Couler : se disperser.
Couppeau : sommet.
Couverte : couverture.
Crotton : cachot.
Crouller : secouer.

Cuider : croire.
Curer : soigner.
Curieux : diligent.

Dan : damnation.
Debteur : redevable.
Deffaut : lacune.
Degaster : abîmer.
Délivre : délivré de.
Demeurant : reste.
Departement : partage.
Despite : chagrine.
Detester : maudire.
Dilucide : clair.
Dipsade : serpent.
Discrasie : mauvaise constitution.
Discretion : discernement.
Dorne : tablier.
Dougé : délicat.
Duratée : de bois.

Efformation : forme définitive.
Empour : en échange de.
Encharné : incarné.
Entier : intact.
Erre : trace.
Eschaffaut : estrade.
Escurieu : écureuil.
Esmerveiller : admirer.
Espoinçonner : aiguillonner.
Esprendre : enflammer.
Esteule : paille.
Estoupper : boucher.
Estrange : étranger.
Estuy : prison.
Etesté : décapité.
Exercite : armée.
Exoine : excuse.
Exploiter : accomplir.
Exquis : raffiné.

Fantasie : imagination.
Fener : faner.
Fiance : confiance.
Fin : rusé.
Fisson : dard.
Fonde : fronde.
Forain : étranger.

Forçaire : forçat.
Forcener : être hors de sens.
Franc : libre.
Fresaye : effraie.
Fuitif : fugitif.
Fulcre : support.
Fumeau : dernier soupir.
Fusil : pierre à fusil.
Fuye : refuge.

Gaignage : nourriture des animaux.
Gauche : de mauvais augure.
Geinné : torturé.
Gentil : noble.
Germain : proche parent.
Grillons : menottes.
Groton : cachot.
Guindé : porté.

Hasmal : métal étincelant.
Hochenez : rebuffade.
Humeur : eau.
Humeur (aigre –) : vinaigre.

Immune : exempt de.
Incurieux : négligent.
Inféries : sacrifices offerts aux mânes.

Jaçoit que : bien que.
Jaserant : chaîne d'or.

Lairrons : laisserons.
Latiares : latins.
Lestrain : lutrin.
Linceul : drap de lit.
Linomple : linon.
Liqueur : eau.
Lites : prières.
Liture : rature.
Louche : obscur.
Loyer : récompense.
Lymphes : divinités des eaux.

Man : Manne.
Manie : folie.
Mansion : demeure.
Marmiteux : papelard.

GLOSSAIRE

Matras : matelas.
Mauvaistié : méchanceté.
Mercures croisez : carrefours.
Meshuy : aujourd'hui.
Mestier : besoin.
Mire : miroir.
Monstrueux : prodigieux.
Morgant : arrogant.
Mousche : espion.
Muance : changement.

Nareaux : narines.
Nourri : élevé.

Offerte : offrande.
Onomastic : vocabulaire.
Or traict : or filé.
Ord : ignoble.
Ordre : décorations.
Ore : maintenant.
Outrecuidé : présomptueux.
Ouvrer : travailler.

Partir : partager.
Passion : souffrance.
Penne : aile.
Picque-puce : moine.
Pilier : colonne.
Pinceté : épilé.
Pippez : séduits.
Piquons : piquants.
Pis : poitrine.
Pleige : garantie.
Poignant : qui pique.
Police : politique.
Porque : truie.
Poste : messager.
Postillon : messager.
Poudre : poussière.
Poulet : billet doux.
Préfix : fixé à l'avance.
Preuve (à –) : à l'épreuve.
Proximités : les proches.
Purent : repurent.

Quant et quant : en même temps.
Quicajon : arbuste dit « Palma-Christi ».

Rafraischi : recrépi.
Rai : rayon.
Reconnaître : récompenser.
Recreu : fatigué.
Refronché : renfrogné.
Regrissé : hérissé.
Reins : rameaux.
Rencontre : trait d'esprit.
Rengréger : augmenter.
Renvier : renchérir.
Révolte : apostasie.
Rezeul : vêtement à mailles.
Rondelle : bouclier.
Roolle : liste.
Rotonde : collet empesé.
Rouer : parcourir.
Rumeau : extrémité.

Saltarin : sauteur.
Saltin-bardelle : écuyer de cirque.
Sambenit : San-benito.
Semblance : ressemblance.
Si que : de sorte que.
Souëf : suave.
Souil : bourbier.
Soulas : soulagement.
Sourcil : dédain.
Sourdon : coquillage.
Soutre : partie inférieure d'un objet.
Storge : tendresse.
Succès : succession.

Tais : crânes.
Tant (à –) : alors.
Tetric : sombre.
Theta : initiale du mot grec qui désigne la mort.
Trictrac : train.
Tusque : de Toscane.

Ubris : excès.
Union : grosse perle.

Vanie : avanie.
Ventaille : écluse.
Viande : nourriture.
Villener : insulter.
Vitupere : blâme.

TABLE DES MATIÈRES

Chronologie	5
Introduction	11
Bibliographie	29

LES TRAGIQUES

AUX LECTEURS	35
PREFACE	43
MISERES	57
PRINCES	93
LA CHAMBRE DOREE	133
LES FEUX	163
LES FERS	201
VENGEANCES	243
JUGEMENT	273
Glossaire	305

DANS LA MÊME COLLECTION

- 153 ■ ■ Anthologie poétique française, Moyen Age, 1
- 154 ■ ■ Moyen Age, 2
- 45 ■ ■ XVI° siècle, 1
- 62 ■ ■ XVI° siècle, 2
- 74 ■ ■ XVII° siècle, 1
- 84 ■ ■ XVII° siècle, 2
- 101 ■ ■ XVIII° siècle
- 1 ■ ■ Dictionnaire anglais-français, français-anglais
- 2 ■ ■ Dictionnaire espagnol-français, français-espagnol
- 9 ■ ■ Dictionnaire italien-français, français-italien
- 10 ■ ■ Dictionnaire allemand-français, français-allemand
- 123 ■ ■ Dictionnaire latin-français
- 124 ■ ■ Dictionnaire français-latin

ARISTOPHANE
- 115 ■ ■ Théâtre complet, 1
- 116 ■ ■ Théâtre complet, 2

ARISTOTE
- 43 ■ ■ Ethique de Nicomaque

AUBIGNÉ
- 190 ■ ■ Les Tragiques

BALZAC
- 3 Eugénie Grandet
- 40 Le Médecin de campagne
- 48 Une fille d'Eve
- 69 La Femme de trente ans
- 98 Le Contrat de mariage
- 107 ■ ■ Illusions perdues
- 112 Le Père Goriot
- 135 Le Curé de village
- 145 Pierrette
- 165 Le Curé de Tours - La Grenadière - L'Illustre Gaudissart
- 175 ■ ■ Splendeurs et misères des courtisanes
- 187 ■ ■ Physiologie du mariage

BARBEY D'AUREVILLY
- 63 Le Chevalier Des Touches
- 121 L'Ensorcelée
- 149 ■ ■ Les Diaboliques

BAUDELAIRE
- 7 Les Fleurs du mal et autres poèmes
- 89 Les Paradis artificiels
- 136 Petits Poèmes en prose, Le Spleen de Paris
- 172 ■ ■ L'Art romantique

BEAUMARCHAIS
- 76 ■ ■ Théâtre

BERNARD
- 85 ■ ■ Introduction à l'étude de la médecine expérimentale

BERNARDIN DE SAINT-PIERRE
- 87 Paul et Virginie

BOSSUET
- 110 ■ ■ Discours sur l'Histoire universelle

BUSSY-RABUTIN
- 130 Histoire amoureuse des Gaules

CESAR
- 12 La Guerre des Gaules

CHAMFORD
- 188 ■ ■ Maximes et pensées

CHATEAUBRIAND
- 25 Atala-René
- 104 ■ ■ Génie du christianisme, 1
- 105 ■ ■ Génie du christianisme, 2
- 184 ■ ■ Itinéraire de Paris à Jérusalem

CICERON
- 38 De la république-Des lois
- 156 ■ ■ De la vieillesse, de l'amitié, des devoirs

COMTE
- 100 ■ ■ Catéchisme positiviste

CONSTANT
- 80 Adolphe

CORNEILLE
- 179 ■ ■ ■ Théâtre complet, 1

COURTELINE
- 65 Théâtre
- 106 Messieurs les Ronds-de-Cuir

DAUDET
- 178 Tartarin de Tarascon

DESCARTES
- 109 Discours de la méthode

DIDEROT
- 53 Entretien entre d'Alembert et Diderot - Le Rêve de d'Alembert - Suite de l'Entretien
- 143 Le Neveu de Rameau
- 164 Entretiens sur le fils naturel - Paradoxe sur le comédien
- 177 La Religieuse
- 192 ■ ■ Les Bijoux indiscrets

DIOGENE LAERCE
- 56 ■ ■ Vie, Doctrines et Sentences des philosophes illustres, 1
- 77 ■ ■ Philosophes illustres, 2

DOSTOIEVSKI
- 78 ■ ■ Crime et Châtiment, 1
- 79 ■ ■ Crime et Châtiment, 2

DUMAS
- 144 ■ ■ ■ Les Trois Mousquetaires
- 161 ■ ■ Vingt ans après, 1
- 162 ■ ■ Vingt ans après, 2

EPICTETE
- 16 Voir MARC-AURELE

ERASME
- 36 Eloge de la folie, suivi de la Lettre d'Erasme à Dorpius

ESCHYLE
- 8 Théâtre complet

EURIPIDE
- 46 ■ ■ Théâtre complet, 1
- 93 ■ ■ Théâtre complet, 2
- 99 ■ ■ Théâtre complet, 3
- 122 ■ ■ Théâtre complet, 4

FÉNELON
- 168 ■ ■ Les Aventures de Télémaque

FLAUBERT
- 22 ■ ■ Salammbô
- 42 Trois contes
- 86 ■ ■ Madame Bovary
- 103 ■ ■ Bouvard et Pécuchet
- 131 La Tentation de saint Antoine

FROMENTIN
- 141 Dominique

GAUTIER
- 102 ■ ■ Mademoiselle de Maupin
- 118 Le Roman de la Momie
- 147 ■ ■ Le Capitaine Fracasse

GŒTHE
- 24 Faust
- 169 Les Souffrances du jeune Werther

GOGOL
- 189 Récits de Petersbourg

HOMERE
- 60 ■ ■ L'Iliade
- 64 ■ ■ L'Odyssée

HORACE
- 159 ■ ■ Œuvres

HUGO
- 59 ■ ■ Quatrevingt-treize
- 113 ■ ■ Les Chansons des rues et des bois
- 125 ■ ■ Les Misérables, 1
- 126 ■ ■ Les Misérables, 2
- 127 ■ ■ Les Misérables, 3
- 134 ■ ■ Notre-Dame de Paris
- 157 ■ ■ La Légende des siècles, 1
- 158 ■ ■ La Légende des siècles, 2
- 176 ■ ■ Odes et Ballades - Les Orientales
- 185 ■ ■ Cromwell

LA BRUYERE
- 72 ■ ■ Les Caractères, précédés des Caractères de THEOPHRASTE

LACLOS
- 13 ■ ■ Les Liaisons dangereuses

LAFAYETTE
- 82 La Princesse de Clèves

LA FONTAINE
- 95 ■ ■ Fables

LAMARTINE
- 138 Jocelyn

LEIBNIZ
- 92 ■ ■ Nouveaux Essais sur l'entendement humain

LUCRECE
- 30   De la Nature

MARC-AURELE
- 16   Pensées pour moi-même, suivies du Manuel d'**EPICTETE**

MARIVAUX
- 73 ■   Le Paysan parvenu

MERIMEE
- 32   Colomba
- 173 ■   Théâtre de Clara Gazul suivi de la Famille de Carvajal

MICHELET
- 83 ■ ■   La Sorcière

MILL
- 183   L'Utilitarisme

LES MILLE ET UNE NUITS
- 66 ■ ■   tome 1
- 67 ■ ■   tome 2
- 68 ■ ■   tome 3

MOLIERE
- 33 ■ ■   Œuvres complètes, 1
- 41 ■ ■   Œuvres complètes, 2
- 54 ■ ■   Œuvres complètes, 3
- 70 ■ ■   Œuvres complètes, 4

MONTESQUIEU
- 19   Lettres persanes
- 186   Considérations sur les causes de la grandeur des Romains et de leur décadence

MUSSET
- 5 ■ ■   Théâtre, 1
- 14 ■ ■   Théâtre, 2

NERVAL
- 44   Les Filles du feu - Les Chimères

OVIDE
- 97 ■ ■   Les Métamorphoses

PASCAL
- 151 ■ ■   Lettres écrites à un provincial

LES PENSEURS GRECS AVANT SOCRATE
- 31   De Thalès de Milet à Prodicos de Céos

PLATON
- 4   Œuvres complètes, 1
- 75   Œuvres complètes, 2
- 90 ■ ■   Œuvres complètes, 3
- 129 ■ ■   Œuvres complètes, 4
- 146 ■ ■   Œuvres complètes, 5
- 163 ■ ■   Œuvres complètes, 6

POE
- 39 ■ ■   Histoires extraordinaires
- 55 ■ ■   Nouvelles Histoires extraordinaires
- 114   Histoires grotesques et sérieuses

PREVOST
- 140   Histoire du chevalier des Grieux et de Manon Lescaut

PROUDHON
- 91 ■ ■   Qu'est-ce que la propriété ?

RABELAIS
- 180   La Vie très horrificque du grand Gargantua

RACINE
- 27 ■ ■   Théâtre complet, 1
- 37 ■ ■   Théâtre complet, 2

RENARD
- 58   Poil de carotte
- 150   Histoires naturelles

RIMBAUD
- 20   Œuvres poétiques

ROUSSEAU
- 23   Les Rêveries du promeneur solitaire
- 94   Du contrat social
- 117 ■ ■   Emile
- 148 ■ ■ ■   Julie ou la nouvelle Héloïse
- 160   Lettre à d'Alembert
- 181 ■ ■   Les Confessions, 1
- 182 ■ ■   Les Confessions, 2

SAINT AUGUSTIN
- 21 ■ ■   Les Confessions

SALLUSTE
- 174   Conjuration de Catilina - Guerre de Jugurtha - Histoires

SAND
- 35   La Mare au diable
- 155   La Petite Fadette

SHAKESPEARE
- 6 ■ ■   Théâtre complet, 1
- 17 ■ ■   Théâtre complet, 2
- 29 ■ ■   Théâtre complet, 3
- 47 ■ ■   Théâtre complet, 4
- 61 ■ ■   Théâtre complet, 5
- 96 ■ ■   Théâtre complet, 6

SOPHOCLE
- 18 ■ ■   Théâtre complet

SPINOZA
- 34 ■ ■   Œuvres, 1
- 50 ■ ■   Œuvres, 2
- 57 ■ ■   Œuvres, 3
- 108 ■ ■   Œuvres, 4

STAËL
- 166 ■ ■   De l'Allemagne, 1
- 167 ■ ■   De l'Allemagne 2

STENDHAL
- 11 ■ ■   Le Rouge et le Noir
- 26 ■ ■   La Chartreuse de Parme
- 49 ■ ■   De l'amour
- 137   Armance

TACITE
- 71 ■ ■   Annales

THEOPHRASTE
- 72 ■ ■   Voir **LA BRUYERE**

THUCYDIDE
- 81 ■ ■   Histoire de la guerre du Péloponnèse, 1
- 88 ■ ■   Histoire de la guerre du Péloponnèse, 2

VALLÈS
- 193 ■ ■   L'Enfant

VIGNY
- 171   Chatterton - Quitte pour la peur

VILLON
- 52   Œuvres poétiques

VIRGILE
- 51 ■ ■   L'Enéide
- 128   Les Bucoliques - Les Géorgiques

VOLTAIRE
- 15   Lettres philosophiques
- 28 ■ ■   Dictionnaire philosophique
- 111 ■ ■   Romans et Contes
- 119 ■ ■   Le Siècle de Louis XIV, 1
- 120 ■ ■   Le Siècle de Louis XIV, 2
- 170   Histoire de Charles XII

VORAGINE
- 132 ■ ■   La Légende dorée 1
- 133 ■ ■   La Légende dorée, 2

XENOPHON
- 139 ■ ■   Œuvres complètes, 1
- 142 ■ ■   Œuvres complètes, 2
- 152 ■ ■   Œuvres complètes, 3

ZOLA
- 191 ■ ■   Germinal
- 194 ■ ■   Nana

GF — TEXTE INTÉGRAL — GF